# Sociedade Brasileira de Direito Desportivo

## *Estudos em Homenagem ao Prof. Dr. Domingos Sávio Zainaghi*

# Sociedade Brasileira de Direito Desportivo

## *Estudos em Homenagem ao Prof. Dr. Domingos Sávio Zainaghi*

Coordenação:
Flávia de Almeida de Oliveira Zanini
Carlos Santiago da Silva Ramalho
Patrícia Reali Zainaghi
Vinícius Leonardo Loureiro Morrone

SBDD
SOCIEDADE BRASILEIRA DE DIREITO DESPORTIVO

LACIER

**LACIER**

**Lacier Livraria e Editora**
**www.livrarialacier.com.br**



Rua Doutor Quirino, 808 – Centro
CEP 13015-081 – Campinas, SP – Brasil

Dezembro, 2023

Diretor: *Lacier José de Rezende*
Coordenação editorial: *Peter Fritz Strotbek*
Projeto de capa: *Fabio Giglio*
Projeto gráfico e editoração eletrônica: *The Best Page*

Esta é uma obra coletiva.
A responsabilidade pelo conteúdo de cada texto
é exclusiva do seu autor.

**Ficha Catalográfica**

**Dados Internacionais de Catalogação na Publicação (CIP)**
**(Câmara Brasileira do Livro, SP, Brasil)**

S678 Sociedade brasileira de direito desportivo : estudos em homenagem ao Prof. Dr. Domingos Sávio Zainaghi / Coordenadores: Flávia de Almeida de Oliveira Zanini, Carlos Santiago da Silva Ramalho, Patrícia Reali Zainaghi, Vinícius Leonardo Loureiro Morrone. — 1. ed. — Campinas, SP : Lacier Editora, 2023.
214 p. ; 17 x 24 cm.

ISBN 978-65-88805-73-2

1. Direito desportivo — Legislação — Brasil . 2. Esporte — Leis. 3. Legislação desportiva — Aspectos jurídicos. I. Feliciano Zanini, Flávia de Almeida de Oliveira. II. Ramalho, Carlos Santiago da Silva. III. Zainaghi, Patrícia Reali. IV. Morrone, Vinícius Leonardo Loureiro.

CDU 796:34(81)

**Índices para catálogo sistemático:**

1. Legislação desportiva — Aspectos jurídicos

Angela Schmidt da Rosa – Bibliotecária – CRB-14/1171

**Gestão 2021-2023**

**Diretoria Executiva:**

*Flávia de Almeida de Oliveira Zanini*
Presidente

*Francisco Alberto da Motta Peixoto Giordani*
Diretor Vice-Presidente

*Jean Eduardo Batista Nicolau*
Diretor Vice-Presidente

*Roberta Ferreira Severo*
Diretora Vice-Presidente

*Sandro Maurício de Abreu Trindade*
Diretor Vice-Presidente

*Rodrigo Steinmann Bayer*
Diretor Vice-Presidente

**Conselho Deliberativo:**

*Martinho Neves Miranda*
Presidente

*Luís Eduardo Guimarães Borges Barbosa*
Vice-Presidente

# Sumário

# Prefácio

De início agradeço a SBDD em nome da nossa Presidente Dra Flavia Zanini, que confabulou comigo a ideia de homenagear o Prof. Domingos Sávio Zainaghi, e, em companhia com outros membros que sugeriram a mim a oportunidade de prefaciar esta obra.

Essa justa homenagem feita através de acadêmicos da SBDD, familiares e amigos do Prof. Zainaghi traz a dimensão da sua importância ao Direito Desportivo e ao Direito do Trabalho.

O Prof. Zainaghi é pioneiro sobre o tema contrato de trabalho desportivo. Os seus profundos pensamentos resultaram na célebre obra "Os atletas profissionais de futebol no Direito do Trabalho", sem dúvida indispensável para todos que estudam o Direito Desportivo, com certeza um verdadeiro clássico.

Definitivamente, o Prof. Zainaghi é unanimidade no Direito do Trabalho Desportivo, através dos seus incontáveis escritos, aulas e palestras todos os seus trabalhos repercutem no universo *jus* desportista.

É certo que o nosso homenageado é genuíno naquilo que escreve, com a premissa de compartilhar o conhecimento e com o lema que "vale a pena ser gentil", o seu brilhantismo é pura inspiração.

Ao compulsar essa obra, o leitor vai confirmar todos os adjetivos aqui descritos, através de cada leitura veremos homenagens e citações que confirmam a sumidade que é o Prof. Zainaghi.

Esperamos que todos se deleitem com os artigos escritos por alguns de tantos amigos e discípulos, essa é a nossa forma de retribuição por esse que tanto nos influencia como educador, palestrante, advogado e humanista.

Por tudo isso, foi impossível não se apaixonar por esse homem incrível, bem-humorado, gentil e disponível a todos que lhe procuram.

Por sorte, o Direito Desportivo nos uniu, e juntos compartilhamos o amor pelo direito e a vida, exceto o clube de futebol, mas isso fica para outra ocasião.

O que realmente importa é compartilhar com vocês a alegria que foi ouvir de cada autor as palavras de afeto, respeito e consideração pelo Prof. Zainaghi, confesso que me encheram os olhos e tenho certeza de que vai tocá-los também.

Ao Domingos Sávio Zainaghi, dedico o meu amor.

À todos dedico uma boa leitura.

São Paulo, novembro de 2023.

***Patrícia Reali Zainaghi***
Mestranda em Direito Internacional pela Pontifícia Universidade Católica de São Paulo. Especialista em Direito Internacional pela Escola Paulista de Direito. Especialista em Direito Desportivo pela Escola Superior da Advocacia — ESA-SP. Auditora do Tribunal de Justiça Desportiva da Federação Paulista de Futebol. Advogada.

# Apresentação

Em meu nome e em nome da Sociedade Brasileira de Direito Desportivo, tenho a honra de, nesta gestão, lançar esta obra que tanto nos orgulha e que homenageia o Professor Domingos Sávio Zainaghi, por meio dos estudos escritos por seus leitores, estudiosos, alunos e admiradores.

Tenho o privilégio de chamá-lo de amigo, além de contar com sua sabedoria e generosidade como Coordenador Acadêmico da Sociedade Brasileira de Direito Desportivo.

Não existe a menor possibilidade de estudar Direito Desportivo, ou tentar ler algum contrato especial de trabalho desportivo, ou mesmo algo sobre Direito de Arena, sem que o primeiro nome a vir em nossa mente, no *Google* ou em nossa biblioteca, seja de Domingos Sávio Zainaghi.

Advogado formado em 1982. Doutor e Mestre em Direito do Trabalho pela PUC de São Paulo. Pós-doutorado em Direito do Trabalho pela Universidad Castilla-La Mancha, Espanha. Professor do UNIFIEO, desde 1994, lecionando em cursos de graduação e mestrado. Jornalista. Pós-graduado em Comunicação Jornalística pela Faculdade Cásper Líbero. Coordenador Acadêmico da Sociedade Brasileira de Direito Desportivo. Ex-Presidente da Comissão de Direito Desportivo da Associação dos Advogados Trabalhistas de São Paulo. Ex-Presidente da Comissão de Direito Desportivo da Ordem dos Advogados do Brasil — Secção São Paulo. Ex-Apresentador e produtor do programa Direito Desportivo em Debate da TV Justiça — Supremo Tribunal Federal. Professor convidado do curso de pós-graduação da FGV-SP. Professor do curso de Mestrado da Universidad Gabriel Reneé Moren, Santa Cruz de la Sierra, Bolivia. Professor honorário da *Universidad Politécnica da Nicarágua*. Professor *Honoris Causa* da Universidad Paulo Freire de Managuá, Nicarágua. Professor Visitante da *Universidad Mayor de San Andrés*, La Paz, Bolivia. Professor convidado do curso de pós-graduação da PUC-SP-Cogeae. Professor Visitante da *Universidad Tecnológica del Peru* (Lima). Professor Honorário da *Universidad Privada de Ciências Tecnologia de Ica*, Peru. Membro do Conselho Consultivo da Associação dos Advogados Trabalhistas de Sao Paulo (2014-2016). Membro do Instituto Brasileiro de Direito Desportivo. Membro do Instituto dos Advogados de São Paulo. Membro da *Societé Internationale du Droit du Travail et de la Securité Sociale*. Membro da

SASDE — Sociedade Amigos da Segunda Divisão do Exército Brasileiro. Membro da Academia Paulista de Direito — Cadeira n. 27. Membro do IBCCRIM — Instituto Brasileiro de Ciências Criminais. Membro do IASP — Instituto dos Advogados de São Paulo. Membro da Academia Nacional de Direito Desportivo — Cadeira n. 24. Membro da Primeira Câmara Recursal da Ordem dos Advogados do Brasil — OAB – Seção SP. Presidente do Tribunal de Justiça Desportiva da Associação Paulista de Futebol — APF. Conselheiro Estadual da Ordem dos Advogados do Brasil — OAB — Seção SP (2013-2015).

É autor de inúmeras obras, dentre as quais se destacam: Justa Causa Para Despedida. Curso de Legislação Social. A Justa Causa no Direito do Trabalho. Consolidação das Leis do Trabalho com Jurisprudência. Direito Desportivo (coautor). Os Atletas Profissionais de Futebol no Direito do Trabalho. Elementos de Direito Processual do Trabalho. Nova Legislação Desportiva-Aspectos Trabalhistas. Curso de Direito Desportivo, ed. 2003 (co-autor). Novos Rumos do Direito do Trabalho na América Latina, coordenador, além de contribuições com artigos publicados em dezenas de revistas e livros nacionais e estrangeiros.

Embora tenha uma interminável lista de qualificações e cursos é uma pessoa que ao chamarmos para uma Live, um Congresso, ou uma simples reunião, terá a mesma postura. Dá uma atenção única, dedicada e integral e nos dá uma aula, não só do que é ser um grande profissional, mas do que é ser uma grande pessoa.

Quando nos conhecemos, fomos brevemente apresentados e conversamos sobre sua formação, seus livros e aulas, assim como o vi fazer com todas as pessoas nos anos seguintes, Professor Zainaghi é um grande gênio, com uma simplicidade que só as grandes mentes são capazes de ter.

Particularmente, só tenho a agradecer, assim como todos os que participam desta obra, pela oportunidade de conviver e fazer parte da vida, dos estudos e do grupo que priva conviver com esse ser humano único, alguém que multiplica e divide seu conhecimento todos os dias.

Obrigada SBDD, pelo presente de poder prestigiar este grande nome do Direito Desportivo.

*Flavia de Almeida de Oliveira Zanini*
Presidente da SBDD
(Gestão 2021-2023).

# 1

# Esporte e a Mulher Atleta

*Ana Paula Pellegrina Lockmann*(1)

Domingos Sávio Zainaghi, reconhecido professor e advogado de Direito do Trabalho do Brasil e da América Latina e singular desbravador da ciência do Direito Desportivo.

Com várias e importantes publicações de livros e artigos se destaca no Direito Contemporâneo, sendo referência para leitura obrigatória de operadores do Direito que buscam análise crítica acerca dos mais diversos temas jurídicos.

E como falar neste acadêmico sem tratar na mesma medida de tema palpitante e não menos contemporâneo correspondente à mulher atleta sob o aspecto social que gravita à luz do eixo jurídico.

## 1.1. Contextualização histórica — A destacada participação feminina nos jogos olímpicos

Impõe-se invocar questões de essência relativas ao tema em estudo, como a valorização e a inclusão social das mulheres no desporto, sem olvidar dos preconceitos e das desigualdades daí decorrentes que se constituem em elemento histórico e, por outro lado, desafiador de práticas que corrijam os excessos e as distorções indesejáveis no presente século.

Já em análise primeva, não há como deixar de lembrar de Simone de Beauvoir, quando na obra O Segundo Sexo, deixa claro que a mulher se forma como tal a partir de suas escolhas, daí a clássica citação: *Ninguém nasce mulher. Torna-se mulher (...) Que nada nos limite; Que nada nos sujeite; Que a liberdade seja a nossa própria substância.*

Registros históricos são relevantes para que se possa melhor compreender não somente a inserção da mulher no desporto, mas sua afirmação no desporto praticado seja sob a ótica do lazer, seja sob a ótica profissional.

---

(1) Desembargadora do TRT da 15ª Região. Mestre em Direito pela USP.

Neste contexto, os Jogos Olímpicos da Antiguidade foram marcados pela vedação à plateia feminina nas competições, sem falar, obviamente, na proibição de atuarem em qualquer modalidade esportiva.

Mesmo no Brasil entre as décadas de 1940 a 1980, as mulheres, por força de lei, sequer poderiam se aventurar na prática desportiva, em modalidades para as quais era exigida força física, sendo, inclusive, consideradas *masculinizadas* por atuarem em atividades que, em verdade, atraem por sua própria natureza a higidez física e mental de todo e qualquer ser humano, o que leva a concluir que a opção legislativa à época erigia o gênero feminino a um patamar inferior ao gênero masculino ou sequer a erigia a coisa alguma.

Por outro lado, a participação feminina no esporte vem crescendo nos últimos anos, não só pelo maior número de atletas de alto rendimento, mas também pela participação feminina em atividades que gravitam em torno da prática desportiva, tais como a atuação das mulheres técnicas, árbitras, jornalistas do ramo esportivo.

A corroborar esta constatação, basta uma breve análise da evolução da participação de atletas brasileiras em Jogos Olímpicos a partir de dados divulgados pelo Comitê Olímpico Brasileiro — COB.

Veja que em 1992, nos Jogos Olímpicos de Barcelona, havia 51 atletas mulheres do total de 197 atletas brasileiros, enquanto em 1996, nos Jogos Olímpicos de Atlanta, passaram a competir 66 mulheres, de um total de 225 atletas, oportunidade em que foram conquistadas as primeiras medalhas da história do Brasil em competições olímpicas femininas, sendo elas no vôlei de praia, basquete e vôlei de quadra.

Nesse movimento de aumento de participação feminina em Jogos Olímpicos, surgem 94 atletas mulheres do total de 205 atletas que competiram no ano de 2000, nos Jogos de Sydney, quando o basquete feminino, assim como o vôlei de quadra e o vôlei de praia lograram a obtenção de medalhas nas respectivas competições.

E nesta mesma esteira de aumento de mulheres em Jogos Olímpicos, atuaram em 2004, em Atenas, 122 mulheres num contexto de participação global de 247 atletas brasileiros, ao passo que em 2008, nos Jogos Olímpicos de Pequim, havia 133 mulheres entre os 277 atletas brasileiros; em 2012, nos Jogos Olímpicos de Londres, participaram 123 atletas mulheres, entre aqueles 259 atletas brasileiros. No Brasil, nos Jogos Olímpicos do Rio de Janeiro, em 2016, do total de 465 atletas brasileiros, 209 eram mulheres e, finalmente, em 2021, nos Jogos de Tóquio, do total de 302 atletas brasileiros, 140 eram mulheres.

E foi justamente na última edição, em 2021, que a delegação brasileira obteve o melhor dos resultados em Jogos Olímpicos, sendo conquistadas 21 medalhas, o que somente ocorreu em vista da significativa participação das atletas femininas, que conquistaram 9 medalhas (42,86%), alcançando um feito histórico.

Destacaram-se as atletas Rebeca Andrade que conquistou medalhas inéditas para o Brasil na ginástica artística feminina; a dupla Kahena Kunze e Martine Grael conquistou o bicampeonato, ganhando mais uma vez o ouro na vela. Na maratona aquática feminina, Ana Marcela Cunha garantiu ao país a primeira medalha de ouro nesta modalidade. A boxeadora Beatriz Ferreira, por sua vez, levou a medalha de prata. Rayssa Leal, a "fadinha" do skate, de apenas 13 anos de idade na ocasião, ganhou a medalha de prata no skate, estreia desta modalidade em Olimpíadas, gerando, inclusive, nova e importante discussão acerca da participação infantil na prática desportiva. O vôlei feminino de quadra também conquistou a prata. A judoca Mayra Aguiar conquistou o bronze pela terceira vez seguida em Olimpíadas. E a dupla de tenistas Luísa Stefani e Laura Pigossi levou a prata, conquistando a primeira medalha do país no tênis em Jogos Olímpicos.

Vale registrar que, para os Jogos de Paris de 2024, o Comitê Olímpico Internacional (COI) estabeleceu a igualdade de gênero na distribuição das vagas nas competições, de modo que, pela primeira vez na história, haverá 50% de participação feminina e outros 50% masculina.

É fato, outrossim, que o futebol feminino no Brasil em que pese tenha sido medalhista de prata já nas edições dos Jogos Olímpicos de Atenas no ano de 2004 e de Pequim no ano de 2008, vem ganhando ainda mais relevo. Aliás, vale frisar que a atleta brasileira Marta foi eleita pela FIFA a melhor jogadora de futebol do mundo por seis vezes.

Como se verifica, as mulheres se mostram tão ou mais capazes e competitivas quanto os homens, alcançando feitos extraordinários, sendo inegável sua importância para o esporte.

Inclusive, destaca-se que o esporte feminino, principalmente nos últimos anos, vem conquistando maior espaço na mídia, a exemplo de cobertura e transmissão mais amplas e em horários mais nobres, principalmente, na mídia televisiva de inúmeros torneios.

## 1.2. Princípios norteadores — Legislação protetiva

Apesar de nas últimas décadas ter havido uma evolução no papel feminino no mundo do desporto, verifica-se que ainda está muito longe do ideal se comparada com o tratamento dado ao esporte masculino.

A despeito disto, há um feixe de princípios que norteia a não discriminação e que foram insculpidos na Constituição Federal de 1988, sendo o princípio da dignidade humana concretizado já em seu art. 1º, inciso III, como fundamento da República, *in verbis:*

> Art. 1º A República Federativa do Brasil, formada pela união indissolúvel dos Estados e Municípios e do Distrito Federal, constitui-se em Estado Democrático de Direito e tem como fundamentos:

> (...)
>
> III – a dignidade da pessoa humana; (...).

A partir daí lastreia-se a ideia de igualdade e de não discriminação, de tal sorte que não há como sequer cogitar da existência digna na hipótese de um tratamento discriminatório injusto.

Aliás, o Estado Democrático de Direito tem como pilastras a igualdade, a liberdade e a dignidade da pessoa humana.

Nesta mesma linha, o art. 3º da Constituição Federal evidencia aqueles que são os objetivos fundamentais da República consistentes em uma sociedade livre, justa e solidária, na garantia do desenvolvimento nacional, na erradicação da pobreza, além da redução das desigualdades sociais e regionais, promovendo, finalmente, o bem de todos, sem preconceitos de origem, raça, sexo, cor, idade e quaisquer outras formas de discriminação:

> Art. 3º Constituem objetivos fundamentais da República Federativa do Brasil:
>
> I – construir uma sociedade livre, justa e solidária;
>
> II – garantir o desenvolvimento nacional;
>
> III – erradicar a pobreza e a marginalização e reduzir as desigualdades sociais e regionais;
>
> IV – promover o bem de todos, sem preconceitos de origem, raça, sexo, cor, idade e quaisquer outras formas de discriminação. (...).

O art. 5º, *caput,* por sua vez, também da Constituição, estatui que todos são iguais perante a lei, estando previsto no inciso I que homens e mulheres são iguais em direitos e obrigações:

> Art. 5º Todos são iguais perante a lei, sem distinção de qualquer natureza, garantindo-se aos brasileiros e aos estrangeiros residentes no País a inviolabilidade do direito à vida, à liberdade, à igualdade, à segurança e à propriedade, nos termos seguintes:
>
> I – homens e mulheres são iguais em direitos e obrigações, nos termos desta Constituição; (...).

Integrado a este eixo normativo constitucional prescreve o art. 7º e incisos a vedação de diferenças de salários, de exercício de funções e de critério de admissão por motivo de sexo, idade, cor ou estado civil, bem como proíbe qualquer discriminação quanto a salários. Disciplina, igualmente, a proteção do mercado de trabalho da mulher, mediante incentivos específicos.

Na legislação infraconstitucional, a CLT, como não poderia ser diferente, apresenta um capítulo específico de normas protetivas ao trabalho da mulher, ao passo que no campo internacional, destacam-se várias Convenções da OIT, que tratam sobre a não discriminação entre homens e mulheres, dentre as quais a número 100 que versa sobre a isonomia salarial, e a número 111, que trata da discriminação em matéria de emprego e ocupação.

No âmbito do desporto, há a conhecida e vigente Lei Pelé (Lei n. 9.615/98), pelo menos até a presente data, em seu art. 2º, estabelece o desporto como direito individual, tendo como base alguns princípios fundamentais, dentre eles o da democratização, garantido em condições de acesso às atividades desportivas sem quaisquer distinções ou formas de discriminação:

> Art. 2º O desporto, como direito individual, tem como base os princípios:
>
> (...)
>
> III - da democratização, garantido em condições de acesso às atividades desportivas sem quaisquer distinções ou formas de discriminação; (...).

Apesar de todo o arcabouço principiológico e normativo, os obstáculos não faltam para o esporte feminino: o salário é mais baixo e os prêmios, no Brasil, são menores. E aqui, registre-se: em 2022, a Federação Americana de *Soccer* se comprometeu a pagar a mesma premiação às seleções feminina e masculina, e a discussão teve início com uma ação no ano de 2019, quando o sindicato que representa 28 jogadoras da seleção feminina americana ingressou com uma ação na Justiça contra a *US Soccer*, por discriminação de gênero.

## 1.3. A mulher e o esporte — Jurisprudência

As intercessões no âmbito do Direito do Trabalho são muitas, e cita-se apenas a título de ilustração a questão do reconhecimento do vínculo empregatício em relação às atletas, inclusive na modalidade do futebol feminino, pois grande parte das atletas não tem o contrato de trabalho anotado em carteira profissional.

Nesse aspecto, vale lembrar que a Lei Pelé (Lei n. 9.615/98) estabelece que o desporto de rendimento pode ser organizado e praticado: a) de modo profissional, caracterizado pela remuneração pactuada em contrato formal de trabalho entre o atleta e a entidade de prática desportiva; b) e de modo não profissional, identificado pela liberdade de prática e pela inexistência de contrato de trabalho, sendo permitido o recebimento de incentivos materiais e de patrocínio.

Essa questão tem sido regularmente debatida na Justiça do Trabalho, se a atleta enquadrada dentro dos regramentos da lei, idade etc., e que participa de competições profissionais deve ser considerada atleta profissional, com as obrigações de ambas as partes — atleta e entidade esportiva.

A jurisprudência não é pacífica, e a esse respeito houve uma importante decisão da Justiça do Trabalho de São Paulo, no ano de 2011, em causa envolvendo uma atleta de futebol e um clube paulista. No caso, a atleta, que jogava em competição profissional, com obrigatoriedade de comparecimento, concentração, além de outros, buscava o reconhecimento do vínculo de emprego. O clube, por sua vez, contestou a pretensão da reclamante, sob a alegação de que ela era atleta amadora.

O Tribunal Regional do Trabalho da 2ª Região entendeu pelo reconhecimento do vínculo empregatício, sob o fundamento de que a distinção entre "profissionalismo" e "amadorismo" não pode se dar com base em critério de gênero, destacando, ainda, que não havia liberdade na prática do desporto por parte da atleta, e que o caso demonstrava a presença dos requisitos da relação de emprego. Ou seja, extrai-se que a ausência do contrato de trabalho firmado por escrito, como previsto no art. 28 da Lei Pelé, por si só, não retira a natureza de jogadora profissional, pelo princípio da primazia da realidade que rege as relações contratuais, segundo o Direito do Trabalho (TRT 2ª Região – Proc. 0120100-67.2009.5.02.0040 RO).

Mais recentemente, em 2021, um clube carioca foi condenado a reconhecer o vínculo empregatício de uma jogadora de futebol. No caso, a atleta disputou o campeonato carioca e a série A2 do campeonato brasileiro no ano de 2019, todavia, sem formalização do contrato de trabalho.

Em defesa, o clube argumentou que não poderia ser reconhecido o vínculo de emprego, pois, no seu entender, diferentemente do futebol masculino, o futebol feminino é considerado amador, e, portanto, não profissional.

A magistrada sentenciante rechaçou a tese do clube, destacando que nos dispositivos da Lei Pelé não há distinção entre o trabalho do atleta profissional de futebol masculino e feminino, e que ficou comprovado nos autos que a autora desempenhou atividade não amadora, já que participou de competições oficiais em nome do clube. Também afirmou que é "incabível a discussão sobre o gênero para que se verifique a existência dos requisitos configuradores da relação empregatícia, como faz entender a reclamada em defesa, já que em patente afronta ao princípio da isonomia consagrada da nossa Carta Magna". Tratou-se de importante decisão para o futebol feminino (TRT 1ª Região – Proc. 0100670-27.2020.5.01.0023).

No mesmo ano, outra importante decisão agora do Tribunal Regional do Trabalho de Goiás, negou o vínculo de emprego e o pagamento de verbas rescisórias a uma atleta de futebol feminino, que prestou serviços a um time goianiense. A atleta havia alegado que sempre prestou serviços contínuos como jogadora de futebol profissional para o clube. Em defesa, foi negada a existência do vínculo empregatício sob o argumento de que o pacto firmado com o clube ocorreu na modalidade não profissional. O Tribunal acolheu as alegações, entendendo que não havia subordinação jurídica entre a atleta e o clube, nem contrapartida financeira, entre outros argumentos (TRT 18ª Região – Proc. 0010830-47.2020.5.18.0018).

Outro assunto bastante relevante é a respeito da maternidade em relação às mulheres atletas.

Apesar da Constituição e da CLT garantirem direitos à trabalhadora gestante, percebe-se que muitas atletas de alto rendimento acabam adiando a maternidade com receio de serem dispensadas ou de perderem espaço na carreira.

Outro caso recente e muito divulgado na imprensa envolveu uma renomada atleta do voleibol feminino, medalhista olímpica, e o time em que atuava.

Na reclamação trabalhista, a atleta buscava o reconhecimento da natureza salarial dos valores pagos a título de direito de imagem, alegando fraude à legislação trabalhista, pois correspondiam a 99,5% do total de seus vencimentos mensais. E tinha como pano de fundo, outrossim, a alegação de que o clube não renovou o contrato de cessão de uso de imagem, supostamente pelo motivo de a atleta ter engravidado. E entre o período do término do contrato de imagem e do término do contrato de trabalho, o clube pagou à autora apenas o valor anotado em CTPS, que representava somente 0,5% dos seus vencimentos mensais.

O Tribunal Regional do Trabalho da 3ª Região declarou a nulidade do contrato de imagem, e, consequentemente, reconheceu a natureza salarial da parcela mensal percebida, tendo enfatizado, dentre outros argumentos, que: "A simples discrepância entre os valores quitados pelo empregador pelos serviços trabalhistas (R$ 812,05) e pela exposição da imagem (R$ 98.891,55) já é suficiente para se constatar a fraude, nos termos do art. 9º da CLT". O debate se limitou à verificação acerca da existência ou não de fraude trabalhista na celebração do contrato de imagem, não tendo havido qualquer discussão acerca de discriminação de gênero ou de discriminação em razão do estado gravídico da atleta.

O clube recorreu ao Tribunal Superior do Trabalho, tendo obtido sucesso em um primeiro momento. Porém, ao final, o recurso foi considerado deserto, tendo sido restabelecido o acórdão do TRT mineiro (TRT 3ª Região – Proc. n. 11105-22.2015.5.03.0104-RR).

## 1.4. O esporte e valorização da atleta

Enfim, faz-se necessária a valorização da participação feminina no desporto, no intuito de desenvolver uma cultura alicerçada no princípio da igualdade, com investimento em maior quantidade e maior qualidade em políticas públicas voltadas ao real fomento do esporte feminino, bem como políticas educacionais em geral voltadas ao combate de todas as formas de discriminação.

Relativamente à necessidade de fomentar o esporte feminino, especificamente no futebol, destaca-se a Lei n. 13.155/2015, conhecida lei do Profut, que exigiu dos clubes de futebol a manutenção de investimento mínimo na formação de atletas e no futebol feminino em contrapartida à adesão ao programa de refinanciamento de dívidas.

Não bastasse, os regulamentos da Confederação Sul-Americana de Futebol — CONMEBOL e da Confederação Brasileira de Futebol — CBF estabeleceram que, a partir de 2019, os clubes devem ter equipe feminina principal e de categoria de base, como condição para participação nos campeonatos regulados por aquelas entidades.

Há também diversos projetos de destaque com a maior inclusão da atleta mulher, como, por exemplo, o projeto da Organização das Nações Unidas — ONU Mulheres em parceria com o Comitê Olímpico Brasileiro — COI, que vem sendo desempenhado inclusive em favelas no Rio de Janeiro. E recentemente foi lançada uma nova iniciativa conjunta que utilizará o esporte como uma ferramenta para promover a igualdade de gênero, combate ao racismo e prevenir a violência contra meninas e mulheres.

E com essa iniciativa da legislação, aliada aos recentes incentivos por parte das emissoras de televisão (como a *Rede Globo*, *Cultura*, *Rede Vida*, *Sport TV*), já é possível constatar, mais significativamente a partir de 2019, um verdadeiro aumento e mudança de cultura ao enxergar o futebol feminino brasileiro. Atualmente, inclusive, no futebol feminino paulista temos clubes que se destacam pela força, técnica e competitividade, como Corinthians, Ferroviária, Santos etc.

Em 2022, na final do campeonato paulista, a emissora de televisão que transmitiu o jogo, foi líder de audiência com 56% do público feminino. Houve também um recorde de público nas arenas nos jogos, em especial nas finais do campeonato nos últimos anos. E o futebol tem atraído investidores. Atualmente, o mercado enxerga o futebol feminino de outra forma, e prova disso foi o aumento de mais de 2100% dos prêmios nos últimos 3 anos. É pouco em comparação ao esporte masculino, porém, de se reconhecer que é um expressivo avanço.

## 1.5. Atuação da mulher na arbitragem e no jornalismo

Não há como falar da mulher atleta sem abordar temas que não apenas tangenciam o esporte, como dele fazem parte por sua relação de dependência umbilical: a arbitragem e o jornalismo.

A arbitragem feminina teve em seu centro a pioneira Asaléa de Campos Fornero Medina, conhecida como Léa Campos, verdadeira desbravadora nos campos e fora deles. Léa foi a primeira mulher reconhecida pela FIFA, e sua integrante entre os anos de 1971 e 1974 como árbitra de futebol, mineira de Abaeté, nascida em 1945, formada em educação física e jornalismo.

O primeiro jogo em que atuou, foi no México, entre as seleções da Itália e do Uruguai, ocasião em que, em sua homenagem, foi tocado o Hino do Brasil.

Da mesma forma que na arbitragem, Léa Campos também foi pioneira no jornalismo esportivo, atuando como uma das primeiras repórteres de campo.

Contemporaneamente, outros destaques dessa crescente e importante participação feminina no desporto e em atividades a ele vinculadas são facilmente identificados. A memorável Maria Esther Bueno foi, além de excepcional atleta e das maiores tenistas que o mundo já teve, comentarista de destaque. Em 2022, o jornalista e narrador esportivo Galvão Bueno teve a seu lado a primeira mulher jornalista a comentar uma Copa do Mundo (Catar) em TV aberta no Brasil, Ana Thaís Matos. Não bastasse, os campeonatos no Brasil contam também com um maior número de árbitras com atuação em diversos campeonatos. E, ainda, na Copa do Mundo do Catar (2022), registra-se outro feito histórico: a escalação do primeiro trio de arbitragem feminino da história das copas, sendo uma das assistentes a brasileira Neuza Inês Back.

Inegável, portanto, que as mulheres vêm obtendo espaço tanto no que tange à arbitragem quanto no que se refere o jornalismo esportivo, porém tais atuações não ocorrem sem a prévia luta histórica que se coloca no centro da abordagem referente ao desporto feminino.

A exemplo disto, caso de muita repercussão ocorreu numa partida entre clubes mineiros, pelo Campeonato Brasileiro da Série A, realizada em maio de 2014. Após o jogo, a assistente de árbitro foi alvo de severas críticas por parte de dirigentes de clubes, por conta de um suposto erro na assinalação de um impedimento. As críticas não se limitaram à avaliação técnica da atuação da "bandeirinha", mas, para muito além disso, foram desferidas agressões verbais de cunho preconceituoso.

Nem sempre ofensas de tal calibre chegam ao Poder Judiciário, dado o receio de represálias. Por sua vez, nos últimos anos o Superior Tribunal de Justiça Desportiva do Futebol – STJD julgou cinco denúncias relacionadas à discriminação de sexo contra árbitras, um caso a cada ano a partir de 2018, sendo que tais informações foram registradas no relatório anual da entidade, em dezembro de 2021.

## 1.6. Conclusão

Vê-se, portanto, que ainda há uma grande trajetória a ser percorrida em direção ao cumprimento das diretrizes estabelecidas pela Carta da República de 1988 quando veda qualquer forma de discriminação e estabelece explicitamente que homens e mulheres são iguais em direitos e obrigações, descabendo distinção de gênero (discriminação negativa) quanto à capacitação profissional, sob pena de violação de princípios constitucionais fundamentais, mormente a dignidade da pessoa humana. Ainda há muito o que conquistar.

Isabel Swan, velejadora brasileira e medalhista olímpica em Pequim (2008), ao escrever um artigo no ano de 2021, foi cirúrgica em sua análise: *Mulher no esporte é resistência, é querer mais, é não se contentar com crenças limitantes e deixar que, muitas vezes, restrições te impeçam de seguir em frente. É querer provar para si, por meio do esporte, o quão forte e capitã da sua própria vida podemos ser.*

A construção de uma sociedade justa, fraterna e sem preconceitos, fundada na dignidade da pessoa humana, como apregoa a Constituição Federal, somente é alcançada se houver igualdade de oportunidades e de tratamento.

Ao finalizar, não há como deixar de lembrar as palavras da Ministra Carmen Lúcia, do Supremo Tribunal Federal, durante discussão sobre um caso de fraude eleitoral no Ceará em sessão do Tribunal Superior Eleitoral, em maio de 2023:

> (...) o que a gente quer, nós, mulheres, não é empatia, é respeito aos nossos direitos, mas é preciso que, e é essa a educação que a Justiça Eleitoral tem a tradição de oferecer de reconhecer, de reconhecê-la como pessoa dotada de autonomia e capaz, sem precisar de ser amparada, cotejada. Isso é o que nós, mulheres, não queremos, Ministro. Com todo o respeito, eu entendo quando Vossa Excelência afirma, de uma forma que soa para nós mulheres quase paternal, dizendo é preciso que tenha empatia. Não. É preciso que tenha educação cívica para todos os cidadãos brasileiros igualmente participarem livremente, autonomamente com galhardia, das campanhas eleitorais, da vida política de um país. Não é considerando, que nós temos considerado aqui e esta é uma ótima tradição que vem em benefício da igualdade constitucionalmente estabelecida e que nós tanto almejamos, porque nós mulheres sabemos exatamente o que é ser tratada em desvalor. Não é desvalorizando e achando que mulheres são coitadas, porque coitadas não somos, somos pessoas autônomas igualmente em condições iguais a dos homens e, por isso, quando se fala que o partido abandonou, como outrora dizia-se o marido abandonou a coitada, não tem coitada não. Nós não queremos ser coitadas, nós queremos ser cidadãs iguais. Muitas vezes coitados são homens e ninguém assim considera. A desigualdade, Ministro, está neste tipo de tratamento.

## Referências


FERREIRA FILHO, Manoel Gonçalves. *Direitos humanos fundamentais.* 12. ed. São Paulo: Saraiva, 2010.

LOCKMANN, Ana Paula Pellegrina. Discriminação contra as Mulher no Esporte – Breves Considerações. In: OLIVEIRA, Leonardo Andreotti P. de (Coord.). *Direito do Trabalho e Desporto.* Volume II. São Paulo: Quartier Latin, 2015.

MARTINS, Sergio Pinto. Direito do trabalho. 22. ed. São Paulo: Atlas, 2006.

MORAES, Alexandre de. Direitos humanos fundamentais e as constituições brasileiras. In: PELLEGRINA, Maria Aparecida; SILVA, Jane Granzoto Torres da (Coords.). *Constitucionalismo social:* estudos em homenagem ao Ministro Marco Aurélio Mendes de Farias Mello. São Paulo: LTr, 2003.

ROCHA, Cármen Lúcia Antunes. Disponível em: https://youtu.be/YQy6N1q6-lw.

SARLET, Ingo Wolfgang. *A eficácia dos direitos fundamentais:* uma teoria geral dos direitos fundamentais na perspectiva constitucional. 12. ed., rev., atual e ampl. Porto Alegre: Livraria do Advogado, 2015.

SWAN, Isabel. Disponível em: https://pt.linkedin.com/pulse/mulher-esporte-comiteolimpico-dobrasil.

SWAN, Isabel. Disponível em: https://www.cob.org.br/pt/galerias/noticias/isabel-swan-assume-a-coordenadoria-de-esportes-femininos-do-cob-.

https://www.andd.com.br/sobre/stjd-discriminacao-contra-arbitras.

www.trtsp.jus.br.

www.tst.jus.br.

www.trt18.jus.br.

www.leiemcampo.com.br.

www.uol.com.br.

# 2

# As Trilhas do Desporto: Da Emoção Lúdica ao *VAR*

*Angelo Luis de Souza Vargas*(1)

*Eliane Cunha Gonçalves*(2)

*Luís Eduardo Guimarães Borges Barbosa*(3)

*Lucas Silva Maleval*(4)

---

(1) Pós-Doutor em Ciência do Desporto pela Universidade da Beira Interior. Pós-Doutor em Sociologia pela Universidade da Beira Interior. Professor Associado da Faculdade Nacional de Direito (UFRJ e responsável pelas cátedras de Direito Desportivo). Coordenador do Grupo de Estudos de Direito Desportivo da Faculdade Nacional de Direito da Universidade Federal do Rio de Janeiro (UFRJ). Auditor do Tribunal de Justiça Desportiva do Estado do Rio de Janeiro (TJD-FFERJ).

(2) Pós-Doutoramento em Ciência da Motricidade Humana (União Europeia). Doutorado em Ciência da Motricidade Humana (Chile). Mestre em em Ciência da Motricidade Humana. Especialista em Políticas Públicas Sociais e da Saúde. Especialista em Treinamento Desportivo. Especialista em Educação Física e Sociedade. Curso de Extensão e Capacitação para Gestão Pública em Educação Física e Desportos — FND/UFRJ. Licenciatura Plena em Educação Física. Docente do Ensino Superior. Docente de Pós-graduação *Lato Sensu*. *Personal Trainer* e Consultora em Exercício Físico. Delegada Regional do Espírito Santo da Federação Internacional de Educação Física — FIEPS. Autora de livros. Membro da Comissão de Ensino Superior do CONFEF. Presidente e Membro de Comissão Científica. Membro de Conselho Editorial de Revista Científica no Brasil e no Chile. Programa e *Podcast* sobre futebol no *YouTube*, *Instagram* e *Facebook*.

(3) Advogado formado pela Universidade Candido Mendes do Rio de Janeiro. Pós-graduado em direito desportivo, direito do trabalho e processo do trabalho pelo IAVM (Candido Mendes). Sócio fundador do escritório Bittencourt & Barbosa Advogados e Associados. Diretor Geral da Associação Brasileira de Direito Desportivo — SBDD. Membro do Grupo de Estudos de Direito Desportivo da Faculdade Nacional de Direito da Universidade Federal do Rio de Janeiro (GEDD — UFRJ/FND).

(4) Graduado em Direito pela Universidade Federal do Rio de Janeiro (UFRJ). Experiência e especialização em Direito Desportivo e Direito do Trabalho. Membro da Comissão de Direito Desportivo da OAB/RJ. Monitor da disciplina de Direito Desportivo na UFRJ. Atuações em Tribunais de Justiça Desportiva na defesa de atletas e clubes. Assessoria a jogadores e empresários de futebol.

## 2.1. Introdução

A bem da verdade poucas vezes experimentei tantas dificuldades para iniciar um texto! Não obstante, sou absolvido não só pela carga de responsabilidade que o convite me outorgou, mas sobretudo, pela avalanche de emoções que, indubitavelmente me fez acelerar o coração pelo jubilo e a honra. Afinal, o convite para integrar o grupo de colegas de profissão e companheiros de ideais nos universos do Direito e do Desporto para compartilhar a aventura de escrever um capítulo em uma obra coordenada pela Sociedade Brasileira de Direito Desportivo (SBDD) em homenagem ao Professor Doutor Domingos Sávio Zainaghi. Importa referir, que o insigne professor, pesquisador, jurista renomado nos âmbitos nacional e internacional, advogado cuja competência técnica e, por consequência e respeitabilidade, alcançam amplidão invulgar no cenário da justiça no Brasil é figura emblemática no cosmo do Desporto.

Com efeito, suas incursões nos âmbitos do Direito do Trabalho transcendem as simples relações que o labor institucionalizado que as relações desportivas protagonizam. Suas teses advocatícias constituem, portanto, nos cenários técnicos e acadêmicos, verdadeiros roteiros de amparo doutrinário para todos nós que nos debruçamos pelas intrigantes tramas do desporto contemporâneo. Sem embargo, em que pese esta singela descrição do homenageado, que obviamente, não retrata a magnitude do seu magistério, atrevemo-nos a discorrer algumas passagens enciclopédicas da teoria do desporto já que, nos outorgamos com alegria, o privilégio da convivência acadêmica e a felicidade de compartilharmos da fraterna amizade.

Todavia, entendemos que a importância da aventura, a honra, e o prazer de participar da obra, ao lume dos reconhecimentos pelos valores profissionais, pelos esforços acadêmicos, pela seriedade e brilhantismo com que desempenham suas funções no GEDD-FND e ainda com foco no nosso olhar amoroso, deveríamos dividir as tarefas com mais três colegas de equipe. Destarte, unimos as sinergias em um objetivo comum: o de colaborar com tão valorosa e singular empreitada como a obra que aqui passamos a contribuir.

Nesta esteira, objetivamos trazer ao lume da síntese, alguns aspectos "pulsantes" e "controversos" no contexto desportivo atual. Assim, iniciamos por trazer ao foco algumas teses que sustentam a lógica desportiva para então, de forma mais pontual, assinalar questões de impacto hodierno.

Diante do paradigma universal a qual assevera que as faculdades lúdicas do ser humano são fisiológicas e, portanto, são organicamente essenciais para a construção das sociedades, o desporto, a forma mais civilizadora do jogo, passou a constituir um dos canais mais comuns de entretenimento e, por consequência um dos caminhos para a ascensão dos níveis desejáveis de saúde na sociedade do nosso tempo.

Destarte o desporto ocupa lugar de destaque no complexo axiológico das sociedades contemporâneas e neste cenário, as relações sociais que se desencadeiam através, e pelo desporto por consequência vão inserir-se nas mais variadas tramas do contexto atual e que, não raro, passam a criar direitos, deveres e obrigações ao lume da ordem moral consensual, cujo norte epocal está nos diapasões da ética lúdica e agonística.

Neste percurso, Sérgio (1991), nos indica o viés filosófico para a compreensão contextual.

> Copérnico, ao negar a Terra como centro do Universo, Darwin, ao desbancar o homem do primeiro lugar da hierarquia dos seres vivos; Freud, ao patentear que a razão não tem o pleno domínio sobre a totalidade humana; Marx prendendo o homem nas férreas mãos das estruturas socioeconômicas; Nietzcche, ao propor a criação de valores que nasceriam, para além do bem e do mal — já anunciaram os traçoes configuradores da hodierna morte do homem. Hoje o tecnocosmos faz da étIca uma tecnologia e o homem não passa de um número ou de um material manipulável (SÉRGIO, 1991, p. 61).

Neste desiderato, o desporto passa a constituir um vetor de infindável alcance no sentido de albergar e perpetuar o que há de mais natural e até então inviolável: a sensibilidade das emoções humanas. Tal discurso está alicerçado nos avanços da robótica que indubitavelmente, tenta por todos os meios reconstruir o espectro humano sem, contudo, atrever-se ao espírito que nos consagra como eternos hominais em, longitudinal desenvolvimento e inesgotável construção de valores.

Neste sentido, é possível trazer ao foco que:

> O desenvolvimento do esporte moderno não pode ser compreendido sem a ciência e a tecnologia. Objetivando a melhoria do rendimento do atleta, o treinamento desportivo reduz o corpo à máquina. Performances cibernéticas são exigidas do atleta na lente das câmeras que levam o espetáculo via-satélite para todo o planeta. A imagem do corpo do campeão, forjada através de treinamentos que lembram um operário na linha de montagem (um operário robô, repetindo o mesmo gesto até o encaixe perfeito), é transmitida para o corpo social planetário que vive vicariamente a vitória do atleta fenomenal que se eterniza no milésimo de segundo da folha amarelada e desmemoriada do livro dos recordes (VARGAS, 2010, p. 42).

A magnitude do fenômeno desportivo, de incontestável padrão sistêmico planetário transcende as fronteiras dos axiomas que sustentam as teses do hermetismo de certas instituições. Assim, José Luis Arnaut, no prefácio da obra "Compêndio de Direito do Desporto", coordenada pelo insigne professor português Alexandre Miguel Mestre, nos indica que o Direito no Desporto é uma realidade incontestável, posto que as sociedades hodiernas não podem prescindir das normatizações de seus costumes, tradições e *modus operandi*.

> Poucos serão os fenômenos que assumem, nas sociedades contemporâneas, uma presença tão marcante como o desporto do desporto escolar ao desporto na terceira idade, do desporto individual ao desporto coletivo, do desporto ao ar livre ao desporto es espaços cobertos, do desporto amador ao desporto profissional, dos praticantes aos dirigentes associativos e os árbitros, são milhões e milhes de pessoas, que por todo o mundo, nele se encontram diretamente, e diariamente envolvidas. Mas, se a todos esses juntarmos decisores políticos, agentes econômicos, profissionais da comunicação social, pais, familiares ... facilmente compreendemos como essa abrangência é global. E além de tudo isso, impressiona a velocidade com que a afirmação de sua centralidade na nossa vida... (ARNAUT, in: MESTRE, 2021, p. 6).

A questão aqui em análise, incide nos desdobramentos do fenômeno desportivo e, sua transcendência no imaginário do homem e da mulher, como uma espécie de mosaico dos estilos de vida. É lugar comum que os produtos das mais variadas ordens ligadas ou derivadas das atividades desportivas sejam assimilados ao cotidiano dos cidadãos de forma que sejam "incorporados" ao *modus vivendi*.

Neste percurso, a lição de Bento (2013) constitui um contributo às nossas reflexões:

> Porque será que tantos milhões de pessoas se dirigem cada vez mais para os cenários formais e informais das práticas desportivas. Porque razão é que os ginásios, piscinas, estúdios de condição física e de ginástica, assim como os locais mais aprazíveis e menos poluídos das nossas cidades são diariamente invadidos por jovens, adultos e idosos, por homens e mulheres, por indivíduos portadores de maiores ou menores deficiências e anormalidades? (BENTO, 2013, p. 75).

Não restam, portanto, dúvidas, que a magnitude do fenômeno desportivo alcança as nuances mais impactantes dos estilos de vida das pessoas e ainda é oportuno asseverar que, o consumo direto ou indireto do desporto está desde os meados do século passado adstrito da sociedade pelas vias da hiper-comunicação, cujas influências e impactos estão retratados nos matizes da sociedade contemporânea. Neste diapasão, é mister considerarmos a imensa responsabilidade de todos os atores e intervenientes inseridos no universo desportivo formal e não formal.

> O desporto, que é um fenômeno social, por isso, está difusamente impregnado das mais variadas interpretações e experiências. Para uns, desporto é

> predominantemente "jogo", isto é, atividade criadora, libertação, introdução à vida em sociedade; para outros, desporto é salientemente "espetáculo", ou "alta-competição", ou seja, profissionalização de minorias e diversão estática das massas; para alguns desporto é sobre o mais "educação" quer-se dizer: elemento indispensável da educação integral... para uns tantos, desporto é, essencialmente lazer...: meio de cultura, de compensação para o sedentarismo da vida profissional moderna... desporto é a expressão corporal do desenvolvimento socioeconômico de um país (SÉRGIO, 2003, p. 117).

No interior das tramas sociais sob as trilhas do desporto, as diversas formas de tecnologias passaram a constituir novos detalhes no cenário que, inclusive, fazem por merecer um número considerável de incursões científicas e, neste percurso é possível destacar o uso do *VAR* (*VIDEO ASSISTANT REFEREE*).

## 2.2. *Video Assistant Referee* (*VAR*)

Desde o início do futebol, a arbitragem tem sido um aspecto fundamental do jogo. Com o passar dos anos, foram sendo implementadas diversas regras para tentar garantir a justiça nas decisões tomadas pelos árbitros, mesmo assim, é inevitável que erros aconteçam.

Foi pensando nisso que a *International Football Association Board* (*IFAB*), em conjunto com outras organizações, começou a desenvolver um sistema de tecnologia de auxílio à arbitragem que pudesse ajudar a minimizar esses erros e garantir um jogo mais justo e transparente.

Assim, a *IFAB* começou a trabalhar no desenvolvimento do sistema de *Video Assistant Referee* (*VAR*), que se baseia no uso de câmeras de vídeo para revisar lances polêmicos e ajudar o árbitro a tomar decisões mais precisas. Durante os anos seguintes, foram realizados diversos testes com o *VAR* em jogos selecionados, a fim de avaliar sua eficácia e identificar possíveis problemas.

Antes do *VAR*, a *IFAB* aprovou o uso da tecnologia da linha do gol (GLT) em partidas oficiais, que utilizava câmeras de alta velocidade e sensores em cada gol para determinar se a bola cruzou completamente a linha. Essa foi uma das primeiras tecnologias de auxílio aos árbitros introduzidas no futebol.

Em 2016, o *VAR* começou a ser utilizado em competições oficiais pela primeira vez, durante a Copa do Mundo de Clubes da FIFA realizada no Japão. O sistema foi utilizado em todos os jogos da competição e, apesar de algumas polêmicas, foi considerado um sucesso geral.

O *VAR* foi utilizado oficialmente pela FIFA pela primeira vez durante a Copa do Mundo de 2018, realizada na Rússia. A tecnologia foi usada em todos os jogos da competição, com o objetivo de ajudar os árbitros a tomar decisões mais precisas em lances polêmicos, como gols, pênaltis, cartões vermelhos e erros de identificação de jogadores.

O uso do *VAR* na Copa do Mundo foi considerado um sucesso, com muitos lances controversos sendo revisados e decisões corretas sendo tomadas com o auxílio da tecnologia. Desde então, o *VAR* tem sido utilizado em diversas competições organizadas pela FIFA, como a Liga das Nações da UEFA e as Eliminatórias da Copa do Mundo.

Mas como exatamente funciona o *VAR*? O sistema consiste em um grupo de árbitros assistentes de vídeo que monitoram a partida por meio de câmeras de vídeo em tempo real. Quando ocorre um lance polêmico, o árbitro principal pode solicitar uma revisão do *VAR* para verificar a decisão que foi tomada. O árbitro assistente de vídeo pode rever o lance de vários ângulos e fornecer ao árbitro principal informações adicionais que podem ajudá-lo a tomar a decisão correta.

O *VAR* pode ser utilizado em diversas situações, como em casos de gol, pênalti, impedimento, cartão vermelho e até mesmo para corrigir erros de identificação de jogadores. No entanto, é importante lembrarmos que o *VAR* não é uma solução perfeita e que ainda pode haver margem para interpretação e decisões subjetivas.

Apesar de muitos especialistas defendam que o *VAR* pode melhorar a precisão das decisões arbitrais e ajudar a garantir a justiça nos resultados dos jogos, a implementação do *VAR* também causou controvérsia. Uma das principais críticas ao sistema é que ele pode acabar com a emoção do futebol e gerar discussões intermináveis sobre as decisões dos árbitros.

Outra crítica ao *VAR* é que sua utilização nem sempre é clara. Alguns lances polêmicos são revisados pelo *VAR*, enquanto outros não. Isso pode gerar confusão e frustração nos torcedores, que não entendem exatamente quando o *VAR* deve ser utilizado.

Desde sua implementação em 2016, o *VAR* tem passado por diversas melhorias e ajustes para tornar seu uso mais eficaz e mais justo. Em 2019, por exemplo, a *IFAB* modificou as regras para permitir que os árbitros usem o monitor de vídeo no campo de jogo, em vez de depender exclusivamente do árbitro assistente. Essa mudança teve como objetivo garantir que o árbitro principal tenha uma visão mais clara e ampla do lance, em vez de depender apenas das informações fornecidas pelo árbitro assistente.

Além disso, as federações e ligas de futebol também estão investindo em treinamento e capacitação dos árbitros para garantir que eles possam utilizar o *VAR* de maneira eficaz e consistente. A FIFA, por exemplo, lançou um programa de treinamento em vídeo para ajudar os árbitros a entenderem melhor como utilizar o *VAR* e tomar decisões mais precisas.

A implementação do *VAR* no Brasil foi gradual e teve início em 2017, com a realização de testes em jogos amistosos e treinamentos com árbitros. O objetivo era preparar a equipe de arbitragem e familiarizá-los com o sistema, que seria utilizado em jogos oficiais a partir de abril daquele ano.

O primeiro teste oficial do *VAR* no Brasil ocorreu em 8 de abril de 2017, durante a partida entre Coritiba e Atlético-GO, pelo Campeonato Brasileiro da Série A. O sistema foi utilizado em caráter experimental e não interferiu diretamente no resultado da partida.

A partir de então, o *VAR* foi incorporado em outras competições brasileiras, como a Copa do Brasil, o Campeonato Brasileiro e os estaduais, sempre com o objetivo de auxiliar os árbitros em lances polêmicos, como gols, pênaltis, cartões vermelhos e erros de identificação de jogadores.

A implementação do *VAR* no Brasil ainda enfrenta algumas dificuldades e críticas, especialmente em relação à demora na tomada de decisão e na falta de comunicação clara entre os árbitros de campo e o responsável pelo *VAR*. A interferência excessiva da tecnologia no resultado da partida e a subjetividade na interpretação de alguns lances também são outros problemas enfrentados.

Além disso, muitos torcedores e jogadores acreditam que o sistema tem prejudicado o ritmo de jogo e a emoção das partidas.

Para tentar minimizar esses problemas, a Confederação Brasileira de Futebol (CBF) e a Comissão Nacional de Arbitragem (CONAF) têm trabalhado para aprimorar o sistema e treinar os árbitros para que possam utilizar o *VAR* de forma mais eficiente e ágil.

Atualmente, o *VAR* é uma realidade no futebol brasileiro e tem sido utilizado em todas as competições nacionais e internacionais realizadas no país, como a Copa América de 2019 e a Copa Libertadores da América. A expectativa é que a tecnologia continue evoluindo e se tornando cada vez mais precisa e eficiente, contribuindo para uma arbitragem mais justa e precisa.

Ao longo do tempo em que vem sendo utilizado, o *VAR* já enfrentou diversos problemas e controvérsias em partidas de futebol. No entanto, é difícil apontar um único evento como o maior problema, já que os problemas são diversos e variam de acordo com as circunstâncias de cada jogo.

No entanto, é importante destacar que o *VAR* não é uma tecnologia infalível e que ainda está em processo de evolução e aprimoramento. Apesar dos problemas enfrentados, a tecnologia tem se mostrado um avanço importante no futebol e tem contribuído para uma arbitragem mais justa e precisa.

Embora a implementação do *VAR* ainda gere polêmica, é provável que o sistema seja cada vez mais utilizado em competições de futebol em todo o mundo. A tecnologia continuará evoluindo e se aprimorando, e é possível que futuras gerações de fãs de futebol nem se lembrem de um tempo em que o *VAR* não existia.

No entanto, é importante lembrar que o futebol é um esporte emocionante e imprevisível, e que a tecnologia deve ser utilizada de forma responsável para preservar a essência do jogo. É preciso encontrar um equilíbrio entre a precisão das decisões arbitrais e a emoção do futebol, para que os fãs continuem a se apaixonar pelo esporte.

## 2.3. Aspectos fisiológicos e o tempo do *VAR*

Sabe-se que o exercício físico provoca inúmeras respostas agudas ao organismo, seja do ponto de vista fisiológico, bioquímico, psicológico ou imunológico.

Ao iniciarmos o exercício, o cérebro começa a produzir milhares de reações químicas, e as adaptações podem ser agudas e crônicas. Ao término uma série de hormônios são produzidos, tais como a adrenalina, o cortisol, as endorfinas e a testosterona. Hormônios estes que são capazes de proporcionar diversas mudanças, dentre eles o estado transitório de relaxamento, que irá depender da intensidade e do volume do esforço, porém os processos corporais não voltam imediatamente ao nível de repouso.

Dentre as adaptações agudas estão: aumento do número de mitocôndrias nas fibras dos músculos; a capacidade para produção de energia aeróbia e consequentemente os carboidratos e gorduras são mais facilmente oxidados; aumento do volume sanguíneo total; aumento do fluxo sanguíneo para os músculos ativos; aumento da frequência respiratória; aumento dos capilares pulmonares; maior contração muscular; aumento da sudorese; aumento da coordenação intramuscular; aumento da economia de esforço; aumento da atividade enzimática e das reservas de ATP — PC; otimização das reações necessárias ao sistema do ácido lático (glicólise anaeróbia); maior eficiência do sistema ácido-base, além de um aumento da capacidade em superar níveis de acidez mais elevados; aumento da atividade dos ribossomos das células musculares, gerando uma maior capacidade de síntese proteica; aumento das reservas de glicogênio muscular; aumento da frequência cardíaca; aumento da pressão arterial sistólica e mantem ou diminui a pressão arterial diastólica; aumento de déficit de O2; aumento de lactato e presença de tamponamento; aumento da força e potência; entre outros (MCARDLE, KATCH, KATCH, 2003).

Durante uma partida de futebol ocorrem todas essas adaptações agudas, além das adaptações crônicas, que irão depender do tempo e do tipo do exercício.

Sempre ouvimos dos Profissionais de Educação Física e Fisiologistas, que necessitamos de uma volta à calma antes de pararmos o exercício. Isto é, a pausa após um esforço físico é como o organismo tende a voltar ao estado normal ou acomodar-se a novas exigências através de processos de adaptação fisiológica (ZILIO, 1994).

Durante uma partida de futebol, assim como de qualquer exercício, o corpo humano sofre inúmeras situações de estresse. As fibras musculares, os tendões e os ligamentos se danificam, e resíduos se acumulam no corpo. A volta à calma, segura e eficaz, é essencial para permitir que o jogador se recupere totalmente da partida.

Uma boa volta à calma deve ser de exercícios leves, alongamento e reidratação. Este processo fará com que gradualmente o ritmo cardíaco volte ao normal, diminuindo a frequência cardíaca. Isto diminuirá a sensação de fadiga, impedindo o acúmulo de líquidos nos membros, principalmente os inferiores (sensação de peso nas pernas). Além disso, a respiração profunda deve fazer parte deste processo auxiliando o organismo a recuperar a oxigenação.

O alongamento auxilia a recuperação das articulações e músculos a voltarem às suas funções e comprimentos normais, aumentando a flexibilidade e reduzindo os riscos de lesões, principalmente em situações de jogo.

Inicialmente as partidas de futebol tinham o tempo cronometrado em 90 (noventa) minutos, com o decorrer do tempo e a entrada do *VAR*, este tempo foi se estendendo consideravelmente, podendo uma partida chegar a quase duas horas, como foi o caso da partida entre Argentina e Arábia Saudita que se enfrentaram por 90 minutos de tempo regulamentar, mais cinco minutos de acréscimos no primeiro tempo e catorze minutos no segundo tempo, totalizando 19 minutos. O jogo mais extenso foi o da Inglaterra e Irã que obteve acréscimo de 27 min e 01 segundo, ambos na Copa do Mundo de 2022.

Além da necessidade de um bom condicionamento físico por parte dos jogadores, devido ao tempo excedido de jogo, temos um outro obstáculo nos jogos que passou a ser o tempo de análise do *VAR*, iniciado em 2016. Este tempo aumentado na partida aferiu um acréscimo de nove minutos, em média, às partidas.

De acordo com dados de Maleson (2022), na Copa do Mundo, o jogo ficou parado, em média, apenas 1 minuto e 11 segundos para análise do *VAR*. Para efeito de comparação, esse mesmo número no Campeonato Brasileiro foi de 1 minuto e 30 segundos. Ou seja, o VAR do Mundial foi 27% mais rápido.

Este tempo quando considerados apenas os lances em que houve mudança de decisão da arbitragem de campo, o tempo médio de jogo parado sobe para 1min45s (tempo total de 43min40s). Porém, esse tempo ainda é bem menor, se compararmos com o Brasileirão. Na elite do futebol brasileiro, a média é de 2min13s quando há alteração do que havia sido marcado no campo (MALESON, 2022).

No ano de 2022 o tempo despendido pelo *VAR* foi 18% (dezoito) maior que o ano de 2021. Os dados abaixo relacionam a quantidade de paralizações e o tempo médio gasto pela análise do *VAR* (MALESON, 2022):

• Em 2022: 707 paralisações do jogo para checagem do *VAR* (573 com escuta do ponto eletrônico e 134 com ida à telinha), tempo de jogo parado pelo *VAR* de 1min30s (tempo total de 17h39min05s);

- Em 2021: 720 paralisações do jogo para checagem do *VAR* (605 com escuta do ponto eletrônico e 115 com ida à telinha), tempo de jogo parado pelo *VAR* de 1min16s (tempo total de 15h10min55s);

- Em 2020: 962 paralisações do jogo para checagem do *VAR* (824 com escuta do ponto eletrônico e 138 com ida à telinha), tempo de jogo parado pelo *VAR* de 1min17s (tempo total de 20h40min23s);

- Em 2019: 757 paralisações do jogo para checagem do *VAR* (611 com escuta do ponto eletrônico e 146 com ida à telinha), tempo de jogo parado pelo *VAR* de 1min29s (tempo total de 18h37min0s).

Em relação ao tempo de jogo parado quando há mudança de decisão a média de tempo permaneceu praticamente igual, mas houve aumento de 13% no tempo total de jogo parado consumido pelo *VAR* em relação ao ano de 2021:

- Em 2022: tempo de jogo parado pelo *VAR* de 2min13s, quando houve mudança (tempo total de 6h20min10s);

- Em 2021: tempo de jogo parado pelo *VAR* de 2min11s, quando houve mudança (tempo total de 5h35min03s);

- Em 2020: tempo de jogo parado pelo *VAR* de 2min11s, quando houve mudança (tempo total de 6h47min);

- Em 2019: tempo de jogo parado pelo *VAR* de 2min34s, quando houve mudança (tempo total de 7h49min).

Os maiores tempos de análise do *VAR* foram de oito minutos de interrupção no jogo pela Copa do Brasil de 2021 entre Vitória e Grêmio para análise de apenas um lance.

Diante do exposto temos duas situações quanto ao tempo de jogo. A primeira quanto ao tempo de espera do VAR e a segunda quanto ao tempo excedido do tempo do jogo.

As respostas fisiológicas, ao tempo de espera do jogador, direcionam a uma diminuição do ritmo cardíaco e consequente diminuição da frequência cardíaca, com isso aumenta a concentração de líquido nos membros inferiores, principalmente, o que direciona uma sensação de nestes membros, ocasionando dificuldade do jogador de manter, inicialmente o ritmo de jogo antes da parada.

Além disso, ocorre uma diminuição abrupta da pressão arterial, podendo ocasionar tontura e, consequentemente menor rendimento do jogador. Uma menor velocidade, diminuição da mobilidade e maior risco de lesão são outras respostas que podemos encontrar, dependendo do tempo de duração do *VAR*. Nesta esteira, impede o organismo de manter um estado de equilíbrio, restringindo o desempenho durante o restante da partida e aumentando o risco de lesões durante e após o jogo.

Quanto ao excesso de tempo de jogo, em que encontramos até 27 minutos a mais em uma partida, pode ocasionar fadiga extrema representando o declínio na capacidade de gerar tensão ou força muscular com a estimulação repetida ou durante um determinado período de tempo. Resultados estes que trazem consequências negativas, como redução no desempenho, queda do sistema imunológico, fadiga constante, distúrbios de humor, aumento da frequência cardíaca de repouso, dentre outras (KENTTÄ e HASSMÉN, 2001).

## 2.4. Consideraçoes finais

Ao atentarmos ao modelo composto por Marchi Jr. (2015) com cinco dimensões assim definidas: Emoção, Estética, Ética, Espetáculo e Educacional. A emoção no que se refere às variadas possibilidades de Emoções (excitações, desafios e riscos) promovidas por uma partida de futebol, sejam elas no jogador ou nos espectadores, podendo levar ao extrapolamento das regras e das condutas sociais. A Estética quanto as relações entre o esporte e a saúde, além dos possíveis efeitos que sua prática promove nos corpos de seus praticantes. A Ética, a qual nos conduz a pensar acerca dos valores, princípios, critérios e regras comportamentais que envolvem o esporte contemporâneo. O Espetáculo quanto ao contexto econômico e mercadológico; a geração e constituição de ofertas e demandas; seu apelo motivacional e emocional; plasticidade e viabilidade midiática; capacidade de comunicação e interferência global; e mobilização populacional, entre outros (Marchi Jr., 2015, p. 62-63). E a dimensão Educacional que "subsidia a formação da tão desejada e retoricamente defendida reflexividade e criticidade do ser humano na sociedade contemporânea" (Marchi Jr., 2015, p. 64).

O momento mais sublime do futebol, agora vem parcelado, pois uma vez que o *VAR* foi implementado com o objetivo de dar ao esporte uma tecnologia a favor da justiça desportiva, essa cumpre um papel fundamental como ferramenta de auxílio, buscando corrigir erros dos árbitros em uma partida, porém encontramos tempos exacerbados, tanto quanto a espera do tempo do *VAR*, quanto ao tempo acumulado sobre o mesmo, levando a partidas com mais de cem minutos.

Tempo este que pode ocasionar inúmeras respostas negativas ao jogador e com isso diminuindo seu ritmo de jogo ou até mesmo respostas agudas e crônicas ao exercício, porém sob a ótica negativa.

Diante dos desafios das tecnologias e suas interpenetrações no ambiente desportivo, é preciso uma "nova" ressignificação por parte de todos os atores e intervenientes do cosmo desportivo. Sim; as tecnologias pelas trilhas da cibernética vieram para ficar e ocupar um dos espaços do nosso universo relacional. Contudo, por mais que avancemos nas tentativas de controlar o "inusitado desportivo" a magia das tramas desportivas jamais serão superadas e o jogo, a essência do Desporto permanecerá inabalável. Neste contorno é Huizinga no seu clássico "Homo Ludens" quem nos ensina:

> *"Quem diz competição, diz jogo. Conforme já vimos, não há razão alguma para recusar a qualquer tipo de competição o caráter de um jogo. O lúdico e o competitivo elevados àquele plano de seriedade sagrada que toda sociedade exige para a sua justiça, continuam ainda hoje sendo perceptíveis em todas as formas de vida jurídica."*
> (Huizinga,1971, p. 88)

## Referencias


BENTO, J. O. *Discurso e Substância*. Belo Horizonte: Casa da Educação Física, 2013.

FOSS, M. L.; KETEYAN, S. J. *Bases fisiológicas do exercício e do esporte*. 6. ed. Rio de Janeiro: Guanabara Koogan, 2000.

KENTTÄ, G.; HASSMÉN, P. *Overtraining* e recuperação: Um modelo conceitual. *Sprint Magazine*, 2001; 116:4-20.

MALESON, R. *Balanço do* VAR *na Copa do Catar:* tempo médio de jogo parado é 27% menor que no Brasileirão de 2022, Disponível em: https://ge.globo.com/espiao-estatistico/noticia/2022/12/16/balanco-do-var-na-copa-do-catar-tempo-medio-de-jogo-parado-e-27percent-menor-que-no-brasileirao-de-2022.ghtml. Acesso em: abr. 2023.

MALESON, R. *Brasileirão tem aumento no tempo médio de jogo parado pelo* VAR *e o menor número de paralisações*. Disponível em: https://ge.globo.com/espiao-estatistico/noticia/2022/11/14/brasileirao-tem-aumento-no-tempo-medio-de-jogo-parado-pelo-var-e-o-menor-numero-de-paralisacoes.ghtml> Acesso em: abr. 2023.

MARCHI JR., W. (2015). O Esporte "Em Cena": perspectivas históricas e interpretações conceituais para a construção de um modelo analítico. *The Journal of the Latin American Socio-cultural Studies of Sport*, 5(1), p. 46-67. Disponível em: http://dx.doi.org/10.5380/jlasss.v5i1.43890.

MCARDLE, W. D.; KATCH, F. I.; KATCH, V. L. *Fisiologia do exercício:* energia, nutrição e desempenho humano. 5. ed. Rio de Janeiro: Guanabara Koogan, 2003.

MESTRE, A. M. *Compêndio de Direito do Desporto*. Coimbra: GESTLEGAL, 2021.

SÉRGIO, M. *Para uma Nova Dimensão do Desporto*. Lisboa: Instituto Piaget, 2003.

______. *Um Corte Epistemológico* — Da Educação Física à Motricidade Humana. Lisboa: Instituto Piaget, 1991.

VARGAS, A. L. S. *Bioética:* Impactos da Pós-Modernidade. Rio de Janeiro: LACSU, 2010.

ZILIO, A. *Treinamento físico*. Terminologia. Ed. da Ulbra, 1994.

# 3

# A (Re)Instituição do "Passe" para Atletas Profissionais do Futebol: Medida Acertada ou Retrocesso?

*Carlos Santiago da Silva Ramalho*[1]

## 3.1. Introdução

O chamado "passe" dos jogadores profissionais do futebol foi instituído no ordenamento jurídico brasileiro por meio da Lei n. 6.354/76, que dispunha sobre as relações de trabalho do jogador de futebol.

O art. 11 da referida legislação conceituava o instituto do passe como "a importância devida por um empregador a outro, pela cessão do atleta durante a vigência do contrato ou depois de seu término, observadas as normas desportivas pertinentes."

Nesse contexto, verifica-se claramente a existência de um vínculo vitalício entre o jogador e a agremiação esportiva, vez que o atleta estava condicionado ao pagamento do "passe" para que pudesse exercer sua atividade laborativa em outro clube. Em outras palavras, o instituto do passe era uma maneira de impedir transferências de atletas para outros clubes, a fim de proteger o equilíbrio técnico das competições à época em que disputavam (BELMONTE, 2010) e, mais ainda de se garantir retorno financeiro aos clubes de origem dos atletas.

---

(1) Administrador. Bacharel em Direito. Pós-Graduado MBA em Consultoria e Gestão Empresarial. Membro da Comissão Jovem da Academia Nacional de Direito Desportivo (ANDDJ). Assessor da Presidência da Sociedade Brasileira de Direito Desportivo (SBDD). Auditor Auxiliar do Pleno do STJD do Futebol. Auditor do Pleno do STJD da Confederação Brasileira de Futebol de 7. Organizador e autor de livros e artigos. @carlosramalhocr.

A mudança desse cenário, em nível mundial, começou a se transformar a partir do emblemático caso Bosman, ocorrido em 1995. O jogador de futebol profissional belga, Jean-Marc Bosman, conquistou judicialmente o direito de atuar em um clube francês, quebrando uma das barreiras da chamada cláusula de nacionalidade, sem a incidência do pagamento de indenização ao seu clube de origem.

O paradigmático caso Bosman rompeu barreiras não apenas no âmbito da União Europeia. Aqui no Brasil, com o advento da nova Lei Geral do Desporto (Lei n. 9.615/98 (Lei Pelé)), houve a revogação da Lei n. 6.354/76 e a consequente extinção da figura do passe, dando lugar a cláusula penal contratual entre as partes.

O atleta profissional do futebol, enfim se via livre para negociar seus direitos federativos, outrora conhecido como "passe" independente de autorização do clube a que estava vinculado. O direito federativo de um jogador de futebol, pode ser exemplificado através do seguinte exemplo. Imagine que determinado atleta profissional possua contrato laboral ativo com uma entidade de prática desportiva e, por estar tendo um bom desempenho nas competições que disputa pela sua equipe, desperte o interesse de um clube de futebol do mesmo país (MARCONDES, 2011). Na hipótese da ocorrência de uma transferência do atleta e sendo pactuado um contrato especial de trabalho com a nova entidade de prática desportiva, nasce o direito dela em registrar o atleta junto à federação em que está filiada (BAÍA, 2015).

Importa consignar que o Código Brasileiro de Justiça Desportiva (CBJD), em seu art. 216, disciplina como infração a celebração de contrato especial de trabalho desportivo pelo atleta com duas ou mais entidades desportivas, haja vista que a atuação do atleta seria conflitante a medida que estivesse defendendo interesses de mais de uma agremiação numa mesma competição, por exemplo.

Dentro do contexto acima, cediço, que o princípio constitucional da livre escolha ao trabalho, previsto no art. 5º, inciso XIII da Constituição Federal de 1988, passou a valer para os atletas profissionais de futebol, quando da entrada em vigor da Lei Pelé (ROMERO, 2010), proporcionando assim autonomia e dignidade aos profissionais da bola.

Leciona o Prof. Dr. Domingos Sávio Zainaghi, ilustre homenageado desta obra:

> Para se ter uma ideia da dificuldade que os atletas de futebol enfrentavam no passado, no final dos anos 1940, o goleiro Batatais do Fluminense, que após ser despedido, ingressou na Justiça para reivindicar a metade da remuneração que lhe seria devida até o final do contrato, com base na previsao do art. 479 da já vigente CLT, perdeu sua ação no Supremo Tribunal Federal, após ter vencido no Tribunal Superior do Trabalho, alegando a Suprema Corte que jogador de futebol não era um trabalhador comum (STF-RE n. 15.932-18-09-1950 – Rel. Min. Macedo Ludolf).

Ocorre que, o instituto do passe, tão debatido entre especialistas, clubes e profissionais da bola volta à cena na Câmara dos Deputados, por meio de Projeto de Lei n. 3.353/2021[(2)], de autoria do Deputado Luciano Bivar (União Brasil/PE) que visa (re)introduzir na Lei Geral do Desporto a figura do passe para o atleta profissional do futebol.

Nessa senda buscaremos discorrer através deste trabalho, sem pretensão de esgotar o tema, acerca da necessidade ou retrocesso da adoção da medida na atualidade jurídica desportiva brasileira.

## 3.2. Das alterações propostas na Lei Pelé e da justificativa para apresentação do referido projeto de lei

O aludido Projeto de Lei objetiva incluir, no art. 28 da Lei n. 9.615/98, o Inciso III, seguido de quatro alíneas, com a seguinte redação:

> "Art. 28. (...)
>
> (...)
>
> III – os direitos federativos pertencem à entidade desportiva de futebol à qual o atleta profissional esteja vinculado.
>
> *a)* o valor da transferência ou venda dos direitos federativos do atleta profissional serão estipulados pela entidade desportiva de futebol;
>
> *b)* ao término do contrato profissional entre a entidade desportiva e o atleta de futebol, caso a transferência ou a venda dos direitos federativos não se efetive, o valor estipulado na alínea *"a"* deste inciso servirá como parâmetro para o estabelecimento do salário devido, conforme definido no contrato;
>
> *c)* estipulado o valor do direito federativo do atleta, este deverá ser registrado na federação a que esteja vinculada a entidade desportiva de futebol, podendo ser a qualquer tempo revisado;
>
> *d)* qualquer clube, da mesma federação ou não, poderá exercer a compra dos direitos federativos definidos nos termos da alínea *"c"* deste inciso, cujo valor será repassado ao detentor destes, descontados encargos e dívidas contratuais que porventura existam entre o atleta, o clube e a federação.

Ora, conforme se verifica trata-se de manifesta disposição no sentido de reintroduzir o passe, ou seja, a vinculação dos direitos de autonomia e liberdade do atleta profissional do futebol a entidade esportiva.

O referido projeto busca ainda alterar a redação do art. 28-A e o art. 29, com a seguinte redação:

> Art. 28-A. Caracteriza-se como autônomo o atleta maior de 14 (quatorze) anos que não mantém relação empregatícia com entidade de prática desportiva, auferindo rendimentos por conta e por meio de contrato de natureza civil.

(2) Disponível em: https://www.camara.leg.br/proposicoesWeb/prop_mostrarintegra?codteor=2081251&filename=PL%203353/2021. Acesso em: 03 abr. 2023.

Art. 29. A entidade de prática desportiva formadora do atleta terá o direito de assinar com ele, a partir de 14 (quatorze) anos de idade, o primeiro contrato especial de trabalho desportivo, cujo prazo não poderá ser superior a 5 (cinco) anos." (NR)

Em suas razões de fundamentar, o Deputado autor da proposição consigna que historicamente "o cenário político nacional sofreu fortes transformações, ocorreram mudanças de valores sociais e de rearranjos jurídicos. Também a legislação desportiva buscou se adaptar a todas essas mudanças".

Consigna que foi por meio da constituição de 1988 que o desporto ganhou personalidade por meio da autonomia das entidades de administração do desporto e de práticas desportivas. Registra que com o advento da Lei Pelé, que garantiu direitos trabalhistas aos atletas profissionais, houve profunda alteração nas relações de vínculo entre estes e as entidades quando se extinguiu o "passe", "retirando dos clubes importante fonte de recursos e investimentos".

Sobre o passe consigna que:

> O passe nada mais era do que uma premiação devida aos clubes responsáveis pela formação e qualificação dos atletas ou mesmo pela visibilidade a eles proporcionada, gerando valorização profissional e possibilidades de transferências nacional e/ou internacional.
>
> Assim, verificava-se, na figura do passe, uma verdadeira indenização em prol dos clubes que investiram no jogador quando ele ainda era desconhecido ou que projetaram esse jogador aos olhos do meio desportivo. Vale lembrar que a Federação Internacional de Futebol (FIFA) reconhece que o clube que revelou o jogador e que possui sua vinculação federativa deve ser indenizado pela eventual transferência desse atleta para outra agremiação.

Registra que com o fim do passe, que igualou os atletas profissionais aos trabalhadores, teria surgido um "eldorado" para empresários do mundo esportivo que teriam herdado os lucros anteriormente previstos aos clubes como forma de compensar pela formação dos atletas. "Em resumo: hoje o passe continua existindo, só trocou de mão. Ou seja, saíram as agremiações como os "senhores dos atletas", como se dizia à época, e entraram seus empresários".

Registra que o lugar dos clubes foi tomado por empresários que vivem de explorar os talentos dos atletas. Consigna que "aos clubes restou a venda precoce de seus talentos como forma de minimizar seus custos. Perdem os clubes, perdem os torcedores, continuam perdendo os atletas, ganham os empresários".

Justifica que o instrumento do passe era regulado por legislação internacional como única medida capaz de impedir a concorrência desleal e o aliciamento ilícito dos jogadores, dentro ou fora do país.

Registra a título contra argumentativo de que a FIFA, em 2015, teria proibido que terceiros (pessoas físicas ou jurídicas) detivessem participação nos direitos econômicos de jogadores de futebol, de forma que os clubes pudessem, teoricamente, ficar com 100% dos direitos dos seus atletas.

Contudo, pontua que, em 2016, do balanço patrimonial dos doze maiores clubes brasileiros, apenas oito apresentaram nos balanços financeiros a divisão dos direitos econômicos dos atletas, e que, somente o Botafogo detinha, 100% de mais da metade dos jogadores profissionais. "Palmeiras, São Paulo, Santos, Flamengo, Fluminense, Grêmio e Cruzeiro tinham menos da metade, alguns bem menos."

Por fim, pontua que apesar da mudança da regulamentação proposta pela FIFA a forma de contratar, principalmente no que diz respeito aos jovens atletas continua a mesma: "o atleta tem um procurador, que o registra em um clube de menor expressão, para manter seus direitos econômicos. Com isso, o clube grande precisa negociar com esse time, e normalmente deixar parte desses direitos econômicos com o vendedor de fato, que no caso é o empresário."

### 3.3. Das reflexões ao referido projeto de lei

O tema do passe, não é novo, e como se vê, o aludido Projeto de Lei carece de algumas reflexões.

#### *a) Das razões de fundamentar*

Cediço que a Constituição Federal de 1988 inaugurou um novo marco jurídico-normativo nas relações sociais brasileiras. A carta magna estabeleceu a necessidade de estrita observância a princípios sob pena de violação e não atingimento do espírito protetivo da norma.

É de se observar que a Lei Pelé, data dos idos de 1998, ou seja, entrou em vigor dez anos após o advento da constituição, e como tal, seria controverso manter o instituto do passe frente as disposições da carta magna que estabeleceu a dignidade da pessoa humana (art. 1º, Inciso III), a liberdade ao trabalho (art. 5º, Inciso XIII), a valorização do trabalho humano (art. 170), a busca pelo pleno emprego (art. 170, VIII).

No que concerne a justificação de que a Constituição Federal garantiu a autonomia das entidades de administração do desporto e de prática desportiva e, como tal, poderiam se valer do instituto do passe, como outrora, há de se pontuar que a Lei do Passe é anterior a referida carta constitucional. Ademais, a autonomia prevista no art. 217 da CF/88 diz respeito a questões atinentes a organização e funcionamento das entidades, o que não se traduz em soberania para os fins de instituir ou afastar a aplicabilidade de normas trabalhistas, por exemplo, ou mesmo limitar a liberdade constitucional ao trabalho.

A meu sentir não encontra amparo dizer que o passe seria um prémio aos clubes ou mesmo uma indenização como forma de retribuição a formação e qualificação dos atletas para futuras transferências nacionais ou internacionais.

Ora, a Lei Pelé, em seu atual art. 29, traz disposição clara no sentido de que os clubes formadores possuem o direito de assinar com o atleta o primeiro contrato especial de trabalho desportivo, nos termos que especifica. E, na hipótese de não concretização da referida disposição, por oposição do atleta ou que este venha a se vincular a entidade diversa, a entidade formadora, atendidos os requisitos, terá direito a indenização limitada a 200 (duzentos) vezes o valor do gasto comprovado com a formação do atleta (art. 29, § 5º).

A alegação de que o lugar das agremiações como ("senhores dos atletas") teria sido tomado pelos empresários de atletas também não se sustenta.

Há de se registrar que o mercado da bola é uma atividade econômica que gera movimentação financeira anual na casa dos bilhões, e como tal, permite a inúmeros atores atuarem nesse segmento. O próprio advento do modelo jurídico da Sociedade Anônima do Futebol (SAF), aprovado pela Lei n. 14.193/2022, demonstra essa particularidade. Isso porque, ao deixar de ser uma associação e se tornar uma S/A, por exemplo, o clube está disposto a se abrir para o mercado investidor. Nessa senda, cogitar a volta do "passe" no atual momento (transcorrido 24 após sua extinção), seria trazer insegurança jurídica nas relações desportivas e laborais do segmento esportivo. Seria, por exemplo, passado décadas da aprovação da SAF, revogá-la para restabelecer unicamente o modelo associativo, até então vigente, ao argumento de que as entidades de prática desportiva não se adequaram ao modelo proposto.

Ademais, cunhar a expressão de que as agremiações eram conhecidas como os "senhores dos atletas" conduz a um passado nefasto da história da humanidade. A referida analogia apenas reforça que o retorno do passe não traria qualquer benefício aos atletas, vez que ficaram "submissos" a vontade das agremiações por meio de seus dirigentes.

Como dito acima, o mercado da bola é dinâmico e altamente lucrativo. A meu sentir, não há que se falar que o fim do passe trouxe, como última saída, a obrigação de que os clubes realizassem a venda de seus atletas de forma precoce. Historicamente, o que sempre se observou foi a completa ineficiência na gestão das associações, que conforme (Leoncini; Silva, 2005) sempre possuiu a característica marcante do amadorismo. Daí, porque, a venda precoce de talentosos atletas sempre visou suprir o caixa das entidades para garantir a continuidade de suas atividades.

No que concerne a hipótese levantada de concorrência desleal ou aliciamento ilícito de jogadores, entendo não estarem presentes. Isso porque, a liberdade do trabalho, dentro da perspectiva da iniciativa privada — lei da oferta e da demanda —, permite ao trabalhador querer buscar melhor realização pessoal e salarial, arcando com as consequências de suas escolhas, o que não ocorreria de forma ampla e irrestrita diante da existência da figura da "vassalagem" do passe.

Atinente a alegação de que a regulamentação proposta pela FIFA não alterou a forma de contratação, principalmente no que diz respeito aos jovens atletas, há de se considerar que o início de carreira desses atletas é o momento mais importante de suas vidas.

Dentro do contexto acima, entendo que a presença de um empresário (agente FIFA) sério, responsável, que evidentemente auxilie o atleta na tomada da melhor decisão para sua carreira tem o condão de evitar inúmeros dissabores futuros que poderiam ser vividos pelo jogador diante da sua inexperiência jurídica, e de vida propriamente dito.

Como se observa a fundamentação da proposta se mostra, a meu sentir, em descompasso com a atualidade jurídica e social da sociedade brasileira, e principalmente do mercado esportivo.

### *b) Das controvérsias do Projeto de Lei em relação a dispositivos da legislação atual*

O aludido Projeto de Lei, conforme acima transcrito, busca inserir o Inciso III no art. 28, seguido de quatro alíneas em que objetiva ressuscitar o instituto do passe.

O Projeto de Lei não traz previsão expressa de revogação dos incisos I (que trata da cláusula indenizatória desportiva) e II (que trata da cláusula compensatória desportiva) constantes atualmente no art. 28.

Esse ponto acima, merece ser destacado, afinal estaria o legislador intentando possibilitar a coexistência da cláusula indenizatória e da cláusula compensatória com o advento do passe? Ou se estaria diante da possibilidade futura de que o atleta profissional do futebol pudesse vir a optar por uma das modalidades quando de sua vinculação ou renovação de contrato especial de trabalho junto a determinado clube?

A meu sentir, para além das indagações, certo é que o fim do passe — influenciado diretamente pelo caso Bosman —, buscou modernizar as relações econômicas-laborais do esporte trazendo novidades e possibilidades para os clubes, oportunizando maior transparência na relação jogador-clube.

Trata-se na verdade da adoção de um modelo global de modernização da economia e das relações de trabalho que, via de regra, também chegou na estrutura do futebol. E, nesse sentido, insta consignar que os clubes, desde o fim do passe, ou não quiseram ou não souberam ou não tiveram competência de gestão para trilhar novos caminhos visando garantir a continuidade, a modernização, a autossuficiência e a beleza do entretenimento esportivo.

Assim, o retorno do passe além de ser insustentável e um desastre na atualidade, seria um retrocesso sem igual na história do futebol brasileiro.

## 3.4. Considerações finais

O presente trabalho buscou discorrer sobre os aspectos jurídicos-sociais acerca da reinstituição do instituto do passe para os jogadores profissionais do futebol. Buscou-se, dentro do objetivo proposto, trazer reflexões em forma de contraponto atinente as justificativas utilizadas para fundamentar o Projeto de Lei em trâmite na Câmara dos Deputados.

A Lei Pelé, ao revogar a Lei do Passe, para além de facilitar as transferências no mercado da bola, buscou adequar as relações laborais em relação aos preceitos constitucionais, dentre os quais o da liberdade do trabalho, da livre iniciativa, da livre concorrência e da própria legislação trabalhista que não admitem a "escravização" do trabalhador, sob pena de violação de seus direitos.

E, é sob essa ótica constitucional que se observa que o retorno do passe não coaduna com a evolução social-jurídica-normativa vigente no país. E, não há que se falar, conforme se verificou que a autonomia das entidades de administração desportivas e de práticas desportivas lhe confeririam estar acima das normas de ordem pública.

Nesse contexto, não há que se questionar o papel do legislador. Contudo, demonstra ser um retrocesso sem igual querer vincular o atleta profissional de futebol ao clube, nos moldes do passe, como outrora ocorria num passado já distante

## Referências

BAÍA, Júlio César de Paula Guimarães. *Direitos Econômicos do atleta de futebol:* uma análise de sua negociação para investidores. Belo Horizonte: D'Plácido, 2015.

BELMONTE, Alexandre Agra. Aspectos Jurídicos-Trabalhistas da Relação de Trabalho do Atleta Profissional. In: MACHADO; Rubens Approbato. (Coord.). *Curso de Direito Desportivo Sistêmico*. São Paulo: Quartier Latin do Brasil, 2010.

BRASIL. *Constituição da República Federativa do Brasil de 1988*. Disponível em: http://www.planalto.gov.br/ccivil_03/constituicao/constituicaocompilado.htm. Acesso em: 04 abr. 2023.

______. *Lei n. 9.615/98 (Lei Pelé)*. Disponível em: http://www.planalto.gov.br/ccivil_03/leis/l9615consol.htm. Acesso em: 04 abr. 2023.

______. *Projeto de Lei n. 3.353/2021*. Disponível em: https://www.camara.leg.br/proposicoesWeb/prop_mostrarintegra?codteor=2081251&filename=PL%203353/2021. Acesso em: 03 abr. 2023.

MARCONDES, Luiz Fernando Aleixo. *Direitos Econômicos de Jogadores de Futebol:* Lex Sportiva e Lex Publica. Curitiba: Juruá, 2016.

RAMALHO, Carlos Santiago da Silva; SOUZA, Gustavo Lopes Pires de. Código Brasileiro de Justiça Desportiva. Organizadores: Carlos Santiago da Silva Ramalho e Gustavo Lopes Pires de Souza. –Belo Horizonte: Sporto, 2020.

SILVA, M. T.; LEONCINO, M. P. Entendendo o futebol como um negócio: um estudo exploratório. *G&P — Gestão e Produção*, v. 12, n. 1, p. 11-23, jan./abr. 2005. Disponível em: https://www.scielo.br/j/gp/a/kM9tcDvCHmxQw7XYwXnk3Yq/?format=pdf&lang=pt. Acesso em: 5 abr. 2023.

ROMERO, André Porto. Contrato de Trabalho do Atleta Profissional. In: MACHADO; Rubens Approbato. (Coord.). *Curso de Direito Desportivo Sistêmico.* São Paulo: Quartier Latin do Brasil, 2010.

ZAINAGHI, Domingos Sávio. Direito Trabalhistas dos Jogadores de Futebol no Brasil. *Revista Academia Nacional de Direito Desportivo (ANDD)*, ano 1, n. 1, jan./jun. 2016, Rio de Janeiro, ANDD. 2016. ISSN2526-3110

# 4

# Da (Falta de) Definição Legal do que são "Equipes Desportivas Profissionais" e o seu Impacto Perante a Lei de Incentivo ao Esporte e ao seu Decreto Regulamentador

*Felipe Legrazie Ezabella*(1)

## 4.1. Introdução

O que é ou como se caracteriza uma equipe desportiva como profissional? Seria aquela equipe que possui em seu elenco apenas atletas profissionais? E se no elenco conviverem atletas profissionais com não profissionais?

Está aqui uma questão que parece ser simples, muito pouco discutida em nossa doutrina, mas que impacta de sobremaneira na atividade dos operadores de projetos esportivos via Lei de Incentivo ao Esporte.

Isso porque, conforme adiante veremos, a expressão "*equipes desportivas profissionais*" não aparece na legislação desportiva, em especial na Lei Pelé (Lei n. 9.615/98), não aparece na Lei de Incentivo ao Esporte (Lei n. 11.438/2006), mas aparece tão somente

(1) Mestre e Doutor em Direito pela Universidade de São Paulo. *FIFA DIPLOMA IN FOOTBALL LAW 2002/2023*. Advogado. Professor Universitário.

no § 2º, do art. 5º, do Decreto n. 6.180/2007 que regulamenta a Lei de Incentivo ao Esporte. *In verbis*:

> Art. 5º É vedada a utilização dos recursos oriundos dos incentivos previstos no art. 1º para o pagamento de remuneração de atletas profissionais, nos termos da Lei n. 9.615, de 24 de março de 1998, em qualquer modalidade desportiva.
>
> § 1º Considera-se remuneração, para os efeitos deste Decreto, a definição constante dos arts. 457 e 458 da Consolidação das Leis do Trabalho, aprovada pelo Decreto-lei n. 5.452, de 1º de maio de 1943.
>
> § 2º É vedada, ainda, a utilização dos recursos de que trata o *caput* para o pagamento de quaisquer despesas relativas à manutenção e organização de equipes desportivas ou paradesportivas profissionais de alto rendimento, nos termos do inciso I do parágrafo único do art. 3º da Lei n. 9.615, de 1998, ou de competições profissionais, nos termos do parágrafo único do art. 26 daquela Lei.

Como pode ser observado da leitura atenta do § 2º acima transcrito, é proibida a utilização de recursos incentivados para o pagamento de despesas relativas à manutenção e à organização de equipes desportivas (ou paradesportivas) profissionais. Ou seja, a expressão "equipes desportivas profissionais", inexistente na lei regulamentada ou em qualquer outra lei sobre a matéria, aparece em seu decreto apresentando clara "inovação legal".

Assim, mais até do que entender o que caracteriza uma equipe desportiva profissional, ou seja, qual a sua natureza jurídica, importa para o presente artigo a análise sobre a legalidade da vedação, imposta via Decreto regulamentador da Lei de Incentivo ao Esporte, de que as equipes profissionais utilizem recursos incentivados, uma vez que inexiste tal proibição na lei, muito menos existe essa expressão no ordenamento jurídico desportivo brasileiro!

## 4.2. Da Lei de Incentivo ao Esporte e as definições de atleta profissional e competição profissional pela Lei Pelé

Quando se analisa a Legislação Federal de Incentivo ao Esporte verifica-se que as naturezas jurídicas dos institutos mencionados são sempre definidas pela lei geral do esporte, no caso a Lei n. 9.615/98 (Lei Pelé) com suas posteriores modificações.

A leitura do art. 5º do Decreto n. 6.180/2007 já deixa nítida essa característica quando, tanto no *caput* como no § 2º, faz remissão expressa à Lei Pelé.

E os dois pontos que a legislação desportiva brasileira mais deixa a desejar são justamente a definição, ou característica, do que é um atleta profissional e o que é uma competição profissional.

Quem sabe numa futura alteração as propostas que estão em tramitação possam melhor resolver e definir essas questões, uma vez que deve ser entendido como atleta profissional aquele que, de qualquer forma, tem a atividade desportiva como a sua principal fonte de sustento. E depois da definição, a lei (ou as leis), de acordo com a forma de contratação ou modalidade, possa definir quem pode ser beneficiário de verbas incentivas, convênios, patrocínios, etc.

E o Professor Domingos Sávio Zainaghi, em sua tradicional obra sobre os atletas profissionais de futebol, fruto de sua tese de doutoramento defendida na PUC/SP, mostra a evolução do esporte como profissão, mostrando que somente em 24 de março de 1964, com o surgimento do Decreto 53.820, o futebol passou a ser reconhecido como profissão. Antes disso, o próprio Supremo Tribunal Federal tinha o entendimento que o jogador de futebol não possui relação de emprego e não se comparava a um trabalhador comum![(2)]

Porém, essas confusas definições de "atleta profissional" e de "competição profissional" vigentes, que possuem menções e artigos específicos na lei esportiva (arts. 3º, 26 e 28[(3)] e outros), trazem problemas diários e de difícil solução para os operadores esportivos em diversas áreas e modalidades.

---

(2) "Um caso emblemático desse período é o do goleiro Batatais, do Fluminense, que após ser despedido pelo clube das laranjeiras, ingressou na Justiça para reivindicar o pagamento de metade da remuneração que lhe seria devida até o final do contrato, a teor do previsto no art. 479 da CLT. O atleta chegou a vencer o processo no TST, mas o STF reverteu a decisão, e declarou que atleta não se compararia a um trabalhador comum. Atentemo-nos para a ementa do v. Acórdão do STF: Profissional de futebol e sua atividade congênere à exercida pelos artistas. Inexistência de relação de emprego no sentido comum. Peculiaridades da matéria. Impossibilidade de adquirir estabilidade. Situação vinculativa do jogador ao clube (STF-RE n. 15.932 – 18-9.1950 – Rel. Min. Macedo Ludolf – *Rev. do TST*, set./out. n. 2, p. 11)". *Os Atletas Profissionais de Futebol no Direito do Trabalho*. 3. ed. São Paulo: LTr, 2018. p. 42-43.

(3) Art. 3º O desporto pode ser reconhecido em qualquer das seguintes manifestações:

(...)

III – desporto de rendimento, praticado segundo normas gerais desta Lei e regras de prática desportiva, nacionais e internacionais, com a finalidade de obter resultados e integrar pessoas e comunidades do País e estas com as de outras nações.

§ 1º O desporto de rendimento pode ser organizado e praticado:

I – de modo profissional, caracterizado pela remuneração pactuada em contrato formal de trabalho entre o atleta e a entidade de prática desportiva;

II – de modo não profissional, identificado pela liberdade de prática e pela inexistência de contrato de trabalho, sendo permitido o recebimento de incentivos materiais e de patrocínio.

Art. 26. Atletas e entidades de prática desportiva são livres para organizar a atividade profissional, qualquer que seja sua modalidade, respeitados os termos desta Lei.

Parágrafo único. Considera-se competição profissional para os efeitos desta Lei aquela promovida para obter renda e disputada por atletas profissionais cuja remuneração decorra de contrato de trabalho desportivo.

Art. 28. A atividade do atleta profissional é caracterizada por remuneração pactuada em contrato especial de trabalho desportivo, firmado com entidade de prática desportiva, no qual deverá constar, obrigatoriamente:

I – cláusula indenizatória desportiva, devida exclusivamente à entidade de prática desportiva à qual está vinculado o atleta, nas seguintes hipóteses:

*a)* transferência do atleta para outra entidade, nacional ou estrangeira, durante a vigência do contrato especial de trabalho desportivo;

No âmbito do Ministério do Esporte, que é quem analisa os projetos relacionados à Lei de Incentivo ao Esporte, a questão sobre as impropriedades das duas definições legais foram objeto do *PARECER 016/2012/CONJUR/ME*(4), elaborado pelo Advogado da União Pitágoras Dytz, em que se concluiu que, à luz da legislação desportiva, atletas profissionais são apenas aqueles com contrato especial de trabalho desportivo firmado com um clube e com todos os elementos dos incisos I e II do art. 28 da Lei (item 21 do Parecer), bem como que competição profissional apenas é caracterizada quando disputada apenas por atletas profissionais e promovida com a intenção de obtenção de renda (itens 29 e 31 do Parecer).

> 21. De acordo com o *caput* desse artigo, e sem adentrar o sistema de regras e princípio que regula as relações trabalhistas, podemos concluir que, à luz da legislação desportiva, será considerado profissional o atleta que recebe remuneração acordada em contrato especial de trabalho desportivo firmado com a entidade de prática desportiva, instrumento que deverá contemplar as disposições previstas nos incisos I e II do mesmo art. 28.
>
> 29. Diversamente do atleta profissional, que se reveste dessa condição em razão da percepção de remuneração pactuada em contrato especial de trabalho desportivo, o que o individualiza, a competição profissional somente poderia vir a ser assim considerada caso satisfeitos, de forma concomitante, dois requisitos essenciais, quais sejam, ser promovida com fins de obtenção de renda e ser disputada por atletas profissionais.
>
> 31. Ora, se não se pode considerar como competição profissional aquela que não congregue, de forma concomitante, aqueles dois requisitos, também não nos parece possível concluir que seja reconhecida como tal aquela que vier a ser disputada por apenas um atleta profissional, ou que seja por quase a totalidade de seus disputantes, mas não todos.

Anote-se que aqui estamos a falar apenas das definições jurídicas do que é um atleta e uma competição profissional para fins de utilização como padrão pelo Governo Federal quando da análise de projetos submetidos à Lei de Incentivo ao Esporte, sem desmerecer os inúmeros atletas de alto rendimento, medalhistas olímpicos inclusive, que ficaram de fora da definição legal da natureza jurídica dos institutos.

Mas note-se que toda essa celeuma, resolvida em 2012 no âmbito federal através de Parecer da CONJUR, envolveu duas expressões, dois conceitos previstos expressamente na lei.

---

*b)* por ocasião do retorno do atleta às atividades profissionais em outra entidade de prática desportiva, no prazo de até 30 (trinta) meses;

II - cláusula compensatória desportiva, devida pela entidade de prática desportiva ao atleta, nas hipóteses dos incisos III a V do § 5º.

(...)

(4) Disponível em: http://arquivo.esporte.gov.br/arquivos/leiIncentivoEsporte/parecer0162012CONJURME.pdf.

Como tratar da expressão, objeto do presente estudo, que sequer é prevista na Lei? Não há na Lei de Incentivo ou mesmo na Lei Pelé sequer a menção, quanto muito a definição ou qualificação, do que são "*equipes desportivas profissionais*".

## 4.3. Da ilegalidade de vedação imposta via decreto — Competência do decreto — Art. 84, Inciso IV, da Constituição Federal

O Decreto n. 6.180/2007 que Regulamenta a Lei n. 11.438/2006 inicia-se da seguinte forma:

> "O PRESIDENTE DA REPÚBLICA, no uso da atribuição que lhe confere o art. 84, inciso IV, da Constituição, e tendo em vista o disposto na Lei n. 11.438, de 29 de dezembro de 2006, DECRETA:"

O Decreto, instrumento de competência da Presidência da República previsto no art. 84, inciso IV, da Constituição Federal, tem a função de detalhar ou regulamentar uma lei já existente, sem, contudo, contrariar qualquer das disposições dela ou inovar o direito.

Nas palavras do Professor Celso Antônio Bandeira de Melo sobre Decreto, o regulamento é

> "ato geral e (de regra) abstrato, de competência privativa do Chefe do Poder Executivo, expedido com a estrita finalidade de produzir as disposições operacionais uniformizadoras necessárias à execução de lei cuja aplicação demande atuação da Administração Pública."(5)

E continua na mesma obra ensinando que é um ato estritamente subordinado, isto é, meramente subalterno e dependente de lei.

> "Há inovação proibida quando se possa afirmar que aquele específico direito, dever, obrigação, limitação ou restrição incidentes sobre alguém não estavam já estatuídos e identificados na lei regulamentada. (...) É, pois, à lei, e não ao regulamento que compete indicar as condições de aquisição ou restrição de direito."(6)

Nas palavras do Professor José Afonso da Silva,

> "O princípio é o de que o poder regulamentar consiste num poder administrativo no exercício de função normativa subordinada, qualquer que

(5) *Curso de Direito Administrativo*. 21. ed. Malheiros: São Paulo, 2006. p. 325.

(6) Ob. cit., p. 337.

> seja seu objeto. Significa dizer que se trata de poder limitado. Não é poder legislativo; não pode, pois, criar normatividade que inove a ordem jurídica. Seus limites naturais situam-se no âmbito da competência executiva e administrativa, onde se insere. Ultrapassar esses limites importa em abuso de poder, em usurpação de competência, tornando-se írrito o regulamento dele proveniente."[7]

Por fim, a lição de Oswaldo Aranha Bandeira de Mello,

> "o regulamento deve respeitar os textos constitucionais, a lei regulamentada, e a legislação em geral, e as fontes subsidiárias a que ela se reporta. Ademais, sujeita-se a comportas teóricas. Assim, não cria, nem modifica e sequer extingue direitos e obrigações, senão nos termos da lei, isso porque o inovar originalmente na ordem jurídica consiste em matéria reserva à lei."[8]

Como visto, não compete ao Decreto inovar, ou seja, criar ou restringir direito que já não esteja previsto na lei, sob pena de nulidade, de não surtir qualquer efeito,

Tendo como base o princípio da legalidade insculpido como cláusula pétrea no art. 5º, inciso II da Constituição, segundo o qual, *"ninguém será obrigado a fazer ou deixar alguma coisa senão em virtude de lei"*, temos que apenas a Lei pode criar, restringir, extinguir ou modificar direitos e obrigações.

Assim, conclui-se que é ilegal a vedação imposta através de Decreto que não seja prevista em Lei.

No caso específico do presente artigo, a vedação de utilização dos recursos oriundos dos incentivos para o pagamento de quaisquer despesas relativas à manutenção e organização de equipes desportivas ou paradesportivas profissionais de alto rendimento constante do § 2º do art. 5º do Decreto n. 6.180/2007 é manifestamente ilegal, uma vez que não existe na lei regulamentada (Lei de Incentivo ao Esporte — Lei n. 11.438/2006) tal proibição, bem como porque, a título de reforço, sequer existe na lei geral do esporte brasileiro (Lei n. 9.615/98 com suas alterações) qualquer definição, ou mesmo menção, do que são equipes desportivas profissionais.

## 4.4. O que são "equipes desportivas profissionais"?

Como visto anteriormente, a legislação brasileira não trouxe qualquer definição, ou mesmo menção, do que seriam equipes desportivas profissionais.

(7) *Curso de Direito Constitucional Positivo*. 24. ed. São Paulo: Malheiros, 2005. p. 425-426.

(8) *Princípios Gerais de Direito Administrativo*. Rio de Janeiro: Forense, 1969. v. 1, p. 319.

Também como visto, se não há uma lei definindo o que são equipes profissionais, muito menos uma lei proibindo que equipes profissionais tenham acesso a qualquer recurso incentivado para o seu custeio, é nitidamente ilegal que um Decreto imponha tal vedação.

Utilizando-se por base o próprio Parecer da CONJUR supra mencionado, parte-se do princípio que uma equipe estritamente profissional é aquela composta por atletas profissionais, ou seja, por atletas com contrato especial de trabalho desportivo firmado com seu clube.

Novamente aqui é preciso esclarecer que o entendimento do que são "atletas profissionais" baseia-se no que diz a nossa legislação desportiva e o que é reconhecido no âmbito do Ministério do Esporte. Sabemos a polêmica que existe em torno dessa expressão e dos equívocos da atual legislação sobre o tema.

De forma alguma pretende-se desconsiderar o princípio da primazia da realidade, uma vez que são muitos os atletas que vivem do esporte mas, pela lei vigente, como anteriormente mencionado, não são considerados "atletas profissionais".

Nas palavras de Luiz Felipe Guimarães Santoro

> Verifica-se, portanto, que para a legislação brasileira atleta profissional é tão somente aquele que recebe remuneração pactuada em contrato formal de trabalho desportivo celebrado com entidade de prática desportiva.
>
> (...)
>
> Assim, no que pertine à questão do profissionalismo, caso o atleta não tenha um contrato formal de trabalho e queira ver reconhecido seu vínculo de emprego, terá que recorrer à Justiça do Trabalho e comprovar os requisitos exigidos pela legislação trabalhista: continuidade (trabalho não eventual), onerosidade (recebimento de salário), subordinação (submissão às ordens do empregador) e pessoalidade. Exemplificando, Guga Kuerten, que passou a vida de atleta de alto rendimento disputando competições da ATP (Associação dos Tenistas Profissionais), pela legislação desportiva brasileira não seria um atleta profissional, justamente por não ter contrato formal de trabalho desportivo celebrado com um clube.[9]

Filipe Orsolini Pinto de Souza, ao tratar dessa polêmica que envolve a questão do atleta se considerado ou não profissional pela legislação, fala da "*coexistência entre as especificidades desportivas e as regras do contrato de trabalho abordado pela legislação trabalhista*".

(9) "O desporto profissional no ordenamento jurídico brasileiro". In: *Revista Brasileira de Direito Desportivo: RBDD*, v. 10, n. 20, p. 113-127, jul./dez. 2011.

Em sua opinião, a jurisprudência trabalhista é pacífica ao reconhecer que as "*regras gerais do Direito do Trabalho são suficientes para que se obtenha o reconhecimento judicial da profissão de atleta quando, por algum motivo, a entidade de prática desportiva (clube) não o faz voluntariamente*"[(10)].[(11)]

Uma dúvida que pode surgir é quantos atletas profissionais uma equipe deve ter para poder ser classificada, em tese, como uma equipe profissional?

A resposta é simples, todos os atletas da equipe devem ser profissionais!

Não tem como uma equipe ser considerada profissional possuindo em seu elenco atletas não profissionais. Não existe a definição de equipe semi-profissional. Se é uma equipe, se é um conjunto, todos os integrantes devem estar em igualdade de condições jurídicas contratuais para que todos sejam considerados profissionais.

Logicamente que a questão também que se coloca é o que seria uma equipe ou elenco desportivo. Para fins de definição, elenco é um conjunto de atletas que fazem parte de uma determinada equipe, que treinam juntos e disputam as competições daquela modalidade e categoria.

Para ser mais preciso e ajudar em caso de necessidade de uma avaliação pontual, pode-se definir como uma equipe desportiva aquela agremiação inscrita para a disputa de um campeonato segundo seu regulamento, sendo o seu elenco todos os atletas inscritos pela equipe para a disputa.

Para ajudar na visualização, imagine-se que uma equipe pode ser inscrita para a disputa do Campeonato Mineiro de Futebol da categoria sub18 (atletas com até 18 anos de idade). Para que essa equipe seja considerada profissional, todos os atletas inscritos para a disputa desse Campeonato nessa categoria têm que ser profissionais.

Sobre a necessidade de todos os atletas da equipe serem profissionais, o próprio parecer da CONJUR em seu item 31 já acima transcrito, concluiu que para uma competição ser considerada profissional, todos os atletas disputantes têm que ser profissionais. Não basta apenas um atleta, nem quase a totalidade; o parecer é claro que devem ser todos!

Assim, se para uma competição ser considerada profissional todos os atletas disputantes têm que ser profissionais, da mesma forma, para uma equipe ser considerada

---

(10) "El Deportista". In: *Regime jurídico do esporte na Espanha e no Brasil*. Directos Luis Maríns Hita. Coordinatores Francisco Rubio Sánchez, Rafael Ramos, Leonardo Andreotti. Editorial Kinnamon. Madrid: 2021. p. 278.

(11) No mesmo sentido diversos outros autores, como Álvaro Melo Filho: "esta dúplice exigência de contrato formal de trabalho desportivo, como requisito identificador para que o atleta seja considerado profissional, não pode ser tida como baliza absoluta e definitiva, diante de específicos aspectos jurisprudenciais e de lege ferenda que serão a seguir repontados". *O Direito do Futebol:* Marcos Jurídicos e Linhas Mestras. São Paulo: Quartier Latin, 2019. p. 124-125.

profissional todos os integrantes, e não apenas um ou a maioria, devem ser atletas profissionais!

Como visto, as leis desportivas brasileiras não definem o que é uma equipe desportiva profissional; na realidade, sequer mencionam a expressão equipes profissionais.

A construção para se chegar à definição que equipes desportivas profissionais são aquelas em que todos os atletas dela participantes são atletas profissionais com contrato especial de trabalho desportivo foi feita com base nas conclusões lógicas e semânticas dos demais institutos do direito desportivo.

## 4.5. Conclusões

**(i)** Compete a um Decreto apenas regulamentar disposições previstas na lei e não inovar criando outras restrições ou condições.

**(ii)** Não existe na Lei regulamentada (Lei de Incentivo ao Esporte — Lei n. 11.438/2006) a proibição que equipes profissionais utilizem recursos incentivados para o pagamento de quaisquer despesas relativas à sua manutenção e à sua organização.

**(iii)** Se não existe a proibição na lei, a vedação de utilização dos recursos oriundos dos incentivos para o pagamento de quaisquer despesas relativas à manutenção e organização de equipes desportivas ou paradesportivas profissionais de alto rendimento constante do § 2º do art. 5º do Decreto n. 6.180/2007 é ilegal e não deve surtir efeitos.

**(iv)** A legislação brasileira, seja a Lei de Incentivo ou mesmo a Lei Pelé, não trouxe qualquer definição do que seriam equipes desportivas profissionais. Sequer há menção nas leis sobre esse instituto.

**(v)** Com base nas conclusões lógicas e semânticas dos demais institutos do direito desportivo, define-se equipes desportivas profissionais como aquelas em que <u>todos</u> os atletas dela participantes são atletas profissionais com contrato especial de trabalho desportivo.

## Referências

BANDEIRA DE MELLO, Celso Antônio. *Curso de Direito Administrativo.* 21. ed. São Paulo: Malheiros, 2006.

BANDEIRA DE MELLO, Oswaldo Aranha. *Princípios Gerais de Direito Administrativo.* Rio de Janeiro: Forense, 1969. v. 1.

MELO FILHO, Álvaro; SANTORO, Luiz Felipe Guimarães. *O Direito do Futebol:* Marcos Jurídicos e Linhas Mestras. São Paulo: Quartier Latin, 2019. p. 124-125.

PINTO DE SOUZA. Filipe Orsolini. "El Deportista". In: *Regime jurídico do esporte na Espanha e no Brasil.* Directos Luis Maríns Hita. Coordinatores Francisco Rubio Sánchez, Rafael Ramos, Leonardo Andreotti. Madrid: Editorial Kinnamon, 2021

SILVA, José Afonso da. *Curso de Direito Constitucional Positivo.* 24. ed. São Paulo: Malheiros, 2005.

SANTORO, Luiz Felipe Guimarães. "O desporto profissional no ordenamento jurídico brasileiro". In: *Revista Brasileira de Direito Desportivo: RBDD*, v. 10, n. 20, p. 113-127, jul./dez. 2011.

ZAINAGHI, Domingos Sávio. *Os Atletas Profissionais de Futebol no Direito do Trabalho.* 3. ed. São Paulo: LTr, 2018.

# 5

# A (Dis)Função Social do Comum Acordo, com a Recusa Imotivada: A "Sombra" da Colonialidade e o (Des)Merecimento de Tutela Judicial

*Francisco Alberto da Motta Peixoto Giordani*[1]

Arranco[2] evocando lição do grande mestre Antonio Junqueira Azevedo sobre os novos princípios contratuais e que, ao abordar o princípio da função social, dilucidou: "*A ideia de função social do contrato está claramente determinada pela Constituição, ao*

(1) Desembargador Federal do Trabalho do Tribunal Regional do Trabalho da 15ª Região. Vice-Presidente Judicial no biênio 2020/2022, já tendo, anteriormente, ocupado os cargos de Ouvidor e Diretor da Escola Judicial. Membro da Academia Brasileira de Direito Desportivo e da Sociedade Brasileira de Direito Desportivo, atualmente um de seus vice-Presidentes. Autor de livros e artigos jurídicos.

(2) Há algum tempo, tive a oportunidade de, com um eminente juslaborista, um dos maiores que temos em nosso País, e que por amizade aquiesceu assinarmos conjuntamente um artigo ("O 'comum acordo' na Justiça do Trabalho e o acesso à Justiça: sensibilizando o olhar", Francisco Alberto da Motta Peixoto Giordani e Guilherme Guimarães Feliciano, *JOTA*, 13 set. 2021), honrando-me com isso, a par de enriquecê-lo (o artigo) sobremaneira, discorrer sobre essa exigência do "comum acordo", que consta da Constituição Federal, em seu art. 114, § 2º; naquele momento, o foco maior se dirigiu para a boa-fé e o abuso do direito, decorrente da possibilidade de se aceitar/admitir uma recusa sem justificativa. Agora, gostaria de tecer algumas singelas e breves considerações acerca da função social, e o quanto a recusa de comum acordo, desacompanhada de um sério fundamento, ignora-a, claro, magoando os valores e princípios que norteiam o ordenamento jurídico pátrio; por óbvio, poder-se-ia/poder-se-á aprofundar a questão da boa fé, do abuso do direito, e enfrentar a cizânia que a recusa imotivada pode provocar (rectius: efetivamente provoca!) com o princípio da solidariedade, o que deve ficar para uma próxima ocasião.

*fixar, como um dos fundamentos da República, o valor social da livre iniciativa (art. 1º, inciso IV); essa disposição impõe, ao jurista, a proibição de ver o contrato como um átomo, algo que somente interessa às partes, desvinculado de tudo o mais. O contrato, qualquer contrato, tem importância para toda a sociedade e essa asserção, por força da Constituição, faz parte, hoje, do ordenamento positivo brasileiro"*(3), ora, se é assim para os contratos em geral, não podendo qualquer deles ser visto como um átomo, e que interesse somente aos contratantes, porquanto releva para toda a sociedade, como afirma o eminente lente que se vem de referir, como admitir que uma questão envolvendo um grupo de trabalhadores, que anelam discutir em juízo questões que, de outro modo, não lograram resolver possa ser "estancada" por meio de uma desmotivada recusa de uma das partes, envolvida na questão? O Direito avança no mais, e pretende, quanto ao Direito do Trabalho avançar, perigosamente, rumo a um duro/cruel passado, quanto ao "tratamento" dispensado aos trabalhadores?!

Essa situação não se ajusta ao que se dá hodiernamente, porquanto, como se não desconhece, na quadra atual, já não basta ver da estrutura de um direito (do que é feito), há perquirir de sua função (sua finalidade), o que é da maior importância, necessário mesmo, para se estabelecer se, ao ser, em determinada situação concreta, exercido, atende aos valores do ordenamento (o bem que traz/o quanto contribui para a sua realização), retratados no texto constitucional, e que justificam seu exercício; como superiormente dilucidado pelo culto Professor Carlos Edison do Rêgo Monteiro Filho, conquanto tendo em vista mais precisamente o direito de propriedade (mesmo porque a empresa é uma de suas modalidades), em lição que tem amplo alcance, servindo como luva ao que aqui se expõe:

> *"A noção geral de funcionalização, pode-se afirmar, parte da distinção, tão querida aos filósofos, entre fins e meios. Tudo o que se diz meio para a realização de alguma coisa, se diz instrumento e, na esteira, se diz funcionalizado àquela noção que representa o seu fim. Se assim é, como parece, numa concepção hierárquica, os meios estão abaixo dos fins, uma vez que se curvam aos seus ditames, servem àquelas finalidades.*
>
> *Nesse panorama, o intérprete que se vê diante de uma situação jurídica qualquer, deve perquirir, para além de seus elementos constitutivos (o que ela é), a sua razão teleologicamente justificadora: para que serve? Ou seja, os institutos jurídicos, partes integrantes da vida de relação, passam a ser estudados não apenas em seus*

(3) AZEVEDO, Antonio Junqueira. *Estudos e Pareceres de Direito Privado*. São Paulo: Saraiva, 2004. p. 141-142.

*perfis estruturais (sua constituição e seus elementos essenciais), como também — e principalmente — em seus perfis funcionais (sua finalidade, seus objetivos).*"[4][5]

Aliás, parece mesmo consistente e escorreito inferir, como o faz o afamado civilista Gustavo Tepedino[6], que "*Todo e qualquer negócio jurídico tem uma estrutura e uma função. A identidade da função que se pretende alcançar e sua compatibilidade com os valores constitucionais precedem e definem a estrutura a ser utilizada. Servem, assim, a estrutura e a função que lhe justifica, de ponto de partida para a construção da legalidade constitucional. Não será, pois, a estrutura do negócio, ou seja, o modus operandi (os dispositivos do Código Civil previstos para determinada tipologia ou modelo de ato), que definirá a função a ser desempenhada, mas, ao contrário, é a função que se pretende desempenhar que indicará a estrutura a ser utilizada diante de determinado arranjo negocial.*

*Em tal perspectiva, redimensiona-se o debate acerca da função social, como alertou o Professor Pietro Perlingieri... Não se trata de investigar a função social do contrato ou a função social da propriedade, mas de todos os negócios e atividades, analisados em concreto e incidentes sobre bens jurídicos, associando-se, imediatamente, liberdade e responsabilidade, autonomia privada e solidariedade na promoção dos valores que, apreendidos pelo Constituinte, definem a identidade cultural da sociedade*"; investigada, aqui, a função social, apenas se enxerga/enxergará, com a recusa imotivada, um absoluto vazio, que ignora-a por completo, deixando latente (rectius: convidando à explosão) um impasse no meio social, na mais absoluta contramão do desenhado pela Magna Carta, o que, desde logo e mui clara/robustamente

(4) MONTEIRO FILHO, Carlos Edison do Rêgo. Usucapião Imobiliária Urbana Independente de Metragem Mínima: Uma Concretização da Função Social da Propriedade. *Revista Brasileira de Direito Civil*, vol. 02, out./dez. 2014, p. 12-13.

(5) Em nota de rodapé, mencionado jurista ainda menciona os grandes mestres Pietro Perlingieri e Norberto Bobbio e estou em que importa conhecer os ensinamentos desses notáveis pensadores do Direito, a respeito da questão ora enfocada; para o primeiro: "*É da máxima importância identificar a estrutura e a função do fato jurídico. Preliminarmente, pode-se dizer que a estrutura e função respondem a duas indagações que se põem em torno do fato. O 'como é?' evidencia a estrutura, o que 'para que serve?' evidencia a função.*" Pietro Perlingieri, "Perfis do Direito Civil — Introdução ao Direito Civil Constitucional", Renovar, 2002, p. 94, já para o segundo: "*Se aplicarmos à teoria do direito a distinção entre abordagem estruturalista e abordagem funcionalista, da qual os cientistas sociais fazem grande uso para diferenciar e classificar as suas teorias, não resta dúvida de que, no estudo do direito em geral (de que se ocupa a teoria geral do direito), nestes últimos cinquenta anos, a primeira abordagem prevaleceu sobre a segunda. Sem fazer concessões a rótulos, sempre perigosos por mais úteis que sejam, acredito ser possível afirmar com certa tranquilidade que, no seu desenvolvimento posterior à guinada kelseniana, a teoria do direito tenha obedecido muito mais a sugestões estruturalistas do que funcionalistas. Em poucas palavras, aqueles que se dedicaram à teoria geral do direito se preocuparam muito mais em saber 'como o direito é feito' do que 'para que o direito serve'. A consequência disso foi que a análise estrutural foi levada muito mais a fundo do que a análise funcional*". Norberto Bobbio. "Da Estrutura à Função — Novos Estudos de Teoria do Direito", Manoel, 2007, p. 53-54.

(6) Gustavo Tepedino. "A Perseverante Construção da Legalidade Constitucional". Coordenadores Gustavo Tepedino, Deborah Pereira Pinto dos Santos e Paula Moura Francesconi de Lemos Pereira. *Direito Civil Constitucional* — A construção da legalidade constitucional nas relações privadas, Anais VII Congresso do IBDCivil. Editora Foco, 2022, p. 03.

deixa ver, com ofuscante clareza aliás, não poder ser esse o caminho a ser percorrido! Daí pertinente ao nosso tema, o que acrescenta o notável mestre, afirmando que "*Liberdade e solidariedade caminham de modo integrado, como binômio inseparável*"[(7)]; observados tão consistentes ensinamentos, há inferir que, a permitir a recusa imotivada, o prato da balança se inclinará (rectius: despencará) formidavelmente, do lado da liberdade, mas, de uma das partes apenas, claro, e a solidariedade[(8)] ficará flutuando, praticamente sem peso algum, como uma pena (e que pena!) do outro lado da balança, o que, a toda evidência, não atende, mais, não respeita, o que traçou o legislador constituinte para a nossa sociedade, por conseguinte, não pode ser essa a interpretação que prevaleça, e como a constitucionalidade do respeitante dispositivo foi já estabelecida, o fiel da balança, para permitir caminhem, "de modo integrado", liberdade e solidariedade, só pode ser encontrado, há de ser observado, em respeito ao projeto constitucional, se a recusa, uma vez manifestada e para sê-lo, tiver a respaldá-la, algum motivo sério e ponderoso, do reverso, como encaixá-lo, conferir-lhe feição conforme ao aspecto funcional do direito? Ou a ideia é retornar, ainda que ao arrepio de todo o ordenamento jurídico pátrio, ao individualismo egoísta, com foco no patrimônio, voltando-se a prevalência do ter, sobre o ser? Embora se tenha ideia de como isso poderia agradar alguns, além de se chocar, como dito, brutalmente, com a senda traçada pela Magna Carta, ainda provocaria sofrimento a milhões de pessoas, motivos que, para além de outros, já responde pela incisiva negativa de se admitir a recusa balofa, com força de édito régio e, nessa medida, inquestionável!

A preocupação com interesses econômicos, conquanto relevante e deva ser tida em linha de consideração — e muito —, não pode ser tal e/ou exclusiva, de modo que não leve em conta, real e não apenas em aparência, outros interesses, de não menor importância, mesmo porque: "*Afinal, se o direito é essencialmente cultura, o sistema jurídico equivale ao conjunto de matizes axiológicos, e não apenas aos econômicos, que refletem a identidade da sociedade*"[(9)], ou seja, os aspectos econômicos, conquanto se saiba/reconheça/prestigie sua indeclinável importância, sempre, não podem "tragar" outros, também muito relevantes, máxime em uma Constituição, como a nossa, que privilegia, releva sempre recordar, o ser sobre o ter!

---

(7) Nesse ponto, o lente faz alusão ao referido pela Professora Maria Cristina de Cicco em conferência que proferiu; Gustavo Tepedino, "A Perseverante Construção da Legalidade Constitucional", coordenadores Gustavo Tepedino, Deborah Pereira Pinto dos Santos e Paula Moura Francesconi de Lemos Pereira, "Direito Civil Constitucional — A construção da legalidade constitucional nas relações privadas, Anais VII Congresso do IBDCivil", Editora Foco, 2022. p. 04.

(8) Em alentado artigo, em nota de rodapé de n. 38, salienta Paulo Henrique Ribeiro Garcia que "*Atualmente, o princípio da solidariedade está consagrado no art. 3º, inciso I, da Constituição Federal, de modo que a funcionalização dos direitos informa todo o ordenamento jurídico pátrio*". Paulo Henrique Ribeiro Garcia. "A Função Social da Empresa e o Desenvolvimento Nacional", São Paulo, *Cadernos Jurídicos*, ano 16, n. 39, jan./mar. 2015, p. 98.

(9) Gustavo Tepedino. "A Perseverante Construção da Legalidade Constitucional". Coordenadores Gustavo Tepedino, Deborah Pereira Pinto dos Santos e Paula Moura Francesconi de Lemos Pereira. *Direito Civil Constitucional* — A construção da legalidade constitucional nas relações privadas, Anais VII Congresso do IBDCivil. Editora Foco, 2022. p. 07.

Outro tanto se diga, relativamente a um possível intento de se agitar, aqui, o aspecto da segurança jurídica, a uma porque, desde logo, esse ponto, não raro, faz surgir uma indagação, em alguns espíritos, ainda que não verbalizada: "segurança jurídica para quem?", diante do fato de que, bastas vezes, se pode enxergar diferentes níveis de segurança jurídica, ou seja, não se oferece/garante a mesma "porção" para diferentes segmentos da sociedade, a depender do que esteja sobre a mesa de discussão/análise, e à duas porque, a segurança jurídica não paira sobranceira sobre valores outros, ao reverso, há, conforme o que se tenha em vista, os que alçam vôos mais altos, como já se explanou: "*Do ponto de vista axiológico, a segurança jurídica perde terreno para os valores do bem comum e da justiça social. O pensamento jurídico passa a orientar-se mais em função dos valores do que dos interesses, recorrendo cada vez mais às cláusulas gerais e aos princípios jurídicos, categorias que não permitem maior rigor no trabalho, lógico dedutivo, ou raciocínio de subsunção, o que leva a falar-se, atualmente, em 'perdas de certeza' no pensamento jurídico*"[(10)].

Empolgar não empolga, outrossim, o argumento do afastamento do Estado, no particular, para justificar o desejo (ou obsessão?) em defesa da recusa ao alvedrio do empregador, o que, se for para ser pensado, só poderia sê-lo, a partir da efetiva existência de uma rede de proteção, que garantisse a possibilidade de uma certa "paridade de armas", do reverso, um tal afastamento (do Estado), equivaleria/equivale a uma carta branca (também franca?) a um maior asfixiamento da classe obreira, ou não[(11)]?

Lembrando: A Constituição Federal de 1988,"*transferiu a centralidade anteriormente inerente ao Código Civil para a tábua axiológica constitucional*"[(12)], e essa realidade não pode ficar apenas no aspecto "Ah, está bem! Legal então!", é dizer, sem repercussões efetivas, sem vida, ao contrário, há repercutir "vivamente" na vida! Corolário disso, desde logo, como também já se disse, é que "*o ordenamento jurídico, fundado no personalismo e no solidarismo, passou a exigir que o exercício de situações jurídicas patrimoniais seja funcionalizado à concretização de valores existenciais, à luz do princípio da dignidade da pessoa humana (Constituição Federal, art. 1º, III), por ser a pessoa em concreto o valor primário para o qual se voltam a livre iniciativa e as relações patrimoniais*"[(13)], e com base nesse sólido ensinamento, logo se vê que não basta a análise isolada de um dispositivo legal, ou a soma de um e

---

(10) Francisco Amaral. "Racionalidade e sistema no Direito Civil Brasileiro". *Revista de Informação Legislativa*, Brasília, ano 31, n. 121, jan./mar. 1994, p. 243.

(11) Aliás, vale anotar que muitas vozes, quando defendem — e ardorosamente —, a retirada do Estado das relações de trabalhos, miram as individuais, não as coletivas, pesem os discursos que falam o reverso, bastando ver o quanto se procura "minar"/"dinamitar" as organizações sindicais, a cada passo, com uma legislação que esvazie e/ou impeça-as de atuarem, do modo que sua razão de existir levaria/levam a que fizessem/façam.

(12) Camila Helena Melchior Baptista de Oliveira; Renan Soares Cortazio. "Abuso de Direito Potestativo à Luz do Princípio da Boa-Fé Objetiva". Coordenadores Gustavo Tepedino e Rodrigo da Guia Silva, *Relações Patrimoniais* — Contratos, titularidades e responsabilidade civil. Belo Horizonte: Fórum, 2021. p. 17.

(13) *Idem*.

algum outro, para drapejar, validamente, a bandeira da possibilidade da recusa imotivada! Há ver o espírito da Carta Política![14]

Para que seja efetiva essa repercussão, para que impregne/contagie a atmosfera, jurídica e das relações, para logo, há ter firme que a tábua axiológica constitucional, retro-mencionada que apanha a centralidade dada ao trabalho e também reconhecendo o valor da atuação sindical, em prol dos obreiros, como admitir possa haver, quando infrutífera uma negociação coletiva, uma dependência, total, logo desmedida, a uma das partes, conferindo-lhe o poder, tal qual o de antigos imperadores romanos, de decidir, com um gesto de mão, pela "vida ou morte" da possibilidade de propositura de uma ação, para resolver o impasse que as partes, por si mesmas, não conseguiram concertar? O que isso contribuiria para o atendimento do desenho constitucional, e no que participaria para a harmonia e pacificação das relações capital e trabalho, e ainda, como conceber uma autonomia privada tão larga, em um Estado que tanto valoriza a solidariedade? Claro que outras indagações poderiam ser acrescentadas, mas essas parecem já ferir bem a quaestio posta, demonstrando quão tóxico esse entendimento à saúde da Constituição e seus objetivos primeiros.

Permitir uma recusa que não se fundamente em outro motivo que não a mera escolha/opção pela negativa de um empregador envolvido numa negociação coletiva que não logrou êxito, de modo, com isso, a obstar a outra parte/sindicato profissional a requerer apreciação judicial do que, diretamente pelas partes não se afinou, em um sistema como o nosso, não se ajusta/harmoniza/não leva em conta qualquer dado da realidade que seja, consistentemente considerado, e aqui, vale repisar, vivemos em um país no qual os efeitos da colonização, por meio de uma colonialidade ainda bem presente[15], *de per*

---

(14) Quanto a esse ponto, há lembrar que o eminente constitucionalista José Afonso da Silva, fala que, aquando da interpretação, há buscar a compreensão de seu espírito: *"A hermenêutica do espírito procura a ideia fundante, a concepção básica que encontra sua expressão ou incorporação na Constituição. É nessa concepção básica, por detrás da multiplicidade das normas constitucionais, que descobrimos a unidade de seu sentido".* José Afonso da Silva, Comentário Contextual à Constituição. 9. ed. São Paulo: Malheiros, 2014. p. 18. Kazuo Watanabe, entre outros, também segue esse ensinamento, o que anima ainda mais a tese. Leia-se: *"Esse alcance do princípio da proteção judiciária decorre da hermenêutica do espírito da Constituição, que, no magistério de José Afonso da Silva, 'procura a ideia fundante, a concepção básica que encontra sua expressão ou incorporação na Constituição' e 'é nessa concepção básica, por detrás da multiplicidade das normas constitucionais, que descobrimos a unidade do seu sentido".* Kazuo Watanabe. "Fundamentos constitucionais da solução gpacífica das controvérsias: Mediação, conciliação e negociação". Organizadores, José Flávio Bianchi, Rodrigo Gomes de Mendonça Pinheiro; ALVIM, Teresa Arruda Alvim. *Jurisdição e direito privado:* Estudos em homenagem aos 20 anos da Ministra Nancy Andrighy no STJ. São Paulo: Revista dos Tribunais, 2020. p. 421. Ainda quanto ao aspecto ora em foco, embora atinente ao que se tornaria o novo Código Civil, leia-se, de Miguel Reale: *"[...] o que importa numa codificação é o seu espírito; é um conjunto de ideias fundamentais em torno das quais as normas se entrelaçam, se ordenam e se sistematizam".* USTÁRROZ, Daniel. "O Solidarismo no Direito Contratual Brasileiro". Organizadora Cláudia Lima Marques. *Dialogo das Fontes:* do conflito à coordenação de normas no direito brasileiro. São Paulo: RT, 2012. p. 261.

(15) Acerca desse tema (colonialidade), tenho um singelo escrito, intitulado "Colonialidade e o direito do Trabalho: algumas reflexões", que faz parte de obra coletiva a ser, em breve, publicada, mas, da maneira mais simples

*si*, já dificultam os passos dos trabalhadores e de seus sindicatos, mantendo-os, em boa e forte medida, agrilhoados a uma condição bem assimétrica, tornando extremamente dificultoso — e mais ainda na atual quadra — para eles, sequer manter os direitos conquistados, o que dirá melhorá-los, permitindo-lhes melhores condições de vida e trabalho.

A função social teve/tem de ser observada, como consequência mesma do egoísmo que vinha/vem imperando na sociedade (e que ainda querem alguns – ou muitos? – continue imperando, para isso procurando enxergar, distorcendo-os, os mais diversos institutos do direito, interpretando-os como se nada houvesse mudado ou se o que mudou fosse/seja uma nova forma de se praticar a autonomia da vontade, na forma "manda quem pode/quem tem, obedecem os demais, que não podem, porque não tem", do que a exigência do comum acordo, permitindo a recusa imotivada, é eloquente exemplo), e com tal intensidade, que o direito se afastava/afastou/afasta muito do que dele se esperava/espera, na e para a construção de uma sociedade que contemplasse/contemple todos os seus integrantes, e não apenas os que tivessem certas condições, como ser proprietário, ter posses, condições para assumir certas obrigações e tomar certas decisões, quadro esse que com cores tênues deixavam/deixam fora do desenho social ou não proporcionavam/

---

possível, pode-se asseverar que diz com o fato de que os países outrora colonizados, continuam dependentes dos países centrais, com maiores poderes ($$$), que os dominam/subordinam, sob os mais variados aspectos. Ainda relativamente a colonialidade, dilucida João Francisco Cassino, valendo-se de Luciana Ballestrin, que: "*Por colonialidade entende-se, conforme definição de Ballestrin, os mecanismos de dominação que se mantêm em funcionamento pelos países ricos, mesmo após as independências*". João Francisco Cassino, "O Sul Global e os Desafios Pós-Coloniais na Era Digital", organizadores João Francisco Cassino, Joyce Souza e Sérgio Amadeu da Silveira, "Colonialismo de Dados — como opera a trincheira algorítmica na guerra neoliberal". Autonomia Literária, SP, 2021. p. 15. De acrescentar o ensinamento de Iara Schiavi, littera ad litteram: "*A incorporação da dinâmica dos países colonizadores nos países colonizados, muitas vezes com o uso da violência, somada à apropriação dessas formas de dominação pelas elites nacionais, reforçou fenômenos de segregação socioespacial, gentrificação e exclusão, promovendo a concentração de renda e poder. Como desenvolvido por Quijano, as reverberações desses processos não foram encerradas com a libertação das antigas colônias, manifestando-se até os dias atuais pela colonialidade do poder, que consiste na adoção da racionalidade eurocêntrica não apenas na Europa, mas em todos aqueles povos educados sob a lógica do eurocentrismo, resultando em uma subjugação e estratificação do pensamento, do conhecimento e da vida.*

*Um exemplo da influência dos países centrais em relação aos países periféricos após o fim das colônias refere-se à adoção de políticas urbanas neoliberais a partir da década de 1980. Entre elas incluem-se: limitação à atividade do Estado, regulação não estatal, subcontratação de serviços, privatização, gestão voltada a quantificação do desempenho, estímulo ao empreendedorismo e ao individualismo, policiamento e vigilância, controle de circulação e austeridade fiscal. Entre essas políticas, a austeridade destaca-se, pois ela justifica o desenvolvimento das demais, como subcontratar, privatizar, empreender ou quantificar o desempenho das cidades, segundo um argumento de que o Estado está falido e não tem condições de prover a infraestrutura e os serviços públicos. Assim, dado o limite orçamentário, comprometido por dividas públicas, seria imprescindível à manutenção das obrigações fiscais recorrer às companhias privadas, que, nessa lógica, disponibilizam serviços com mais qualidade e eficiência e menores custos*" (quantos e quão importantes esclarecimentos!). Iara Schiavi. "As Tendências Neoliberais e Dataficadas da Incorporação Tecnológica nas Cidades". Organizadores João Francisco Cassino, Joyce Souza e Sérgio Amadeu da Silveira. *Colonialismo de Dados* — como opera a trincheira algorítmica na guerra neoliberal. Autonomia Literária, SP, 2021. p. 152.

proporcionam uma visão adequada, de valores como a ética, a sociabilidade e a funcionalidade, modo de ver — ou de não ver — que magoava/e ainda magoa a dignidade da pessoa humana, ao que a CF/88, como se foi inferindo, passo a passo, após sua entrada em vigor, procurava/procura (ainda) mudar/evitar, o que fica claro se esse mesmo olhar se detiver em seu art. 3º, é dizer, a pouca — ou mesmo nenhuma — consideração para com o próximo, não se ajusta/não se amolda/não mais tem lugar, nos dias que correm, para o que a observância da função social nos mais diversos institutos e ramos do direito é essencial. Fere o tema com rara precisão o preclaro Alenilton da Silva Cardoso, que assim se expressou(16):

> "*Depois de verificar que durante o último século o direito e suas instituições atuaram no sentido de organizar a sociedade sob o paradigma da autonomia plena de vontade e do direito à propriedade como algo quase absoluto, percebe-se que hoje, a partir da adoção do princípio da solidariedade como paradigma ético do direito contemporâneo, uma nova feição foi atribuída àquelas mesmas instituições, desta vez organizada pelos parâmetros da ética, da sociabilidade e da funcionalidade.*
>
> *Por consequência dessa nova ordem paradigmática, aliás, fulcrada no princípio da dignidade humana em seu sentido pleno, fortaleceu-se de juridicidade a expressão 'função social', aplicada, principalmente, nas relações envolvendo particulares, e nesta cadência lógica, como supedâneo do processo paulatino de vinculação ampla e irrestrita da sociedade à concretização dos direitos fundamentais (art. 3º da CF+88), adotou-se a ideia de funcionalização social como fórmula de compatibilização entre os interesses privados com os interesses público, difuso e coletivo, uma vez que o desnível social e o estado de indiferença ao próximo alcançaram níveis alarmantes*" (não sublinhado no original).

A função social, é algo que passa a ser (reconhecidamente) vital para o direito, quando se percebe que seu uso não pode ser indiferente ao meio em que exercido, pela repercussão que nele tem, e que, se utilizado egoisticamente, com visão voltada apenas para os interesses individuais imediatos, sobrepondo-os, invariavelmente e/ou ao menos em larga (larguíssima) escala, ao que o existir, não isoladamente, faz considerar/sopesar, pode sê-lo — e num sem número de casos efetivamente é — de modo prejudicial e/ou em desconformidade com sua razão de ser, injustificável e/ou reprovavelmente afetando/prejudicando terceiros, o que se não mais tolera, mesmo porque, como hodiernamente se compreende, por uma série de razões e experiências que marcaram/marcam a existência e convivência em sociedade — quantas trágicas e dolorosas — levando a que se reconhecesse/reconheça a necessidade de se proteger a igualdade e a dignidade da

---

(16) Alenilton da Silva Cardoso. "A Funcionalização do Direito Privado". *Revista Forense*, vol. 409, ano 106, maio/jun. 2010, p. 03-04.

pessoa humana, com respeito aos seus direitos fundamentais e o agir solidário, de modo a permitir-lhe uma vida com sentido de vida, e não apenas vegetativa. A função social não enfraquece um direito, apenas acrescenta-lhe a atuação com respeito e atenção ao interesse do próximo.

Em sendo assim, desde logo, se constata que podem não coincidir o interesse de alguém, como aqui nos importa, o proprietário e/ou empresário, com o cumprimento da função social, como bem refere o ilustre Prof. André Ramos Tavares, ao dilucidar: "*A imposição do cumprimento da função social da propriedade introduziu uma nota na propriedade que pode não coincidir com o interesse do seu proprietário, mas que é dada pela ordem jurídica, e, assim, deve ser obedecida. É que se trata de fundamento para o reconhecimento e garantia do direito de propriedade em sua plenitude*"(17).

Por outras águas não singra o grande jurista Eros Roberto Grau que, ao expor o conceito de função, arrancando das lições de Santi Romano, assim se posiciona: "*A função é um poder que não se exercita exclusivamente no interesse do seu titular, mas também no de terceiros, dentro de um clima de prudente arbítrio*"(18) ; aliás, em outra obra sua, o mestre Eros Roberto Grau, tratando da função social da propriedade, mas em lição que aproveita outras situações, após fixar que, "*em oportunidades anteriores, pensando ter demonstrado, então, suficiente e adequadamente, a compatibilidade entre direito subjetivo e função*", prossegue, chamando a atenção para a circunstância de que: "*O que mais releva enfatizar, entretanto, é o fato de que o princípio da função social da propriedade impõe ao proprietário — ou a quem detém poder de controle na empresa — o dever de exercê-lo em benefício de outrem e não, apenas, de não o exercer em prejuízo de outrem. Isso significa que a função social da propriedade atua como fonte da imposição de comportamentos positivos — prestação de fazer, portanto, e não, meramente, de não fazer — ao detentor do poder que deflui da propriedade*"(19) (no original não sublinhado). Vale, outrossim, expor o pensamento, sempre importante e esclarecedor, do ilustrado Professor Fábio Konder Comparato, que segue a mesma senda, no sentido de que a função, aqui, impõe um agir, tendo em mira interesse que não o próprio: "*Se analisarmos mais de perto esse conceito abstrato de função, em suas múltiplas espécies, veremos que o escopo perseguido pelo agente é sempre o interesse alheio, e não o próprio do titular do poder. O desenvolvimento da atividade é, portanto, um dever mais exatamente, um poder-dever; e isto, não no sentido negativo, de respeito a certos limites estabelecidos em lei para o exercício da atividade, mas na acepção positiva, de algo que deve ser feito ou cumprido*"(20).

No estágio atual do direito e de seu melhor aproveitamento/aplicação, tendo cerrado fileiras em torno de sua função social, natural assim que fixe o agir pensando e

(17) André Ramos Tavares. *Curso de Direito Constitucional*. 6. ed. São Paulo: Saraiva, 2008. p. 641.

(18) Eros Roberto Grau. *Elementos de Direito Econômico*. São Paulo: RT, 1981. p. 119.

(19) Eros Roberto Grau *A Ordem Econômica na Constituição de 1988*. 6. ed. Malheiros, 2001. p. 269.

(20) Fábio Konder Comparato. "Estado, Empresa e Função Social", *RT*, ano 85, v. 732, out. 1996, p. 41.

no interesse de próximo, que é algo bem diferente de não agir ou não agir no interesse próprio, apenas não se conduzir pensando única e exclusivamente no próprio interesse, o que não espanta, não é exigir algo que agrida a natureza de alguém ou que seja sobre-humano, atento a que o homem não vive isolado, em uma ilha, como Robinson Crusoé; embora também se referindo a função social da propriedade, de extrema valia a reprodução da seguinte passagem: "*Como diz Venosa, assim como não existe concepção do direito para o homem só, isolado em uma ilha, não existe propriedade, como entidade social e jurídica, que possa ser analisada isoladamente. A justa aplicação do direito de propriedade, então, depende do encontro do ponto de equilíbrio entre o interesse coletivo e o interesse individual, e, à toda evidência, a função social condiciona o direito de propriedade a um exercício harmônico e equilibrado da titularidade frente ao interesse individual do proprietário e o interesse da coletividade*"[21][22]. O mesmo não se dá com uma empresa e sua função social: o empresário não vive em uma ilha, sua empresa não vive só com e por ele, mas conta — e quanto! — com seus empregados, daí, como justificar a recusa imotivada, a obstinada recusa em resolver uma questão com os seus trabalhadores, por meio da atuação da entidade sindical que os represente, o que pode justificar isso?

De mais a mais, facilitará a compreensão da função social, a palavra, abalizada, de outro grande e respeitado lente Celso Antônio Bandeira de Mello, que, conquanto tendo por foco imediato o direito administrativo, em ensinamento abrangente e de incomensurável valor, com seu modo elegante de expor, assim se expressa: "*Todos sabemos que a palavra 'função', em Direito, tem sido usada em mais de um sentido, mas há para ela uma acepção, um sentido nuclear que, mais que outros, merece ser explorado. Existe função em Direito quando alguém dispõe de um poder à conta de um dever, para satisfazer o interesse de outrem; isto é, um interesse alheio".*

*'Função', em síntese, é o exercício no interesse alheio de um poder exercido em conta de dever legal*"[23], acrescentando que se cuida de um "*dever de concretizar a finalidade legal,*

(21) Alenilton da Silva Cardoso. "A Funcionalização do Direito Privado". *Revista Forense*, vol. 409, ano 106, maio/jun. 2010, p. 08.

(22) De maneira percuciente observa Paulo Henrique Garcia Ribeiro que: "*Assim, o direito subjetivo em um contexto social somente se legitima se atende aos interesses da sociedade. Invade-se a autonomia da vontade para se restabelecer o equilíbrio nas relações jurídico-sociais. Não somente por meio da proteção do direito, com repressão à sua violação, mas também por meio de uma função positiva, de promoção de objetivos determinados. Não se trata, pois, de simples atuação de controle de poder. Instrumentaliza-se, por meio da imposição de condutas positivas e negativas quando do exercício de um direito, sua funcionalização em prol de interesses sociais, além da satisfação do interesse particular*". Paulo Henrique Ribeiro Garcia. "A Função Social da Empresa e o Desenvolvimento Nacional", São Paulo, *Cadernos Jurídicos*, ano 16, n. 39, jan./mar. 2015, p. 98.

(23) Celso Antônio Bandeira de Mello. *Grandes Temas de Direito Administrativo*. São Paulo: Malheiros Editores, 2009. p. 116-117.

*isto é, dever de dar satisfação a um interesse de terceiro, a um interesse alheio: no caso, o interesse da coletividade*"(24)(25).

Quanto a propriedade, percorreu caminhos diversos e até inversos, no decorrer da historia, como demonstra o Professor André Ramos Tavares, em interessante passagem: "*Verificar-se-á que, historicamente, caminhou-se de uma concepção coletiva da propriedade, considerada como bem comum de todos, para a ideia de um direito individual e absoluto ate se alcançar a concepção atual de que, embora assegurada individualmente, a propriedade deverá atender sua função social.*

> *Houve, pois, mais recentemente, uma relativização desse direito (de propriedade), que deixou de considerar-se absoluto. Essa mudança de concepção caminhou paralelamente ao deslocamento do instituto do Direito Privado para o Direito Público. Houve a constitucionalização do direito de propriedade e a consequente explicitação constitucional do conteúdo desse direito*"(26).

A nossa Carta Política, dispõe acerca da função social da propriedade, valendo notar que: "*A propriedade só está garantida, como tal, na Constituição brasileira, nos termos do inciso XXIII [art. 5º], que prescreve: 'a propriedade atenderá sua função social'.*

*Em função disso, não há mais como considerar a propriedade como direito puramente privado, ou mesmo como direito individual*"(27).

Inegável a importância que o legislador constituinte conferiu a função social da propriedade, bem cônscio estava, certamente, da importância adequada de sua utilização/utilidade, tanto em termos individuais, como para a coletividade, pela clareza com que trabalha esse aspecto, de ceder o passo, a essa altura, para a valiosa lição de Alenilton

---

(24) Celso Antônio Bandeira de Mello. *Grandes Temas de Direito Administrativo*. São Paulo: Malheiros Editores, 2009. p. 117.

(25) *Dilucida ainda, o afamado administrativista que se vem de citar, em excerto que se volta para o direito privado,* daí nos interessando de maneira muito próxima, no que diz com o rigor de sua observância, quando de aplicação ao direito privado que: "*Sabe-se que também no direito privado existe função, conquanto seja muito mais rara, exatamente porque no direito privado rege sobranceira a ideia da autonomia da vontade. D aí remanescer-lhe espaço pequeno, restrito a alguns institutos. De revés, como no direito público a ideia retora é a de finalidade, nele é que a função exerce papel dominante. Sem embargo, no direito privado, toda vez que se põe em pauta instituto submisso à tônica da função, ninguém hesita em sacar as interpretações consequentes e apropriadas*". Celso Antônio Bandeira de Mello. *Grandes Temas de Direito Administrativo*. São Paulo: Malheiros Editores, 2009. p. 118. É dizer, ainda que no direito publico possa ser mais a tônica, cabendo no direito privado, em número cada vez maior de institutos, se generalizando, pois, sua aplicação, há de ser rigorosamente exigido seu cumprimento!

(26) André Ramos Tavares. *Curso de Direito Constitucional*. 6. ed. São Paulo: Saraiva, 2008. p. 632.

(27) *Ibidem*, p. 639.

da Silva Cardoso[28]: "*Mais do que qualquer outro direito, a propriedade recebeu da Constituição de 1988 um tratamento voltado à função social, sob a premissa de que seu exercício deve ser feito no sentido da utilidade, não somente para si, mais para todos, daí ser incompatível com a inércia, com a inutilidade e com a especulação.*

> *Sendo um direito subjetivo consistente no poder da pessoa usar, gozar, dispor e reivindicar seus bens (art. 1.228 do Código Civil), o termo função contrapõe-se a esse direito, traduzindo em um poder que deve ser exercido no interesse coletivo. Noutros termos, a propriedade pode ser, ao mesmo tempo, direito e função, no sentido de que a função social diz respeito não ao direito em si, mas as coisas que formam o seu objeto*"[29].

Há ter em mente a advertência do mestre Silvio de Salvo Venosa, verbis: "*Toda propriedade, ainda que resguardado o direito do proprietário, deve cumprir uma função social*"[30][31].

Para se ver/aquilatar da importância atribuída pela Carta Magna à função social da propriedade, basta arrancar dos dispositivos que contém, abordando-a, "*Para determinadas situações, a Constituição estabelece, sem esgotar og seu alcance, o conteúdo da função social. É o caso, por exemplo, do art. 182, § 2º, relativamente à propriedade urbana, e do art. 186, relativamente à propriedade rural, ambos voltados para uma política de exercício anti--individualístico dos direitos, sem esquecer da preservação do meio ambiente, que foi amarrado*

---

(28) Alenilton da Silva Cardoso. "A Funcionalização do Direito Privado". *Revista Forense*, vol. 409, ano 106, maio/jun. 2010, p. 06-07.

(29) Poucas páginas adiante, pontua Alenilton : "*Como instituto do direito privado, ainda que a função social lhe dê um viés público, o direito de propriedade enceta deveres para o benefício da sociedade. O sujeito mantém o seu direito privado à propriedade, mas a estrutura, a substância desse direito passa a ser composta não apenas por poderes, mas também por uma função jurídica em prol do interesse público. A propriedade nesse contexto todo, não é mais apenas um direito subjetivo do proprietário, mas a função social do detentor da riqueza de satisfazer as necessidades gerais*". Alenilton da Silva Cardoso. "A Funcionalização do Direito Privado". *Revista Forense*, vol. 409, ano 106, maio/jun. 2010, p. 09. Isso, de certa forma, justifica, até mais, o direito de propriedade e, no nosso caso, o de empresa.

(30) Sílvio de Salvo Venosa. *Direito Civil* — Reais. vol. 04, 21 ed. Atlas, 2021. p. 144.

(31) Na sequência, o ilustrado civilista acrescenta: "*Ainda e sob o mesmo diapasão, o vigente Código Civil, após descrever os poderes inerentes ao proprietário, dispõe:*

*'Art. 1.228. § 1º O direito de propriedade deve ser exercido em consonância com as suas finalidades econômicas e sociais e de modo que sejam preservados, de conformidade com o estabelecido em lei especial, a flora, a fauna, as belezas naturais, o equilíbrio ecológico e o patrimônio histórico e artístico, bem como evitada a poluição do ar e das águas*". Sílvio de Salvo Venosa. *Direito Civil* — Reais. vol. 04. 21. ed. Atlas, 2021, p. 144. Aliás, esse insigne civilista havia já, "*A Encíclica Mater et Magistra do Papa João XXIII, de 1961, ensina que a propriedade e um direito natural, mas esse direito deve ser exercido de acordo com uma função social, não só em proveito do titular, mas também em benefício da coletividade*". Sílvio de Salvo Venosa. *Direito Civil* — Reais. vol. 04. 21 ed. Atlas, 2021. p. 141.

*à utilização adequada dos solos urbano e rural, na perspectiva da construção de um desenvolvimento ecologicamente sustentável (art. 225 da Constituição de 1988).*

> *Noutra banda, se o direito à propriedade e o princípio da sua função social já vem garantidos de forma genérica, pelo art. 5º incs. XXII e XXIII, da Constituição, sua repetição como princípios da ordem econômica no art. 170, incs. II e III, também da Lei Maior, positiva a expressão num sentido setorial. Esses princípios setoriais, para além de serem um mero detalhamento dos princípios gerais, imbuem à ordem econômica o papel de realizar finalidade social dessa instância do direito, qual seja, assegurar a todos uma existência digna, conforme os ditames da justiça social*"(32).

Claro que não é a própria propriedade, em si mesma considerada, que cumpre a sua função social, mas sim seu proprietário, como observa o já citado Lente Eros Roberto Grau(33): "*Em outros termos, quem cumpre ou deve cumprir a função social é o proprietário da coisa*". Ora, se é assim, como admitir, sem assumir o risco de tolerar/admitir mesmo seja, por parte de um dador de serviço magoada/ignorada a função social da empresa numa dada situação em concreto, que é a isso que se chega/chegará com uma recusa sem motivação? Para evitar isso, no mínimo, há assentar a recusa em algo comprovadamente sério, que lhe forre a negativa. Esse ponto se agiganta (ao invés de final, vira um longo parágrafo!) se se atentar para a circunstância de que "*Para Rogério Orrutea, 'em face do princípio da função social fica o proprietário jungido a observar desde o papel produtivo que deve ser desempenhado pela propriedade — passando pelo respeito à ecologia — até o cumprimento da legislação social e trabalhista pertinente aos contratos de trabalho*"(34). Isso pode ser, vale insistir, tão facilmente contornado com a recusa injustificada? Lembremos, aqui, que "*Entendida como atividade econômica organizada para a produção ou circulação de bens e serviços, a empresa, tal como a propriedade e o contrato, foi alcançada pela extensão do valor social, e não obstante a livre iniciativa tenha sido assegurada como fundamento republicado pela Constituição Federal, o fato é que o exercício de tal direito tem de se conformar com valores outros como a dignidade da pessoa humana, da valorização social do trabalho e da solidariedade*"(35).

Para o que ora nos ocupa, interessante referir que o direito subjetivo de propriedade não atrita, não é incompatível, de forma alguma, com o de função que se lhe atribua (a

---

(32) Alenilton da Silva Cardoso. "A Funcionalização do Direito Privado". *Revista Forense*, vol. 409, ano 106, maio/jun. 2010, p. 09-10.

(33) Eros Roberto Grau. *Elementos de Direito Econômico*. São Paulo: RT, 1981. p. 119.

(34) André Ramos Tavares. *Curso de Direito Constitucional*. 6. ed. São Paulo: Saraiva, 2008. p. 641.

(35) Alenilton da Silva Cardoso. "A Funcionalização do Direito Privado". *Revista Forense*, vol. 409, ano 106, maio/jun. 2010, p. 14.

propriedade), para o que releva apontar que a propriedade pode ser vista em dois momentos e/ou sob dois ângulos, o estático e o dinâmico, aquele o tê-la o proprietário como algo seu/que lhe pertence, este, diz com sua utilização, e para isso, calha à fiveleta, como sempre, aliás, saber do ensinamento do afamado Eros Roberto Grau, no sentido de que:

> *"No primeiro momento, examinada estaticamente, como expressão da situação jurídica do proprietário, a propriedade é direito subjetivo. No segundo, porém, quando vista e regulada em seu dinamismo, a propriedade é função."*(36)(37)

Por certo, vale notar que, para o notável jurista Eros Roberto Grau, de quem já me socorri neste singelo estudo, realçou que: "*Esta visão, dinâmica, da propriedade — e suas mais incisivas consequências, no aspecto enfatizado — ganha relevância específica quando a aplicamos à ideia de empresa, estando magistralmente sumariada na expressão de Philomeno Joaquim da Costa: 'a empresa, como confluência de capital de trabalho, está sendo instrumento de uma reelaboração do conceito de propriedade; é dono de um bem quem dele se utiliza para fins produtivos*"(38)(39)(40).

Que parágrafo mais esclarecedor! Que bússola doutrinária, a indicar o norte a seguir! E uma vez seguida a direção apontada, cujo caminho restou "pavimentado" e alumiado pelo notável mestre, com os ensinamentos que venho de reproduzir, e considerando

---

(36) Eros Roberto Grau. *Elementos de Direito Econômico*. São Paulo: RT, 1981. p. 120-121.

(37) Um pedaço após, no texto, o insigne jurista expoe: "Não se trata de tentar substituir a ideia de poder, que repousa, no caso, no direito subjetivo, por uma ideia de dever, que está na função; trata-se, simplesmente, de compreender que a propriedade deve ser examinada em dois momentos distintos: um, o momento estático, quando ela é regulada em termos de pertença ou pertinência - e aí é faculdade que se pode transmudar em ato em decorrência de permissao jurídica, é poder; outro, o momento dinâmico, em que regulada em razão do fim a que socialmente se destina". Eros Roberto Grau. *Elementos de Direito Econômico*. São Paulo: RT, 1981. p. 121. Vista sob essas perspectivas, como dito, não atritam o direito subjetivo e a função social, ao reverso, bem convivem!

(38) Eros Roberto Grau. *Elementos de Direito Econômico*. São Paulo: RT, 1981. p. 122-123.

(39) Com base nesse ensinamento do Professor Eros roberto Grau, já se afirmou: "*A concepção inicial da função social está, historicamente, vinculada ao direito de propriedade (antes era instrumento protetor da pessoa e da sua família, concedendo meios de subsistência). No contexto individualista da propriedade, para Eros Roberto Grau, ela pode ser vista com um enfoque estático, decorrendo de um direito subjetivo e individual; sob outra concepção, a propriedade pode ter um viés dinâmico, que é aquela que desempenha funções específicas, isto é, vê-se um atributo teleológico. Nesse contexto, no instante em que o empresário utiliza seus bens para uma finalidade lucrativa com reflexos na sociedade, resta a inevitável conclusão de que a empresa faz parte da propriedade dinâmica*" José Barros Correia Júnior e Paula Falcão Albuquerque. "Empresa: da Função Individual à Social". Coordenadores Marcos Ehrhardt Júnior e Fabíola Albuquerque Lobo. *A Função Social nas Relações Privadas*. Belo Horizonte, Fórum, 2019. p. 194.

(40) Não há olvidar, outrossim, nesse passo, das vigorosas palavras do grande jurista Fábio Konder Comparato, *verbis*: *"no mundo jurídico, enquanto o homem pode ser considerado apenas estaticamente — pois ele vale para o Direito pelo que é, em si e por si (o seu ser já é valer) —, as chamadas pessoas jurídicas só podem ser consideradas dinamicamente, ou seja, pela função que exercem"*. Fábio Konder Comparato. "O Poder de Controle na Sociedade Anônima", *apud* José Barros Correia Júnior. "(Re)personalização do Direito Empresarial pela Função e Atividade Social", *Revista Fórum de Direito Civil — RFDC*, Belo Horizonte, ano 1, n. 1, set./de. 2012, p. 108.

a inegável e mais absoluta importância e posição de relevância ímpar que a empresa detém e ocupa na sociedade contemporânea, lembrando que esses aspectos envolvem-na com a comunidade em que atua, como admitir/permitir/tolerar/achar minimamente razoável e condizente com o ordenamento jurídico, com o que estabeleceu a Carta Política, no particular, a recusa imotivada, que o mesmo é dizer, emitida tendo como justificativa/sustentação apenas a vontade/o modo de ver ou de não querer ver de um dador de serviço, e com isso, apenas com isso!, impedir que uma ou algumas questões que angustiam seus trabalhadores — e, claro, com elevado potencial de afetarem a comunidade ao seu entorno e/ou mais além ainda, a depender do porte e raio de ação da empresa envolvida — fiquem em aberto, como uma ferida não tratada a tempo e modo, que pode agravar-se, contaminando o meio social em que se abriu, e daí perturbando o processo produtivo e a consecução mesma das atividades empresariais; é certo e não se desconhece, que o ambiente/o momento, que já não é de agora, pois vem sendo "criado" há tempos, não é nada favorável aos trabalhadores e as suas entidades representativas e talvez ou por isso modos de ver como esse (que admitem a recusa balofa), que magoam os direitos fundamentais dos trabalhadores, venham sendo introduzidos e com algum (triste) êxito! A contrariedade com a Constituição Federal é gritante e aumenta de tom, chegando a urrar, de dor e constrição (que talvez doa mais ainda, por atingir-lhe em sua essência!), condoendo os que consideram os fins objetivados pelo legislador constituinte, quando se evocam o art. 7º, seu caput em especial e seus incisos, como também os seguintes, que compõem-na! Pudesse e/ou quando/a partir do momento que essa aflição chegar/chegue aos ouvidos e corações outros (que possuam profunda visão humana e social), que não apenas os dos trabalhadores e os seus, entidades representativas inclusive, certamente a recusa desacompanhada de sério fundamento não mais se sustentaria/sustentará!

E por falar em empresa, como já registrei em linhas transatas, tem sua função social também, decorrente do princípio da função social da propriedade, e como já se acentuou: "*É extremamente rica a análise do princípio da função social da empresa, corolário do princípio da função social da propriedade*"(41)(42).

Importa registrar, desde logo, que não se pode mais, mormente quando se cuida de função social da empresa, pretender enxergá-la apenas e/ou dando absoluta/exclusiva proeminência aos fins a que persegue, o que, se, claro, há ser tido em importante linha de consideração, não pode se limitar/ater/conter a essa visão, sendo de rigor estender o

---

(41) Eros Roberto Grau. *Elementos de Direito Econômico*. São Paulo: RT, 1981. p. 112.

(42) O eminente jurista, algumas linhas adiante, reitera que: "O princípio da função social da empresa — já o afirmei — é corolário do princípio da função social da propriedade. Assim, a evolução do tratamento jurídico conferido à propriedade — que da plena in re potestas, de Justiniano, da propriedade como expressão do Direito Natural evoluiu em uma linha que vai desembocar, modernamente, na ideia de propriedade-função social — deve servir como subsídio que fundará e inspirará a análise que me disponho empreender, da função social da empresa". Eros Roberto Grau. *Elementos de Direito Econômico*. São Paulo: RT, 1981. p. 112.

olhar, de modo a permitir/levar a que se visualize, sempre vale repisar esse ponto, o desenho traçado pela Constituição, a direção que traçou para ser cumprida e da qual não está excluída a empresa, ao contrário, porquanto cabe-lhe relevante campo de atuação; de interesse, nesse passo, o que asseveram José Barros Correia Júnior e Paula Falcão Albuquerque, a saber:

> "*Contudo, não se pode tratar a empresa como o mesmo negócio de séculos atrás. O esforço pelo exercício de uma atividade que visa ao lucro em potencial (lucratividade), atualmente, deve ser analisado dentro de um contexto constitucionalizado. Isso porque a Constituição Federal de 1988 assumiu um papel concreto de direcionador do Direito Privado, devendo se apresentar como filtro axiológico quando da confecção, interpretação e aplicação das normas infraconstitucionais. O texto constitucional também passou a apresentar diretamente normas que fundamentam o direito das relações particulares.*

*Nesse sentido, alguns alicerces são colocados na Constituição Federal de 1988 para orientar todo o Direito Empresarial contemporâneo, especialmente no sentido de deixar no passado todo pensamento exclusiva e excessivamente liberal apresentado a partir do século XVIII, o qual individualizava fortemente os interesses daqueles que desenvolviam a atividade de comércio*"[(43)], de modo que, dizem os preclaros doutrinadores:

> "*Nos dias atuais, existe um caráter social em tal liberdade [de iniciativa] que, inclusive, é expressamente posto no art. 170 da Constituição Federal de 1988. Percebe-se isto no instante em que o texto faz menção à necessidade de garantir a todos uma existência digna, em consonância com os preceitos da justiça social, e aponta uma série de princípios de interesse social que devem ser observados, <u>tais como a função social da propriedade</u>, a defesa do consumidor, a defesa do meio ambiente, a redução das desigualdades regionais e sociais, a busca de pleno emprego e a preocupação com os pequenos empreendedores que se colocam em situação de vulnerabilidade.*" (sublinhado)[(44)(45)]

(43) José Barros Correia Júnior e Paula Falcão Albuquerque. "Empresa: da Função Individual à Social". Coordenadores Marcos Ehrhardt Júnior e Fabíola Albuquerque Lobo. *A Função Social nas Relações Privadas*. Belo Horizonte, Fórum, 2019. p. 184.

(44) *Ibidem*, p. 193.

(45) Mais esse excerto há de ser considerado: "*Ora, a evolução do Estado Liberal para o Estado Social fez solidificar o princípio da função social, como ideário de solidariedade e como elemento moderador da livre iniciativa. Isto porque a liberdade de iniciativa não se restringe a um simples princípio básico da liberdade de desenvolver empresa e, enquanto fundamento da República Federativa do Brasil, não deve ser encarada como uma orientação individualista, mas como instituto de valiosa repercussão social*". Idem.

Por outras águas não navega o insigne José Roberto Marques, como se percebe, a partir de seus ensinamentos, e que também, como os demais já citados, deixam claro que, querer cortar os mares em nave transportando concepções absolutistas do direito de propriedade, ao invés de carregarem-na de concepções de interesse social, não levará quem a conduzir a um porto seguro, é conferir: "*A adoção do princípio da função social representa o afastamento do caráter absolutista do direito de propriedade. Consagrado doutrinariamente, hoje encontra respaldo em textos legislativos, principalmente na Constituição Federal*"[(46)], mesmo porque "*O princípio da função social, por sua vez, é a fórmula exata para a compatibilização entre o direito de propriedade, que é reafirmado pela Constituição como direito do indivíduo, e a necessidade de seu uso de acordo com o interesse social*"[(47)].

No que toca à acrescida importância da empresa no mundo contemporâneo, sempre interessante evocar o quanto já observou o grande jurista Fábio Konder Comparato, argutamente:

> "*Se se quiser indicar uma instituição social que, pela sua influência, dinamismo e poder de transformação, sirva como elemento explicativo e definidor da civilização contemporânea, a escolha é indubitável: essa instituição é a empresa.*
>
> *É dela que depende, diretamente, a subsistência da maior parte da população ativa deste país, pela organização do trabalho assalariado.*
>
> *É das empresas que provém a grande maioria dos bens e serviços consumidos pelo povo, e é delas que o Estado retira a parcela maior de suas receitas fiscais.*
>
> *É em torno da empresa, ademais, que gravitam vários agentes econômicos não assalariados, como os investidores de capital, os fornecedores, os prestadores de serviços.*
>
> *Mas a importância social dessa instituição não se limita a esses efeitos notórios. Decisiva é hoje, também, a sua influência no comportamento de outras instituições e grupos sociais que, no passado, ainda recente, viviam fora do alcance da vida empresarial. Tanto as escolas quanto as Universidades, os hospitais e centros de pesquisa médica, as associações artísticas e os clubes desportivos, os profissionais liberais e as forças armadas — todo esse mundo tradicionalmente avesso aos negócios viu-se englobado na vasta área de atuação da empresa. A constelação de valores típica do mundo empresarial — o utilitarismo, a eficiência técnica, a*

(46) José Roberto Marques. "Função Social da Propriedade: Constituição Federal, Código Civil e outras Leis". Coordenação José Geral Brito Filomeno, Luiz Guilherme da Costa Wagner Junior e Renato Afonso Gonçalves. *Código Civil* — análise doutrinária e jurisprudencial. Editora Método, 2008. p. 333.

(47) *Ibidem*, p. 334.

> *inovação permanente, a economicidade de meios — acabou por avassalar todos os espíritos, homogeneizando atitudes e aspirações.*"[(48)(49)]

Alenilton da Silva Cardoso, notável jurista, de quem já transcrevi ensinamentos neste modesto escrito, com base em posição de outro renomado mestre, salienta: "*Modesto Carvalhosa já aduzia que a função social da empresa é uma situação óbvia, já que quanto a ela são interessados os empregados, os fornecedores, a comunidade em que atua e o próprio Estado, pois dela arrecada tributos fiscais e parafiscais, considerando o autor, outrossim, que as modernas funções sociais da empresa são: i) as condições satisfatórias de trabalho e as relações com seus empregados; ii) o interesse dos consumidores; iii) o interesse dos concorrentes; e iv) a preservação ecológica urbana e ambiental da comunidade em que a empresa atua*"[(50)]. A pergunta que sufoca o peito, exigindo ser feita, como atingir e/ou ver de seu efetivo cumprimento o item "i", com a recusa imotivada?

Essa linha de entendimento, ecoa forte, pois, como se vê, cabendo colocar o acento tônico neste ponto, "*a empresa se constitui hoje patrimônio de todos, com conotação social. Deste organismo multidisciplinar que traduz a empresa depende essencialmente o trabalhador; as regras de consumo se estabelecem, os impostos são recolhidos, a demanda e a oferta se regulam, o controle inflacionário é supervisionado e a sociedade marcha na direção do crescimento e do desenvolvimento*"[(51)], o que ainda se salienta, em outra lição também valiosa, "*A empresa se sujeita à função social, pois representa uma instituição cuja importância transcende à esfera econômica, na medida em que abarca interesses sociais mais relevantes, como a subsistência de seus empregados e o bem-estar dos cidadãos que dela dependem ou com ela dividem o mesmo espaço social*"[(52)].

---

(48) Fábio Konder Comparato. "A Reforma da Empresa". *Revista de Direito Mercantil, Industrial, Econômico e Financeiro — RDM*, São Paulo, Malheiros, ano XXV (nova série), n. 50, abr./jun. 1983, p. 57.

(49) Pouco mais adiante, no citado trabalho, diz o festejado Professor: "*A liberdade de iniciativa, entendida como liberdade de criação empresarial ou de livre acesso ao mercado, somente é protegida enquanto favorece o desenvolvimento nacional e a justiça social*" e ainda que "*Ora, ninguém sustentará, nem mesmo os últimos partidários da 'mão invisível' regulando o mercado, que não possa jamais haver conflito ou incompatibilidade, entre o objetivo societário de lucro e o dever legal de a companhia exercer uma função social. Verificando-se essa colidência de fins em concreto, qual a solução jurídica? Parece óbvio que ela se encontra na prevalência dos fins sociais, tal como expressos nos princípios do art. 160 da Constituição. De resto, é exatamente nesse sentido que a Lei de Introdução orienta a ação do Judiciário (art. 5º); o atendimento aos fins sociais da lei e às exigências do bem comum*". *Ibidem*, p. 59 e 63, respectivamente. E, veja-se, isso foi dito ao tempo da Constituição Federal anterior, o que, à luz da vigente, a CF/88, adquire, indubitavelmente, maior força/aplicabilidade/exigência de observância!

(50) Alenilton da Silva Cardoso. "A Funcionalização do Direito Privado". *Revista Forense*, vol. 409, ano 106, maio/jun. 2010, p. 15.

(51) Osvaldo Anicetto Biolchi. "A nova Lei de Recuperação de Empresas e Falências". *Revista do Advogado*, AASP, ano XXV, n. 83, set. 2005, p. 08.

(52) Paulo Henrique Ribeiro Garcia. "A Função Social da Empresa e o Desenvolvimento Nacional". São Paulo, *Cadernos Jurídicos*, ano 16, n. 39, jan./mar. 2015, p. 91.

Onde encontrar qualquer indício/resquício de realidade social, de alguma (mínima) contribuição/possibilidade para que o impasse seja resolvido, se se tiver em vista a busca real/efetiva/sincera de uma solução para as questões levadas à mesa de negociação e que lá não encontraram uma composição, deixar ao alvedrio de um empregador, em suas relações com seus trabalhadores e os sindicatos destes, a decisão soberana/incontrastável, de se poder levar ou não, ao Judiciário, a questão não resolvida, para que essa seja submetida ao exame e decisão judicial; uma interpretação que admita/leve a essa situação, gerará uma séria e certamente intransponível dificuldade de harmonização com os fins objetivados e dispostos pela Magna Carta, além de, desde logo, olimpicamente não considerar a realidade social; com as adaptações necessárias, dar-se-á, aqui, o que, com muita perspicácia, José Roberto Malufe aponta como ausência de uma condição que faz com que um escrito (no nosso caso também interpretação) não possa ser considerado válida/correto, por não remeter à realidade social, vale conferir: "*Uma das condições necessárias (embora não suficiente) para que um escrito qualquer venha a ser definido como científico e que os eventos ou as experiências nele referidos possam ser considerados como reais, como acontecendo realmente, o que nos remete à questão da realidade social*"[(53)].

Montamos praça na ideia de que, dos ensinamentos da melhor doutrina, extrai-se, com segurança, que os direitos, nos mais variados momentos da vida em sociedade, não devem (rectius: não podem!) ser exercidos de modo absoluto, sem qualquer consideração para com o terceiros; aqui, no tema que ora nos ocupa, bem veste, com os ajustes necessários, a lição da afamada Professora Ada Pellegrini Grinover, mencionada pela Procuradora Federal Juliana Silva Barros de Melo Sant'Ana, que, por sua vez, citou o preclaro Júlio Fabrini Mirabete, litera ad literam: "*Mas, como bem observa Ada Pellegrini Grinover, 'as liberdades públicas não são mais entendidas em sentido absoluto, em face da natural restrição resultante do princípio de convivências das liberdades, pelo qual nenhuma delas pode ser exercida de modo danoso à ordem pública e às liberdades alheias*"[(54)]; essa consistente lição, transposta ao que abordado neste singelo escrito, deixa claro que não se pode conceder/conceber uma tão alargada liberdade a um empregador que, podendo exercê-la da maneira que desejar, possa, ao fazê-lo, restringir (rectius: esmagar/pulverizar) a de um sindicato, o que, ao fim e ao cabo, resulta danoso aos respectivos trabalhadores que o sindicato representa e à própria comunidade, esta que tanto busca e precisa respirar em uma sadia atmosfera de paz e harmonia social!

Fosse o direito comparado a um alimento (e talvez não deixe de sê-lo, para uma vida mais saudável de determinada sociedade), não bastaria/não basta mais saber, para aprová-lo, do que é feito, mas seria/é também necessário (mais ainda, para se inclinar a

---

(53) José Roberto Malufe. *A Retórica da Ciência* — Uma leitura de Goffman. Educ – Editora da PUC/São Paulo, 1992. p. 20.

(54) *Apud* Danilo Vasconcelos, "A (I)legalidade do Acesso às Informações do Celular do Detido em Razão da Prisão em Flagrante". Organizadores Alexandre Bizzotto, Denival Francisco da Silva e Tiago Felipe de Oliveira. *Quotidianus* — A criminalização nossa de cada dia. Intelecto Editora, 2016. p. 273.

digeri-lo) ver para que serve, é dizer, qual o bem que traz ingeri-lo, qual sua função para o bom e adequado funcionamento do organismo! A meu aviso, bem algum trará para o organismo social, consumir, em qualquer quantidade, por menor que seja, uma porção de (suposto) direito a uma recusa imotivada, que tem tudo para ocasionar transtornos e mal estar, não lhe proporcionando qualquer vitamina que revigore o normal e saudável relacionamento capital/trabalho, tão necessário ao bom funcionamento do aparelho social.

Creio saltar aos olhos, claro, dos que, ao verem, não se contentem com ver, mas queiram enxergar, é dizer, compreender o que às vistas se lhes apresenta, que a função social da propriedade/da empresa, é irremediavelmente avessa a uma recusa construída tendo como material a edificá-la apenas uma vontade que não se sabe o que pode justificá-la, o que logo denota cuidar-se de frágil construção, que não tem como se manter, de maneira sólida, podendo, portanto, fazer ruir/desmoronar o harmonioso convívio que a relação capital/trabalho necessita para que dê bons frutos, não só para os diretamente envolvidos, como para a sociedade, aliás, um tal proceder lembra o de um menino, inexperiente, de tenra idade, que, não tendo outros argumentos para se manter em um time de futebol que está sendo montado ou mesmo porque foi substituído, por fraco desempenho, por ser o dono da bola, põe a pelota debaixo do braço e vai embora; ora, se essa conduta, feita por uma pequena criança é compreensível, já não o é, quando de um empregador se trata, com responsabilidades, frente aos seus empregados (evito o vocábulo "colaborador", por não entendê-lo como correspondendo, de maneira adequada, a relação que resulta de um vínculo de emprego, parecendo ser usada, deliberadamente, por alguns e talvez seguido por inúmeros outros, sem que atentem para isso, com o escopo de ir provocando uma "erosão" no conceito mesmo dessa relação!) e, também, como já mencionado, para a coletividade, quando menos, ao seu entorno.

Como há inferir do que neste singelo escrito se vem procurado demonstrar, e ainda me valendo de situações que o esporte pode oferecer, estou entre os que acreditam superada a fase do individualismo (do "eu" em primeiríssimo lugar! Não raro também em segundo, terceiro lugar!), hodiernamente, não há mais uma partida a ser disputada entre o "eu" x "ele" ou "eu" x "eles", mas um novo time é formado pela axiologia constitucional (logo, de 1ª divisão, série "a"), a saber, o esquadrão do "nós", que bem treinado, trará vitórias sem conta ao nosso ordenamento jurídico, desde logo derrotando times que se julgavam/julgam tradicionais/clássicos, atuando com táticas superadas, baseadas no individualismo, ignorando a tática funcional que hoje é vitoriosa, e isso atinge, de cheio, as concepções que atualmente não vencem jogos, mas que antes eram praticadas, relativamente aos direitos potestativos, de fato, uma vez que: "*Superada a tradição deixada pelo individualismo e priorizando o ponto de vista funcional, os sujeitos, ao perseguirem os seus interesses legítimos e as finalidades em comum na relação jurídica constituída, deverão demandar esforços mútuos de cooperação para o cumprimento das suas obrigações e deveres. Assim, a despeito da aparente discricionariedade no exercício dos direitos potestativos, que acarreta a sujeição da contraparte às consequências por eles impostas, não se pode olvidar que as situações jurídicas subjetivas devem ser exercidas sob perspectiva relacional e dentro dos limites impostos pelo ordenamento constitucional. Desse modo, os direitos potestativos, apesar de representarem um símbolo de liberdade, também devem observar, como todos os demais, a lógica solidarista e a axiologia constitucional*",[55] em tal disputa, a recusa injustificada nem sequer pode ser relacionada para a partida[56]!

A recusa, tida como bastante com a mera manifestação do dador de serviço, vai de encontro a qualquer razão, séria, como deve ser exigido: veja-se, a questão não é a recusa em si que, como já estabelecido pela nossa Suprema Corte, pode ser manifestada, o problema está em ser recusado o comum acordo sem motivo que o embase, de forma válida, o que é inaceitável, ou ao menos assim deveria ser, já que, em assim ocorrendo, fica caracterizado reprovável abuso do direito, restando magoado o aspecto funcional que deve reger/rege o respeitante ato; a uma recusa assim balofa, não pode haver merecimento de tutela.

O Professor Eduardo Nunes de Souza, após pontuar que "*De todo modo, certo é que os juízos de licitude e não abusividade passaram a constituir, em conjunto, o conteúdo da noção de legalidade no direito civil (entendida como o limite imposto pelo direito para o exercício de prerrogativas particulares). Estas duas instâncias valorativas construíram um sistema de controle predominantemente negativo, compatível com a lógica tradicional que sempre visualizou no direito uma função repressiva*", chama a atenção para o fato de que "*A evolução do pensamento jurídico exigiria, porém, uma nova mudança nesse sistema, para acomodar o que se passou a denominar função promocional do direito*", e prossegue, para esclarecer que "*Nesse contexto, não basta mais que certo ato se apresente conforme ao Direito, sendo igualmente necessário que se revele merecedor de tutela — o que equivale a dizer que as situações jurídicas subjetivas não se encontram mais limitadas apenas por critérios positivos. [...] Essa evolução parece ser justamente aquela que acrescentou à função repressiva do direito uma função promocional. Em outras palavras, afirmar que a legalidade corresponde, hoje, ao merecimento de tutela indica que não se preveem apenas limites à autonomia privada na forma de vedações, mas também preferências conferidas aos atos de autonomia que promovam especialmente valores jurídicos*

(55) Camila Helena Melchior Baptista de Oliveira e Renan Soares Cortazio. "Abuso de Direito Potestativo à Luz do Princípio da Boa-Fé Objetiva". Coordenadores Gustavo Tepedino e Rodrigo da Guia Silva. *Relações Patrimoniais* — Contratos, titularidades e responsabilidade civil. Belo Horizonte, Fórum, 2021. p. 21.

(56) Nesse trilhar, há evocar a lição do grande Pietro Perlingieri, verbis: "*A autonomia não é livre arbítrio: os atos e as atividades não somente não podem perseguir fins anti-sociais ou não sociais, mas, para terem reconhecimento jurídico, devem ser avaliáveis como conformes à razão pela qual o direito de propriedade foi garantido e reconhecido. A autonomia não se contrapõe ao controle. Aqui, os nexos com a disciplina da empresa tornam-se muito estreitos*", Pietro Perlingieri. *Perfis do Direito Civil* — Introdução ao Direito Civil Constitucional. 2. ed. Rio de Janeiro: Renovar, 2002. p. 228.

*relevantes — eis aí o mérito, maior do que a simples conformidade (estrutural e funcional) ao direito, que pode apresentar o ato*"(57)(58).

Com amparo em tão valiosos ensinamentos, e transportando-os ao tema ora em foco, há inferir que, ainda que se tenha como possível a recusa balofa e que, com isso, não restasse agredido o ordenamento jurídico, mesmo ciente de que este privilegia a observância e atuação funcional do direito, conclusão, que fique desde logo proclamado, não concordo mas "imagino" apenas com o escopo de aplicar aludidas lições à hipótese, diante da importância dos efeitos sociais e também econômicos que envolvem a relação capital e trabalho, e das prejudiciais consequências que de um desajuste nela podem advir, bem como tendo presente os valores e princípios que regem nossa Constituição Federal, não se pode ter como merecedora de tutela uma recusa que não construída sobre um motivo forte/sólido/sincero e juridicamente defensável.

Com efeito, nos dias que correm (ou voam?!), já não se tem/já não é suficiente, em dados momentos, quando se antepõem/colocam dois comportamentos diferentes/diversos/opostos/contrastantes/colidentes, mas ambos respeitosos ao ordenamento jurídico, o não agir em desacordo/afronta a este, pode ser preciso e em muitas situações será, efetivamente necessário, estabelecer qual deles, por mais plena/adequada/integralmente atender a axiologia do sistema, haverá de ser (esse que melhor o atenda) merecedor de tutela, em sentido estrito, como se diz.

Quanto ao ponto quc ora se aborda, há referir o consistente ensinamento do preclaro Eduardo Nunes de Souza, havendo, portanto, ceder-lhe o passo: "*Por sua vez, um ato que não se considere merecedor de tutela o será sempre em termos relativos (ou seja, não será merecedor de tutela em relação a outro exercício particular que lhe seja contraposto). No plano funcional, esse ato é plenamente conforme aos valores associados à sua tutela jurídica; sua repressão decorre tão somente de sua incompatibilidade com outro ato, também obediente à respectiva função, mas que, na axiologia do sistema, merecerá tutela preferencial. A medida da repressão do primeiro ato, assim, não será a sua própria função, mas a medida necessária para*

(57) Eduardo Nunes de souza. "Perspectivas de Aplicação do Abuso do Direito às Relações Existenciais". Coordenadores Gustavo Tepedino, Ana Carolina Brochado Teixeira e Vitor Almeida. *O Direito Civil Entre o Sujeito e a Pessoa* — Estudos em homenagem ao Professor Stefano Rodotá. Belo Horizonte: Editora Fórum, 2016. p. 66-67.

(58) Em nota de rodapé, festejado jurista especifica mais o que desenvolve acerca do merecimento de tutela, o que faz com as palavras que seguem: "*Com efeito, a própria semântica da expressão 'merecimento de tutela' permite inferir que não se trata do simples não descumprimento da lei; um ato merecedor de tutela deve trazer um significado adicional, um mérito a mais, promovendo ativamente valores em vez de apenas não violá-los. Segundo o dicionário Houaiss, 'merecimento' significa, dentre outros sentidos, 'aquilo que empresta valor a algo, aquilo que há de bom, vantajoso, admirável ou recomendável' em algo. Entre o conceito e legalidade e o atual merecimento de tutela há, assim, uma distância semelhante àquela entre o correto e o recomendável*". Eduardo Nunes de Souza. "Perspectivas de Aplicação do Abuso do Direito às Relações Existenciais". Coordenadores Gustavo Tepedino, Ana Carolina Brochado Teixeira e Vitor Almeida. *O Direito Civil Entre o Sujeito e a Pessoa* — Estudos em homenagem ao Professor Stefano Rodotá. Belo Horizonte: Editora Fórum, 2016. p. 67-68.

*a tutela do outro, dito merecedor de tutela em sentido estrito. Não se pode afirmar, assim, que o primeiro ato seja antijurídico; não existisse uma posição particular contraposta que promovesse melhor os valores do sistema, esse ato teria sua eficácia reconhecida. Dai decorre a maior complexidade do juízo de merecimento de tutela em sentido estrito: nele, como nenhuma das duas posições antagônicas se mostra contrária à ordem jurídica, abre-se ao intérprete margem muito maior de discricionariedade para a sua decisão — tem-se aqui um espaço que muito se assemelha à ponderação dos interesses envolvidos"* (59) (60) .

Em outro alentado escrito, o ilustre jurista Eduardo Nunes de Souza, expõe que(61): "*A mudança de concepção a respeito do papel do Estado em sua intervenção nas atividades privadas culminaria, no Brasil, no estabelecimento da ordem constitucional de 1988, marcada por forte projeto personalista e solidarista, a provocar uma profunda reconfiguração no próprio fundamento de legitimidade dos atos particulares.*

> *Na perspectiva do direito civil-constitucional, mais ainda, o exercício da autonomia privada apenas se legitima perante a ordem jurídica quando conforme à axiologia do sistema. A noção de controle valorativo dos atos de autonomia, em outras palavras, revela-se um pressuposto intuitivo da própria proteção conferida pela ordem jurídica a tais atos. Partindo-se de tais premissas, o emprego corrente da expressão 'merecimento de tutela' não costuma causar estranheza ao jurista. De fato, afirma-se com frequência que certa pretensão é merecedora de tutela quando se deseja indicar sua compatibilidade com o sistema e, assim, concluir que os efeitos jurídicos pretendidos merecem ser albergados pelo ordenamento. Em sentido lato, portanto, a noção de merecimento de tutela representa justamente o reconhecimento de que a eficacia de certa conduta particular é compatível com o sistema e, por isso, deve ser protegida; trata-se, como se vê, de uma consequência necessária da constatação de que certo ato e lícito do ponto de vista estático ou estrutural e, em perspectiva dinâmica ou funcional, não é abusivo (não constitui o exercício disfuncional de uma situação jurídica"*.

---

(59) Eduardo Nunes de Souza. "Perspectivas de Aplicação do Abuso do Direito às Relações Existenciais". Coordenadores Gustavo Tepedino, Ana Carolina Brochado Teixeira e Vitor Almeida. *O Direito Civil Entre o Sujeito e a Pessoa* — Estudos em homenagem ao Professor Stefano Rodotá. Belo Horizonte: Editora Fórum, 2016. p. 69.

(60) Em nota de rodapé, acrescenta o jurista agora citado "*A rigor, para o direito civil-constitucional, diante do imperativo metodológico de se aplicar a integralidade do ordenamento a cada caso concreto, a ponderação entre princípios e interesses potencialmente colidentes, mas igualmente tutelados pelo ordenamento afigura-se uma tarefa constante do intérprete (e não apenas excepcionalmente aplicada na hipótese de casos difíceis, como propõe a doutrina constitucionalista). No caso específico do merecimento de tutela, porém, verifica-se uma aproximação maior em relação a ponderação, justamente pela necessidade de se compatibilizarem interesses antagônicos, mas a priori conformes ao ordenamento*". Eduardo Nunes de Souza. "Perspectivas de Aplicação do Abuso do Direito às Relações Existenciais". Coordenadores Gustavo Tepedino, Ana Carolina Brochado Teixeira e Vitor Almeida. *O Direito Civil Entre o Sujeito e a Pessoa* — Estudos em homenagem ao Professor Stefano Rodotá. Belo Horizonte: Editora Fórum, 2016. p. 69.

(61) Eduardo Nunes de Souza. "Merecimento de Tutela: A nova fronteira da legalidade no direito civil. *Revista de Direito Privado*, RT, ano 15, vol. 58, abr./jun. 2014, p. 76-77.

Há um outro aspecto que cumpre considerar, qual seja, o que diz com a relevância dos elementos que compõem o caso concreto, porquanto, como se sustenta, esses elementos não apenas "recebem" as normas, antes, influenciam-nas, de maneira que participam, efetiva e decisivamente, da elaboração que levará à conclusão a que se chegará, quanto a norma aplicável ao caso que se tem sob as vistas, requerendo solução judicial (não uma qualquer, mas, claro, em consonância com o ordenamento jurídico, de acordo/em sintonia com seus valores e princípios) mesmo porque, se assim não for, como estabelecer qual a norma que há reger determinada situação fática, o caso concreto que se tem em vista? Nessa ordem de ideias, não cabe/não entra/não é admissível a recusa imotivada, tida, em si e por si, como suficiente/bastante com a sua só emissão, sem nenhuma consideração pelo caso concreto, o que, como é palmar, passa pelo detido exame dos motivos que cercam-na, que, então e por isso, devem ser desfiados, colocados na ribalta, para que sejam vistos e analisado seu grau (a começar por se há algum) de consistência, conformidade, relevância, respeito e observância aos valores e princípios que, não apenas inspiram, mas orientam e se impõem ao ordenamento jurídico para, então, ter-se elementos para arrancar visando uma definição do caso. Veja-se, quanto a esse ponto, o seguinte e valioso ensinamento: "*os elementos do caso concreto, ao contrário do que por muito tempo se sustentou, não permanecem estáticos à espera da incidência da norma — ao contrário, influenciam esta última e compõem necessariamente a construção da solução jurídica a que chegará o intérprete. Em outros termos, na metodologia civil-constitucional, o ordenamento apenas se completa quando encontra os próprios elementos do caso, só existe o Direito à luz de certa hipótese fática concreta, com suas peculiaridades e características — ideia que se costuma designar como ordenamento do caso concreto*"(62).

O conceituado Professor peninsular Pietro Perlingieri, com sua pena autorizada, assim se posicionou: "*O ato de autonomia negocial não é um valor em si: pode assim ser considerado e dentro de certos limites, se e enquanto corresponder a um interesse merecedor de tutela. E necessário verificar essa circunstância, a cada vez, controlando se o ato pode ser, ainda que parcialmente, regulado por fonte que não seja a lei*"(63), e pouco mais adiante, acrescenta: "*Mas, quando a liberdade negocial e contratual tem justificação não em si, mas em outros princípios e valores do sistema, quando o próprio sistema não é mais apenas Estado de Direito, mas Estado Social de Direito, caracterizado por princípios fortes como a solidariedade e o personalismo, a escolha não pode deixar de ser axiologicamente conforme o ordenamento. O ato negocial é válido não tanto porque desejado, mas se, e apenas se, destinado a realizar, segundo um ordenamento fundado no personalismo e no solidarismo, um interesse merecedor de tutela*"(64), ainda de reproduzir, do renomado civilista italiano, o seguinte excerto, que, embora tendo em vista o ordenamento jurídico de seu belo País, sua visão de tão longo alcance, atinge solo

(62) Eduardo Nunes de Souza. "Merecimento de Tutela: A nova fronteira da legalidade no direito civil". *Revista de Direito Privado*, RT, ano 15, vol. 58, abr./jun. 2014, p. 79-80.

(63) Pietro Perlingieri. *O Direito Civil na Legalidade Constitucional*. Rio de Janeiro: Renovar, 2008. p. 355.

(64) *Ibidem*, p. 371.

pátrio: "*Considerando que os valores constitucionais impõem plena concretização, compreende-se totalmente a necessidade, aqui manifestada, de não limitar a valoração do ato ao mero juízo de licitude e de requerer também um juízo de valor: não basta, portanto, negativamente, a não invasão de um limite de tutela, mas é necessário, positivamente, que o fato possa ser representado como realização prática da ordem jurídica de valores, como desenvolvimento coerente de premissas sistemáticas colocadas na Carta Constitucional. O juízo de valor do ato deve ser expresso à luz dos princípios fundamentais do ordenamento e dos princípios que o caracterizam. Nem todo ato lícito é merecedor de tutela: a simples licitude exime, em regra, apenas da responsabilidade*"[65].

Bem de ver que o merecimento de tutela e a função social não se opõem, não criam/levam a qualquer antagonismo, ao reverso, caminham juntos, esta fixando/dispondo de um novo norte/condição mesmo, para a validade do exercício de um direito, aquele, estabelecendo, quando há o exercício de direitos colidentes, conquanto, num primeiro momento, ajustados, enquanto isoladamente considerados, ao que dispõe o ordenamento jurídico, devidamente respeitando/promovendo/observando seus valores e princípios qual, em se dando o contraste, mais plena e completamente "completa" a axiologia do ordenamento jurídico.

Destarte, há inferir que não se consegue manter posição em defesa de uma função social que apenas imponha limites, e sem ter em linha de consideração/visar, as garantias e promoção dos valores sobre os quais se levantou/levanta o ordenamento jurídico pátrio; com efeito, como se extrai do significativo ensinamento a seguir: "*Também há bons argumentos em favor de que a função social não tem apenas dimensão negativa, de imposição de limites, mas também positiva, na proporção em que conduz ao nascimento de deveres jurídicos positivos, exigindo interpretação produtiva, não restritora da eficácia e que atue no sentido de garantir e promover os valores sobre os quais se funda o ordenamento*"[66]; sob essa perspectiva, no que atua/importa as garantias e promoção de valores do ordenamento, a recusa, nas condições aqui aventadas? Certamente, levam a uma situação contrária, de falta, tanto de uma, como de outra! Preocupante, para não dizer alarmante!

Como fixado já, os valores e princípios constitucionais levam a uma mudança de rota, seguindo-se agora a que prioriza a pessoa humana, sua dignidade enquanto tal e por sê-lo, mas além deles e mesmo por eles, há fixar que, o Código Civil/2002, com seus valores e princípios, sua deliberada e marcante linha social, como era mesmo de esperar/acontecer, já não falamos trouxe, mas reafirmou o que a nossa Lex Maior já havia desenhado, nesse sentido não havia/não há imaginar que o direito empresarial ficasse/fique infenso a uma atmosfera tão impregnada de preocupação/atenção, ao reverso, como os demais ramos da frondosa árvore do direito, do mesmo ar passou/passa a respirar; como dito, com a pessoa humana.

---

(65) Pietro Perlingieri. *O Direito Civil na Legalidade Constitucional*. Rio de Janeiro: Renovar, 2008. p. 650.

(66) Roberto José Ludwig. "A Função Social no Direito Privado: Uma Contribuição da Teoria do Discurso Para a Solução do Problema de Aplicação". *Revista da Ajuris*, vol. 34, n. 107, set. 2007, p. 227.

A função social da empresa, facilmente se justifica, melhor, em um sistema como o nosso e sem deixar na sombra a realidade social que nos cerca, se impõe[67], pelo que representa no mundo contemporâneo, pela importância que tem, interesses que suscita e mantém acesos, necessidades que atende e/ou propicia sejam atendidas; desse modo, a conclusão a que se pode chegar/se chega, é a de que prejudica/conspira contra a recusa imotivada, à plena realização, de forma densa e profunda, do princípio da função social da empresa, o que faz/leva a que não se a aceite/tolere/admita como válida e possível!

(67) Por certo, não será despiciendo fixar precioso ensinamento, no sentido de que *"À função social da empresa, portanto, se atribui a força coercitiva própria das normas jurídicas, sem a qual não se diferenciaria de outros institutos".* José Barros Correia Júnior. "(Re)personalização do Direito Empresarial pela Função e Atividade Social". *Revista Fórum de Direito Civil — RFDC*, Belo Horizonte, ano 1, n. 1, set./dez. 2012, p. 107.

# 6

# Aspectos Jurídicos da Regulamentação Trabalhista de Atletas Profissionais em Países Selecionados: Uma Análise Comparativa da Legislação Nacional e das Normas da FIFA

*Gustavo Lopes Pires de Souza*[1]

## 6.1. Do direito comparado

A legislação trabalhista dos atletas profissionais varia de país para país. Examinaremos as principais leis e regulamentos que regem a relação trabalhista entre os atletas e seus empregadores em 14 países: Argentina, Brasil, Estados Unidos, México, Inglaterra, Espanha, Portugal, Itália, França, Alemanha, Rússia, China, Japão e Arábia Saudita.

### *6.1.1. Argentina*

Na Argentina, os atletas profissionais são considerados trabalhadores e estão protegidos pela Lei de Contrato de Trabalho, que regula a relação entre empregados e empregadores. Os clubes devem fornecer um contrato de trabalho aos seus atletas e pagar salários, bem como garantir condições de trabalho adequadas e seguras.

(1) Doutor HC em Ciências Jurídicas pela EBWU. Mestre em Direito Desportivo pela Universidade de Lérida.

### 6.1.2. Brasil

No Brasil, a Lei Pelé é a principal legislação que regula o esporte profissional. A lei estabelece que os clubes devem oferecer aos atletas um contrato de trabalho por prazo determinado, com duração de até cinco anos. Além disso, os clubes devem pagar salários e contribuições previdenciárias, bem como garantir condições de trabalho adequadas e seguras.

### 6.1.3. Estados Unidos

Nos Estados Unidos, os atletas profissionais estão protegidos pela Lei de Relações Trabalhistas e Padrões Justos de Trabalho, que estabelece normas mínimas de salário e horas de trabalho para todos os trabalhadores. Além disso, as principais ligas esportivas, como a NFL, NBA e MLB, têm acordos coletivos de trabalho com os jogadores, que estabelecem regras específicas sobre salários, bônus, contratos e outras questões trabalhistas.

### 6.1.4. México

No México, a relação trabalhista dos atletas profissionais é regida pela Lei Federal do Trabalho. A lei estabelece que os clubes devem fornecer um contrato de trabalho aos seus atletas e pagar salários, além de garantir condições de trabalho adequadas e seguras. Além disso, a Liga MX, principal liga de futebol do país, tem um acordo coletivo de trabalho com os jogadores que estabelece regras específicas sobre salários, bônus e outras questões trabalhistas.

### 6.1.5. Inglaterra

Na Inglaterra, a legislação trabalhista dos atletas profissionais é regida pelo Contrato de Trabalho e pela Lei de Relações Trabalhistas. Os clubes devem fornecer um contrato de trabalho aos seus atletas e pagar salários, além de garantir condições de trabalho adequadas e seguras. Além disso, a Premier League, principal liga de futebol do país, tem um acordo coletivo de trabalho com os jogadores que estabelece regras específicas sobre salários, bônus e outras questões trabalhistas.

### 6.1.6. Espanha

Na Espanha, a legislação trabalhista dos atletas profissionais é regida pela Lei do Esporte e pela Lei de Contrato de Trabalho. Os clubes devem fornecer um contrato de trabalho aos seus atletas e pagar salários, além de garantir condições de trabalho adequadas e seguras. Além disso, a Liga Espanhola, principal liga de futebol do país, tem um acordo coletivo de trabalho com os jogadores que estabelece regras específicas sobre salários, bônus e outras questões trabalhistas.

### 6.1.7. Portugal

Em Portugal, a legislação trabalhista dos atletas profissionais é regida pela Lei Geral do Trabalho em Funções Públicas e pelo Regime Jurídico do Contrato de Trabalho Desportivo. Os clubes devem fornecer um contrato de trabalho aos seus atletas e pagar salários, além de garantir condições de trabalho adequadas e seguras. Além disso, a Liga Portuguesa de Futebol, principal liga de futebol do país, tem um acordo coletivo de trabalho com os jogadores que estabelece regras específicas sobre salários, bônus e outras questões trabalhistas.

### 6.1.8. Itália

Na Itália, a legislação trabalhista dos atletas profissionais é regida pela Lei de Contrato de Trabalho e pela Lei do Esporte. Os clubes devem fornecer um contrato de trabalho aos seus atletas e pagar salários, além de garantir condições de trabalho adequadas e seguras. Além disso, a Serie A, principal liga de futebol do país, tem um acordo coletivo de trabalho com os jogadores que estabelece regras específicas sobre salários, bônus e outras questões trabalhistas.

### 6.1.9. França

Na França, a legislação trabalhista dos atletas profissionais é regida pela Lei de Contrato de Trabalho e pela Lei do Esporte. Os clubes devem fornecer um contrato de trabalho aos seus atletas e pagar salários, além de garantir condições de trabalho adequadas e seguras. Além disso, a Ligue 1, principal liga de futebol do país, tem um acordo coletivo de trabalho com os jogadores que estabelece regras específicas sobre salários, bônus e outras questões trabalhistas.

### 6.1.10. Alemanha

Na Alemanha, a legislação trabalhista dos atletas profissionais é regida pela Lei de Contrato de Trabalho e pela Lei do Esporte. Os clubes devem fornecer um contrato de trabalho aos seus atletas e pagar salários, além de garantir condições de trabalho adequadas e seguras. Além disso, a Bundesliga, principal liga de futebol do país, tem um acordo coletivo de trabalho com os jogadores que estabelece regras específicas sobre salários, bônus e outras questões trabalhistas.

### 6.1.11. Rússia

Na Rússia, a legislação trabalhista dos atletas profissionais é regida pela Lei de Contrato de Trabalho e pela Lei do Esporte. Os clubes devem fornecer um contrato de trabalho aos seus atletas e pagar salários, além de garantir condições de trabalho adequadas e seguras. Além disso, a Premier League Russa, principal liga de futebol do país, tem um acordo coletivo de trabalho com os jogadores que estabelece regras específicas sobre salários, bônus e outras questões trabalhistas.

### 6.1.12. China

Na China, a legislação trabalhista dos atletas profissionais é regida pela Lei de Contrato de Trabalho e pela Lei do Esporte. Os clubes devem fornecer um contrato de trabalho aos seus atletas e pagar salários, além de garantir condições de trabalho adequadas e seguras. A Associação Chinesa de Futebol também estabelece regras específicas para o esporte, incluindo limites sobre a quantidade de jogadores estrangeiros que podem ser contratados pelos clubes.

### 6.1.13. Japão

No Japão, a legislação trabalhista dos atletas profissionais é regida pela Lei de Contrato de Trabalho e pela Lei do Esporte. Os clubes devem fornecer um contrato de trabalho aos seus atletas e pagar salários, além de garantir condições de trabalho adequadas e seguras. A J-League, principal liga de futebol do país, tem um acordo coletivo de trabalho com os jogadores que estabelece regras específicas sobre salários, bônus e outras questões trabalhistas.

### 6.1.14. Arábia Saudita

Na Arábia Saudita, a legislação trabalhista dos atletas profissionais é regida pela Lei de Trabalho Saudita. Os clubes devem fornecer um contrato de trabalho aos seus atletas e pagar salários, além de garantir condições de trabalho adequadas e seguras. A Liga Profissional Saudita de Futebol também estabelece regras específicas para o esporte, incluindo limites sobre a quantidade de jogadores estrangeiros que podem ser contratados pelos clubes.

## 6.2. Normas da FIFA e contrato de trabalho do atleta

A legislação trabalhista dos atletas profissionais varia de país para país, mas geralmente é regida por leis trabalhistas nacionais e leis específicas do esporte. Além disso, muitas ligas de futebol têm acordos coletivos de trabalho com os jogadores que estabelecem regras específicas sobre salários, bônus e outras questões trabalhistas.

É importante que os clubes respeitem essas leis e acordos para garantir que os atletas sejam tratados de forma justa e adequada em relação aos seus direitos trabalhistas.

A regulamentação trabalhista dos atletas de futebol é um assunto de grande importância para a FIFA, a organização responsável por regulamentar o esporte em todo o mundo. A entidade estabelece regras específicas para garantir que os jogadores sejam tratados de forma justa e adequada em relação aos seus direitos trabalhistas.

Uma das principais questões abordadas pela FIFA é o sistema de transferências de jogadores. A entidade estabelece regras claras para garantir que os jogadores sejam transferidos de forma justa e que recebam uma compensação adequada pelo seu trabalho.

De acordo com as regras da FIFA, os clubes devem pagar uma taxa de transferência aos clubes de origem dos jogadores quando os contratam. Além disso, a entidade estabelece regras sobre a duração dos contratos de jogadores, garantindo que eles não sejam mantidos em situações de trabalho forçado.

Outra questão importante abordada pela FIFA é a proteção dos direitos dos jogadores menores de idade. A entidade estabelece regras claras sobre a transferência de jogadores menores de idade, garantindo que esses jogadores não sejam explorados por clubes ou agentes. Além disso, a FIFA trabalha em conjunto com as autoridades governamentais para garantir que os jogadores menores de idade recebam uma educação adequada e possam conciliar o esporte com seus estudos.

A FIFA também estabelece regras sobre a compensação dos jogadores por seu trabalho. Os clubes devem pagar salários e outros benefícios aos seus jogadores, além de garantir condições de trabalho adequadas e seguras. A entidade também trabalha em conjunto com as ligas e os sindicatos de jogadores para estabelecer acordos coletivos de trabalho que estabeleçam regras específicas sobre salários, bônus e outras questões trabalhistas.

Em resumo, a regulamentação trabalhista dos atletas de futebol é um assunto de grande importância para a FIFA, que estabelece regras específicas para garantir que os jogadores sejam tratados de forma justa e adequada em relação aos seus direitos trabalhistas. Os clubes e as ligas devem respeitar essas regras para garantir que os jogadores sejam tratados de forma justa e adequada em relação aos seus direitos trabalhistas.

## 6.3. Da relação entre as normas

A FIFA, como a entidade máxima do futebol mundial, estabelece normas que são seguidas por todos os países e que garantem que os jogadores sejam tratados de forma justa e adequada em relação aos seus direitos trabalhistas. No entanto, é importante destacar que cada país tem suas próprias legislações nacionais que complementam as normas da FIFA e que são aplicadas de acordo com as leis e costumes locais.

Por exemplo, no Brasil, a legislação trabalhista estabelece regras específicas para o futebol, como a possibilidade de rescisão de contrato por justa causa quando o jogador se recusa a jogar sem justificativa, ou a exigência de pagamento do décimo terceiro salário e das férias com acréscimo de um terço do valor. Além disso, o Brasil possui um sindicato de jogadores profissionais, o Sindicato dos Atletas de Futebol do Estado de São Paulo, que negocia com os clubes e a Confederação Brasileira de Futebol (CBF) em busca de melhores condições de trabalho e salários para os jogadores.

Já na Inglaterra, a legislação trabalhista é regida pelo Employment Rights Act de 1996, que estabelece regras sobre contratos de trabalho, salários, férias, licenças, entre outros. Além disso, o país possui uma liga de futebol profissional, a Premier League, que estabelece seus próprios regulamentos para os clubes e os jogadores, em conjunto com o sindicato de jogadores profissionais, a Professional Footballers' Association (PFA).

Na Espanha, a legislação trabalhista é regida pelo Estatuto dos Trabalhadores, que estabelece regras sobre contratos de trabalho, salários, férias, licenças, entre outros. Além disso, o país possui uma liga de futebol profissional, a La Liga, que estabelece seus próprios regulamentos para os clubes e os jogadores, em conjunto com o sindicato de jogadores profissionais, a Asociación de Futbolistas Españoles (AFE).

Esses exemplos ilustram a importância de se levar em consideração as legislações nacionais de cada país, além das normas da FIFA, na regulamentação trabalhista dos jogadores de futebol. As normas da FIFA são importantes para estabelecer padrões mínimos para a proteção dos direitos dos jogadores, mas é preciso que cada país tenha suas próprias leis e regulamentos para garantir que esses direitos sejam respeitados e protegidos de acordo com a realidade local.

## Referências


ALEMANHA. *Arbeitsvertragsrichtlinien des Deutschen Fußball-Bundes (DFB)* e *Bundesurlaubsgesetz (BUrlG).*

______. *Lei do Trabalho (Arbeitsgesetz).* Disponível em: https://www.gesetze-im-internet.de/bundesrecht/arbg/gesamt.pdf.

ARÁBIA SAUDITA. *Labor Law* e *Saudi Arabian Football Federation Bylaws.*

ARGENTINA. *Lei de Contrato de Trabalho (Ley de Contrato de Trabajo).* Disponível em: https://www.argentina.gob.ar/sites/default/files/leycontrabaj.pdf.

BRASIL. *Consolidação das Leis do Trabalho (CLT).*

______. *Lei n. 9.615, de 24 de março de 1998.* Lei Pelé. Disponível em: http://www.planalto.gov.br/ccivil_03/leis/l9615consol.htm.

CHINA. *Labor Contract Law of the People's Republic of China* e *Administrative Measures for the Professional Football League* (2017).

DUVAL, A.; Van Rompuy, B. (2016). The Reform of Football Governance in Europe: Seizing the Opportunity. In: A. Duval; B. Van Rompuy (Eds.). *The Legacy of Bosman* (p. 15-30).

ESPANHA. *Real Decreto 1006/1985, de 26 de junio.* Por el que se regula la relación laboral especial de los deportistas profesionales.

ESTADOS UNIDOS. *National Labor Relations Act (NLRA)* e *Major League Soccer Collective Bargaining Agreement (CBA).*

FIFA. *Guidelines for Player's Agents.* 2021 edition. Disponível em: https://digitalhub.fifa.com/m/9abbc6fa01ec4d8c/original/FIFA-Guidelines-for-Players-Agents-2021_EN.pdf.

______. Regulations on the Status and Transfer of Players. 2021 edition. Disponível em: https://digitalhub.fifa.com/m/40d41ef3a28b8587/original/Regulations-on-the-Status-and-Transfer-of-Players-2021.pdf.

FRANÇA. *Code du Travail* e *Convention collective nationale du sport.*

HORNE, J. (2019). The Regulation of Football Labour Markets: Progress and Challenges. In: M. Garcia; S. Szymanski (Eds.). *Handbook on the Economics of Football* (p. 159-181). Edward Elgar Publishing.

INGLATERRA. *Premier League Handbook* e *English Football League Regulations.*

ITÁLIA. *Decreto Legislativo n. 276/2003* e *Contratto Collettivo Nazionale di Lavoro per gli atleti professionisti del calcio.*

JAPÃO. *Labor Standards Act* e *J. League Players Contract Regulations.*

MÉXICO. *Ley Federal del Trabajo.*

PARRISH, R.; GARCIA, B.; ANDERSON, J. (2013). The Bosman ruling, European Union law and the emergence of a new football economy. *International Journal of Sport Policy and Politics*, 5(2), 175-196.

PORTUGAL. *Código do Trabalho* e *Regime Jurídico das Federações Desportivas.*

RÚSSIA. *Federal Law on Physical Culture and Sport in the Russian Federation.*

SZYMANSKI, S.; KÉSENNE, S. (2004). Competitive balance and gate revenue sharing in team sports. *Journal of Industrial Economics*, 52(1), 165-177.

# 7

# Singularidades da Remuneração de Atletas Profissionais

*Homero Batista Mateus da Silva*[1]

## 7.1. Desambiguações e situação do tema

A Lei n. 9.615/1998 compreende ampla variedade de práticas esportivas, profissionais e não profissionais, individuais ou coletivas, mas se tornou mais conhecida pela parte em que trata da modalidade futebol, dada a importância que este esporte representa para o Brasil.

Refere ao desporto educacional, praticado nos sistemas de ensino e livre da alta competitividade, ao desporto de participação, de modo voluntário, para a integração na vida social, e ao desporto de rendimento, com a finalidade de obter resultados e expandir fronteiras.

O desporto de rendimento pode ser profissional, caracterizado pela remuneração, e não profissional, identificado pela liberdade de prática e pela inexistência de contrato de trabalho, ainda que possa, neste caso, envolver incentivos materiais e algumas modalidades de patrocínio.

Ao longo de numerosas diretrizes, a legislação trabalhista, em verdade, quase nunca se refere à palavra futebol. Fala-se em contrato de trabalho, em concentração preparatória para competições, viagens, transferências internacionais e jogos pela televisão, sem mencionar o substrato.

Quase ao encerramento, contudo, a norma esclarece que as exigências trabalhistas (regras de transferência, cláusulas contratuais, cláusulas penais e estipulação de seguro

(1) Desembargador do Tribunal Regional do Trabalho da 2ª Região. Professor da Faculdade de Direito do Largo de São Francisco.

contra acidentes pessoais) têm aplicação *obrigatória ao futebol e facultativa para as demais modalidades.*

Assim se considera que a norma clareou um pouco o panorama, ao dispor de regras para as práticas esportivas em geral e regras especiais para a modalidade do futebol em particular.

Cumpre notar que a lei trabalhista dos atletas apenas tangencia, sem disciplinar, as atividades que orbitam em torno das práticas esportivas, como o trabalho dos técnicos e a prestação de serviços autônomos pelos árbitros.

Afora a menção pelo art. 88 da Lei do Atleta, os *árbitros* vieram a ter sua profissão e associativismo reconhecidos pela Lei n. 12.867/2013, que nada refere quanto a vínculo de emprego tampouco. Presume-se que sejam autônomos e, no regime previdenciário, entram como contribuintes individuais.

Ao *técnico profissional de futebol* aplica-se a regra do contrato de trabalho por prazo determinado, sendo, no caso, o máximo de dois anos (Lei n. 8.650, de 22.04.1993, art. 6º).

Ao contrário da maioria das outras profissões, o contrato de trabalho do atleta profissional exige a forma escrita.

Não há piso salarial nem jornada de trabalho diferenciada, assegurando-se apenas o salário-mínimo nacional.

Segue-se o padrão trabalhista da Constituição de 1988, da CLT e das leis previdenciárias, exceto aquilo que for ressalvado por essa lei especial.

O contrato deverá conter cláusula indenizatória para o clube e cláusula compensatória para o atleta, disposições essas que não se coadunariam tampouco com o contrato verbal ou tácito.

No entanto, a ausência do contrato de trabalho escrito não poderá significar retirada dos direitos do trabalhador. A falha do clube, de não redigir as cláusulas contratuais, será tratada como mera irregularidade administrativa e não como forma de inibir o acesso do atleta aos direitos trabalhistas.

O contrato de trabalho do atleta profissional assume naturalmente o caráter de prazo determinado, pelas próprias peculiaridades da função – participação em torneios e campeonatos com data certa de início e de término, bem como partidas de exibição. Assim, a Lei n. 6.354/1976 previa um prazo determinado de três meses a dois anos, algo muito parecido com o contexto da Consolidação das Leis do Trabalho, mas esse dispositivo se encontra revogado, de forma expressa.

Em seu lugar se verifica o art. 30 da Lei n. 9.615, que menciona prazo de três meses a cinco anos.

Existem, ainda, dispositivos próprios para o primeiro contrato de trabalho do jovem atleta e para a primeira renovação. O art. 29 da Lei n. 9.615 preconiza o prazo máximo de cinco anos, em se tratando do primeiro contrato de trabalho do atleta profissional, maior de dezesseis anos. Para fins de renovação, após aquela primeira contratação, o prazo máximo do contrato de trabalho por prazo determinado é de três anos.

Não se aplicam ao atleta profissional de futebol, todavia, alguns dispositivos conhecidos da Consolidação das Leis do Trabalho sobre os contratos a termo, tais como a limitação máxima ao prazo de dois anos para contratos a termo, a regra de que contratos a prazo determinado somente podem ser prorrogados por uma vez, a indenização proporcional à metade do número de dias faltantes para o encerramento do contrato a termo encerrado prematuramente, sendo válidos os contratos a termo renováveis.

Com relação à idade mínima para a atividade atlética, a norma não discrepa da disciplina geral do Direito do Trabalho, mas contém algumas peculiaridades.

A legislação brasileira fixa em 14 anos a idade mínima para o aprendiz, 16 para o mercado de trabalho e 18 para atividades insalubres, perigosas, noturnas ou penosas.

A Lei do Atleta propõe ao adolescente de 14 a 20 anos o contrato de atleta não profissional em formação, o qual nós entendemos como uma modalidade de estágio, pelos seguintes fundamentos: a) a proposta do legislador é que não se forme vínculo de emprego; b) há referência expressa para a compatibilização com os horários escolares, exigência de frequência e de aproveitamento escolar e limitação a 4 horas de treinos por dia; c) poderá ou não haver pagamento de bolsa de aprendizagem (expressão que deveria ter sido evitada, para não se fazer confusão com o contrato de aprendizagem, que é uma modalidade *com* vínculo empregatício); d) o atleta deve estar coberto por apólice de seguro; e) a partir dos 16 anos, pode deixar esta fase embrionária e firmar contrato de trabalho com o clube, ou aguardar o momento oportuno.

Nesse sentido, não há conflito normativo.

A natureza jurídica do estágio se coaduna com a fase de preparo do estudante de ensino fundamental, médio ou superior.

Desvirtuamento do estágio pode gerar formação de vínculo de emprego, como em qualquer outro segmento, se houver comprovação de desvio da finalidade, carga horária estendida, prestação de serviços para outras áreas do clube e demais elementos configuradores das relações de emprego.

O contrato escrito, por si só, não produz presunção absoluta da lisura do estágio.

## 7.2. Multa ao atleta em dinheiro — Entre o passado e o presente

A legislação trabalhista admite que o poder diretivo do empregador inclua aplicação de sanções no âmbito do contrato de trabalho, sendo essa uma característica indissociável da formação do Direito do Trabalho e consequência direta da assimetria entre as duas partes em regime de subordinação.

As punições normalmente percorrem o caminho das advertências, da suspensão de 1 a 30 dias e da dispensa por justa causa.

Ao suspender o empregado, o empregador pode promover o desconto dos dias não trabalhados e demais consequentes, sendo essa a modalidade de punição que mais se aproxima da multa pecuniária.

No caso do atleta, portarias da década de 1940 e a legislação de 1976 autorizavam a aplicação de multa em dinheiro pelo empregador, contanto que limitada a 40% dos salários e, após, recolhida a fundos de amparo e formação de atletas, evitando-se a discussão sobre enriquecimento do empregador às custas do empregado.

Em 2011, no entanto, houve a revogação integral da legislação de 1976 e deixou de constar a autorização sancionatória na Lei do Atleta, o que nos leva a aderir à tese de falta de amparo legal para a multa, que passa a ser, também, matéria infensa à negociação coletiva sancionatória.

De fato, são muitos os dispositivos legais e os princípios trabalhistas que conspiram contra a multa pecuniária, ainda mais uma multa não prevista em lei, dificultando sua subsistência no ordenamento jurídico.

Porém, dadas as singularidades da lei especial do atleta, o debate segue aceso e existem fundamentos outros capazes de reavivar a penalidade.

Importante refletir um pouco mais a respeito para saber opinar.

São sensíveis alguns dos apelos doutrinários para a preservação do sistema de multas em dinheiro.

Muitos clubes continuam a aplicá-la e encontram amparo na doutrina especializada, sob fundamento do peso dos *usos e costumes* sobre o Direito do Trabalho e, também, pelo fato de que o contrato de trabalho do atleta é indissociável do vínculo acessório desportivo, razões pelas quais a multa pecuniária, sustenta-se, não deveria ser pautada pela régua da intangibilidade salarial (art. 7º, VI, da Constituição) ou da restrição a descontos salariais para hipóteses de danos causados ao empregador (art. 462 da CLT).

Reforça os fundamentos a alegação de que as modalidades convencionais de punição ao empregado, como a suspensão disciplinar, desatenderia à finalidade do contrato e desfalcaria a equipe, quando o mais importante era *ter o jogador presente*, mas devidamente sancionado por seu desvio.

Por exemplo, se ele for suspenso por 1 dia por ter faltado 1 dia, então teremos a perda daquele colega em 2 treinos — ou, tanto pior, a perda de jogos oficiais do campeonato

— o que causaria prejuízos irrecuperáveis para o clube, em meio à necessidade de sancionamento de sua desídia. Um impasse verdadeiro que se cria.

A multa pecuniária seria, por assim dizer, a única solução para se chamar a atenção do jogador recalcitrante e não acarretar prejuízos para o grupo e para as competições.

Um último argumento, menos explorado, me parece relevante: o art. 50 da Lei n. 9.615/2011 afirma que as multas disciplinares pecuniárias não podem ser aplicadas aos atletas não profissionais, o que pode representar que, a *contrario sensu*, elas podem ser aplicadas aos atletas profissionais.

De fato, o dispositivo assim redigido passa a impressão de incompletude.

Para os defensores da manutenção da multa por usos e costumes, o teto de 40% dos salários há de ser mantido, porque praticado por muitas décadas e porque evitaria lançar a punição em outra seara de problemas, como o limite mínimo de salário pago em dinheiro, que é de 30% segundo art. 82 da CLT.

Também o clube deve refrear descontos punitivos sobre a totalidade das verbas rescisórias, para não atrair a discussão sobre o teto de 1 remuneração para quaisquer deduções rescisórias (art. 477, § 5º, da CLT).

Para casos mais complexos ou para negligências reiteradas do atleta, talvez seja melhor o clube partir para o rompimento do contrato em vez de postergar a agonia com a multa em dinheiro.

Com a repercussão em tempo real das condutas dos atletas dentro e fora dos clubes, com a ubiquidade das redes sociais e o clamor popular em casos de comportamentos ofensivos, capazes de comprometer a imagem da própria agremiação, já não há mais espaço para as equipes dos panos quentes, que tantas vezes eram chamadas para gerenciamento de crises: a rescisão por justa causa é um espectro a ser estudado.

A rescisão por justa causa, que constava do art. 20 da Lei n. 6.354/1976, foi omitida da legislação superveniente, que faz menção apenas à rescisão por encerramento do prazo do contrato a prazo determinado ou pagamento de indenização ressarcitória, além da rescisão indireta por parte do atleta em caso de problemas afetos ao empregador (art. 28, § 5º, Lei n. 9.615/1998).

No entanto, é tranquilo sustentar que as modalidades de justa causa constantes do art. 482 da CLT seguem aplicáveis aos contratos de trabalho de atletas, pois se aplicam "ao atleta profissional as normas gerais da legislação trabalhista e da Seguridade Social, ressalvadas as peculiaridades constantes desta Lei", dispõe o art. 28, § 4º, da mencionada norma.

## 7.3. Remuneração do atleta: as luvas e os prêmios

A contraprestação básica dos serviços dos atletas é o salário, tal como para os demais empregados.

Os usos e costumes da profissão e sua forte exposição pública forjaram, ao longo dos anos, outras parcelas remuneratórias características da profissão.

A premiação em dinheiro para atrair o atleta e obter prioridade na contratação é chamada usualmente de luvas.

Há previsão de pagamento de luvas também para o técnico de futebol (Lei n. 8.650/1993, art. 6º) e para o peão de boiadeiro (Lei n. 10.220/2001, art. 2º, III).

Sustentamos a natureza jurídica *não salarial* das luvas por variados fundamentos.

De um lado, o pagamento tem efeito instantâneo, não se repetindo no tempo e no espaço. Nada tem de habitual nem pode ser considerado razoavelmente esperado pelo jogador para os meses vindouros. Sabe que já não poderá contar com aquela parcela, quitada apenas para aquele evento. Tem, assim, idênticas feições de um prêmio verdadeiramente ocasional, destinado a apenas uma oportunidade.

De outro lado, nem ao menos se poderia falar em contraprestação de serviços, a fim de se aferir a natureza salarial da parcela, porque, como já dito, este prêmio é pago antes mesmo de os serviços começarem. Trata-se de um raro caso em que, ainda nas tratativas contratuais, o empregador oferece uma bonificação ao empregado, como forma de cativá-lo. Desvincula-se o máximo possível da remuneração do trabalhador.

Portanto, não há falar em integração em férias e décimo terceiro salário, nem mesmo pelo duodécimo, como se faz com gratificações anuais.

Não comporá a base de cálculo de fundo de garantia nem do salário de contribuição previdenciária.

Entretanto, muita confusão é feita com essa parcela, provocando decisões judiciais conflitantes a respeito de sua natureza jurídica.

Há clubes, por exemplo, que parcelam as luvas ao longo de vários meses e não especificam o nome da parcela ou rubrica, o que, evidentemente, embaçará o conceito.

Pior ainda se ele pagar tudo dentro da mesma rubrica que o salário-base, sem detalhamento do que é a paga salarial e do que é a luva de incentivo, atraindo antigos preceitos da nulidade do *salário complessivo* ou englobado.

Serão remotas as chances de, ao depois, tentar explicar quanto de salário e quanto de luvas se escondiam na mesma alínea.

Outros clubes insistem na tese de que as luvas não fazem parte nem sequer do contrato de trabalho do empregado e o omitem da documentação, criando ruídos desnecessários. Não se deve ter receio de dizer que as luvas compõem a remuneração do atleta, mas não o salário, pois remuneração é o conjunto maior, contendo salários, indenizações e pagamentos feitos por terceiros.

Advirta-se que os prêmios mensais, oferecidos pelo empregador em toda e qualquer situação, costumam ser salários e nada têm de aleatórios. Quanto mais se tornam esperados e repetitivos, tanto mais se aproximam da natureza salarial.

Prêmios realmente ocasionais, destinados a grandes eventos na vida do clube e que deixam de ser pagos se a meta não for atingida, afastam-se da natureza salarial pela incerteza de seu recebimento e pelo fato de o empregado não poder contar com o valor.

A Reforma Trabalhista de 2017 realçou essa distinção (art. 457, § 3º, da CLT).

Não devemos nos impressionar tanto com o valor do prêmio para fixação de sua natureza jurídica: por exemplo, a conquista de um campeonato pode envolver prêmios superiores ao próprio salário do jogador, sem que isso seja desvirtuamento da norma.

Nesse sentido, a legislação de 1976 andava mal ao estabelecer valor-teto, o que já foi devidamente superado.

## 7.4. Remuneração do atleta por direito de arena

A expressão direito de arena vem da ideia de que os jogadores parecem gladiadores modernos em grandes espaços públicos, mediante ingressos pagos e direitos de transmissão adquiridos pelas emissoras de televisão.

Quanto maior o interesse despertado pelo público, melhores as condições de negociação dos contratos pelos empregados, mas também maiores os valores envolvidos na transmissão dos eventos.

Nos primórdios, a matéria não era cogitada.

Os jogadores se davam por satisfeitos por se fazerem conhecer, não havendo desenvolvimento no estudo do tema da exposição de sua imagem em público.

Aos poucos, amadureceu a tese de que os empregados mantêm um contrato de trabalho diretamente com o empregador e, na mesma atividade, mantêm relação com terceiros interessados naquela apresentação.

Não acho que seja errado fazer uma analogia com outras profissões que auferem salário do empregador e pagamentos adicionais por terceiros, porque em ambos os casos o contrato de trabalho é a oportunidade de ganho. Sem o contrato, não havia a exposição.

Assim, gorjetas, gueltas e arena são todas modalidades de pagamentos oportunizados pelo trabalho, mas não pagos pelo empregador.

Essa tese, porém, embora juridicamente consistente pela premissa da *oportunidade de ganho*, arrefeceu ao longo dos anos, porque, se houvesse prevalecido, atrairia a arena para o complexo de remuneração do empregado e poderia implicar incidência de fundo de garantia e repercussões em férias e 13º salário, como é próprio das gorjetas.

Prevaleceu a premissa de que a arena abarca, ao revés, a proteção ao direito de imagem, como uma forma de direito autoral ou de tutela jurídica do artista.

Assim, o pagamento feito pela emissora de televisão tanto mais se afasta do Direito do Trabalho e orbita em torno do chamado *vínculo desportivo* a que se refere o art. 42 da Lei n. 9.615/1998.

Nesse caso, o empregado deve apenas respeitar as disposições gerais sobre o imposto de renda sobre ganhos de qualquer natureza, sem nenhuma repercussão jurídica sobre as parcelas de índole trabalhista.

Deve-se evitar, no entanto, a prática da contraprestação habitual, em quantias mensais fixas, sem correspondência entre os pagamentos e o uso da imagem tampouco se deve admitir a prática da desproporcionalidade do valor contratado. Esses cenários podem ser considerados fraude à legislação trabalhista.

O fato de a emissora de televisão fazer o pagamento ao clube e, ao depois, o sindicato fazer o rateio entre os empregados serve para aumentar a confusão jurídica, mas não deveria impressionar, pois o mecanismo de pagamento jamais foi relevante para a estipulação da natureza jurídica da parcela.

O direito de arena se acha ligado ao direito de "transmissão de imagem do espetáculo", motivo pelo qual não há falar nesse pagamento no caso das rádios.

O direito de arena se aplica também às competições internacionais transmitidas nacionalmente. A única exigência é que haja realmente exploração da imagem do atleta, ou seja, os pagamentos decorram de transmissões ou exposição pública do atleta.

Há farta jurisprudência tendente à desconfiguração dessa parcela e incidência dos encargos trabalhistas e previdenciários para pagamentos que, conquanto feitos sob a nomenclatura de direito de arena, não encontram correspondência com a realidade dos fatos, seguem padrão mensal fixo de valor e caminha desatrelado de sequência de jogos ou de exibições públicas.

Por fim, importa saber que não se exige pagamento da fotografia jornalística ou da tomada geral do estádio e do momento de realização dos gols ou das principais jogadas, pois esses eventos são considerados meros "flagrantes" do espetáculo.

### 7.5. Seguro obrigatório

A doutrina especializada noticia que o seguro obrigatório, inserido no art. 45 da Lei do Atleta em 2011 se inspirou em norma do direito português, a qual, entretanto, estipula sanção pecuniária para o caso de descumprimento da contratação do seguro pela entidade desportiva.

Na forma como redigida, a norma brasileira silencia quanto às consequências da omissão do clube, provocando uma cisão na jurisprudência acerca das sanções cabíveis.

De um lado, sustenta-se que a simples omissão do clube, sem que o atleta tenha tido qualquer gravame, enfermidade ou acidente, não gera direito a nenhuma reparação pecuniária. O clube deixou de se precaver quanto a acidentes, mas o atleta tampouco experimentou qualquer anomalia. Indenização somente seria devida ao atleta em caso de acidente desprovido de assistência médica ou aquela que se fazia necessária.

De outro lado, há quem advogue a possibilidade de o atleta ser indenizado pela exposição ao risco desprotegido e sem a devida previdência do empregador. Neste caso, a falta de prudência do clube, que deixou o atleta atuar sem estar inserido numa apólice de seguro, daria ao empregado o direito de receber uma indenização, como forma de desencorajar a negligência do empregador e ressarcir o empregado da situação aflitiva em que esteve.

Se outro argumento falhar, pode-se pensar numa indenização pelos danos morais decorrentes da atuação desprotegida, ao arrepio da legislação.

No particular, caso se adote esta segunda tese, não seria de todo despropositado que se tome o próprio art. 45 como parâmetro para a fixação da indenização dos danos morais, à razão de doze vezes o salário mensal do trabalhador — dado que o parágrafo primeiro faz menção à remuneração anual do empregado como patamar mínimo da cobertura securitária.

### 7.6. Acionamento do poder judiciário para controvérsias sobre remuneração

Não se deve confundir o acionamento do Poder Judiciário para controvérsia sobre remuneração, o que é válido, com o acionamento sobre disciplina e competições, que a Constituição Brasileira excepciona e manda aplicar normas de arbitragem, extrajudiciais.

Daí por que o atleta aciona o empregador na Justiça do Trabalho para recebimento de salários atrasados, das modalidades de premiação prometidas e não pagas bem assim todas as questões complementares, sobre natureza jurídica, integrações e encargos previdenciários e fiscais.

Cuida-se de simples ação trabalhista fundada no art. 114, I, da Lei Maior.

Quanto ao acionamento do Poder Judiciário para dirimir conflitos *sobre disciplina e competições*, vigora a regra extraordinária da independência de organização e de funcionamento das entidades desportivas, que dirimem suas pendências internas normalmente fora da Justiça Estatal.

Por se tratar de uma forma alternativa de solução de conflito com nomeação de pessoas que funcionam como se fossem juízes, a figura mais próxima desse modelo é a arbitragem.

Porém, as organizações desportivas se valem da expressão "Tribunal de Justiça Desportiva" e "Superior Tribunal de Justiça Desportiva", o que pode induzir a erro o leigo, pois não se trata de parte componente do Judiciário.

Há efetiva previsão constitucional para a solução extrajudicial dos conflitos, neste particular.

Segundo o art. 217, §§ 1º e 2º, da CF/1988, "o Poder Judiciário só admitirá ações relativas à disciplina e às competições desportivas após esgotarem-se as instâncias da justiça desportiva, regulada em lei" e que "a justiça desportiva terá o prazo máximo de sessenta dias, contados da instauração do processo, para proferir decisão final".

Porque a Constituição Federal que consagra o princípio da inafastabilidade da apreciação do Poder Judiciário (art. 5º, XXXV), a explicação mais equilibrada para essa coexistência é aquela que admite que a própria Lei Maior abra exceções a seus institutos, mas não as leis infraconstitucionais. Essa explicação, entretanto, não se confunde com o acionamento da Justiça do Trabalho para dirimir conflitos trabalhistas entre o atleta e o clube.

Neste caso, não há previsão constitucional para postergar nem para inibir o acesso do Judiciário, ao contrário dos conflitos sobre competições, como acima se destacou no art. 217 da CF/1988.

## Referência

SILVA, Homero Batista Mateus da. *Direito do Trabalho Aplicado*. vol. 3: Saúde e do trabalho e profissões regulamentadas. São Paulo: Revista dos Tribunais, 2021. Cap. 17. p. 471-480.

# 8

# Direitos Humanos: Breves Reflexões no Âmbito do Esporte

*Luciana de Aboim Machado*[(1)]

É uma emoção escrever esse texto científico no livro em homenagem ao queridíssimo Prof. Domingos Sávio Zainaghi que tenho grande admiração não só pelo jurista de escola que é, pelo que representa de inspiração na academia, mas, sobretudo, pelo ser humano iluminado que faz a diferença na construção de uma sociedade mais justa e solidária. Agradeço a Deus por ter colocado esse irmão do coração na minha vida e estar compartilhando esse texto com o amor da sua vida que tenho grande apreço.

*Patrícia Reali Zainaghi*[(2)]

O meu primeiro contato com o Prof. Zainaghi aconteceu na graduação através de bibliografia complementar indicada pela minha primeira Profª de Direito do Trabalho. Muitos anos depois o reencontro foi através da obra pioneira: Os Atletas Profissionais de Futebol no Direito do Trabalho. Logo depois, o destino nos apresentou pessoalmente e a nossa união foi além do Direito. Há seis anos estamos unidos pelo amor e pelo matrimonio. A homenagem é merecida, o Prof. Zainaghi é um acadêmico inspirador, um educador nato, um homem extraordinário. É inevitável não se emocionar.

---

(1) Pós-doutora em Direito pela Universidade Federal da Bahia e pela *Università Degli Studi G. d'Annunzio* (Itália). Doutora em Direito do Trabalho pela Universidade de São Paulo-USP. Mestre em Direito do Trabalho e especialista em Direito do Trabalho e em Direito Processual Civil, todos pela Pontifícia Universidade Católica de São Paulo. Professora Associada III e Coordenadora do Programa de Pós-Graduação *"stricto sensu"* em Direito da Universidade Federal de Sergipe. Avaliadora de Instituição de Ensino Superior do INEP/MEC. Coordenadora da Rede de Pesquisa Direitos Humanos e Transnacionalidade. Consultora da *Ergon Associates* (London) em projetos da União Europeia. Vice-Presidente da *Asociación Iberoamericana de Derecho del Trabajo y de la Seguridad Social Guillermo Cabanellas*. Membro do Conselho de Direção do Mestrado em Direito Privado Europeu e do Pós-Doutorado da *Università Mediterranea de Reggio Calabria* (Itália) e do *Mediterranea International Centre for Human Rights Research — MIRCH*. ORCID: https://orcid.org/0000-0001-5724-6368.

(2) Mestranda em Direito Internacional pela Pontifícia Universidade Católica de São Paulo. Especialista em Direito Internacional pela Escola Paulista de Direito. Especialista em Direito Desportivo pela Escola Superior da Advocacia — ESA-SP. Auditora do Tribunal de Justiça Desportiva da Federação Paulista de Futebol. Advogada.

## 8.1. Introdução

O avanço da tecnologia e a transnacionalização causam impacto nas relações sociais, de sorte que a sociedade hodierna coincide, em muitas situações, com a época do liberalismo econômico, caracterizada por condições precárias de labor.

Malgrado essa identificação empírica no universo trabalhista, os sistemas jurídicos atuais incorporam valores ético-sociais, imprimindo significativa relevância aos direitos humanos fundamentais.

Nesse diapasão, emerge a necessidade de se conceber reconhecimento e eficácia aos direitos sociais dos esportistas no intento de implementar transformações no cenário social, sob o espeque dos princípios fundamentais imersos na Constituição Federal de 1988, dentre os quais sobressai a dignidade da pessoa humana, considerada como "pedra de toque" de nosso Estado Democrático de Direito.

Como se denota, o esporte respectivamente perpassa pela educação, saúde, lazer e trabalho, colocando o indivíduo no cenário central.

Neste sentido, como forma de garantir o respeito ao princípio da dignidade da pessoa e, com o objetivo de buscar soluções legais para a proteção dos atletas expostos a situações de discriminação, analisar o conjunto de instrumentos internacionais sob a ótica da ordem jurídica internacional e da *lex sportiva,* são imprescindíveis para que se afirme a prática desportiva como direito fundamental dos Direitos Humanos.

## 7.2. Dos direitos humanos fundamentais dos trabalhadores desportistas

O tema direitos humanos fundamentais dos trabalhadores tem ocupado, nas mais diversas esferas do conhecimento humano, espaço primordial em discussões e reflexões, indicando perspectivas variadas que levam à inferência de que o assunto é vasto e complexo, de sorte que delimitaremos a abordagem a aspectos relevantes atinentes ao desporto.

Inicialmente, registra-se que adotamos a terminologia direitos humanos fundamentais visa conceber destaque aos direitos humanos previstos em tratados internacionais e na Constituição Federal, constituindo conjunto de direitos imprescindíveis para o alcance da dignidade da pessoa humana.

É importante registrar, com Flávia Piovesan(3), que "os direitos humanos constituem um termo de uso comum, mas não categoricamente definido. Esses direitos são concebidos de forma a incluir aquelas 'reivindicações morais e políticas que, no consenso contemporâneo, todo ser humano tem ou deve ter perante sua sociedade ou governo', reivindicações estas reconhecidas como 'de direito' e não apenas por amor, graça ou caridade".

---

(3) *Direitos humanos e o direito constitucional internacional*. 7. ed. rev., ampl. e atual. São Paulo: Saraiva, 2006. p. 3.

Ao se abordar sobre direitos humanos fundamentais, deve-se ter presente a sua patente marca histórica, que se evidencia no seu desenvolvimento paulatino ao longo de séculos através do reconhecimento, pelos organismos internacionais e Estados, de bens jurídicos essenciais a serem tutelados.

Após a Primeira Guerra Mundial (1914-1918), diversos países, preocupados em atribuir novos rumos para a questão social, assinaram, em 1919, o *Tratado de Versailles* que, na parte XIII, criou a *Organização Internacional do Trabalho — OIT*, como sujeito de direito internacional de alto relevo para o progresso dos direitos humanos trabalhistas.

A atividade normativa da OIT, desde sua criação, importou em uma significativa juridificação das relações de trabalho pelos Estados, contribuindo para consagrar o *Direito do Trabalho* como um novo ramo da ciência jurídica.

Nesse período, a *Constituição Mexicana* (1917), a *Declaração do Homem Trabalhador e Explorado soviética* (1918) e a *Constituição Alemã* (1919) foram documentos pioneiros na constitucionalização dos direitos trabalhistas.(4)

Observa-se, por necessário, que a Constituição Mexicana foi a primeira a estabelecer a *desmercantilização do trabalho*, firmando o princípio da igualdade substancial de posição jurídica entre trabalhadores e empregadores na relação contratual de trabalho.(5)

No pós-Segunda Guerra Mundial (1939-1945), em decorrência das atrocidades cometidas, formou-se uma conscientização de que "a sobrevivência da humanidade exigia a colaboração de todos os povos, na reorganização das relações internacionais com base no respeito incondicional à dignidade humana".(6)

Destarte, foi aprovada pela Assembleia Geral das Nações Unidas, em 10 de dezembro de 1948, a *Declaração Universal dos Direitos Humanos*, constituindo um marco no "processo de reconstrução de direitos humanos".

A partir dessa Declaração adveio uma nova perspectiva dos direitos humanos de que são universais, indivisíveis e irrenunciáveis, que se formam e perduram ao longo da história.

Cuidando da concepção contemporânea dos direitos humanos, Flávia Piovesan(7) leciona:

---

(4) LEWANDOWSKI, Enrique Ricardo. A formação da doutrina dos direitos fundamentais. In: *Revista da Faculdade de Direito da USP*, v. 98, São Paulo, USP, 2003, p. 418.

(5) COMPARATO, Fábio Konder. *A afirmação histórica dos direitos humanos*. 4. ed. rev. e atual. São Paulo: Saraiva, 2005. p. 177.

(6) COMPARATO, Fábio Konder. *A afirmação histórica dos direitos humanos*, p. 210.

(7) Globalização econômica, integração regional e direitos humanos. In: *Direitos Humanos, Globalização econômica e integração regional:* desafios do direito constitucional internacional. São Paulo: Max Limonad, 2002. p. 41.

> Universalidade porque clama pela extensão universal dos direitos humanos, sob a crença de que a condição de pessoa é o requisito único para a dignidade e titularidade de direitos. Indivisibilidade porque a garantia dos direitos civis e políticos é condição para a observância dos direitos sociais, econômicos e culturais, e vice-versa. Quando um deles é violado, os demais também o são. Os direitos humanos compõem assim uma unidade indivisível, interdependente e inter-relacionada, capaz de conjugar o catálogo de direitos civis e políticos ao catálogo de direitos sociais, econômicos e culturais.

É, desse modo, que estabelece a *Declaração e o Programa de Ação de Viena*: "Todos os direitos humanos são universais, interdependentes e inter-relacionados. A comunidade internacional deve tratar os direitos humanos globalmente de forma justa e equitativa, em pé de igualdade e com a mesma ênfase".[(8)]

Nesse passo, há uma tendência para construção de uma cultura universal de direitos humanos, estando também consubstanciados nas Constituições dos Estados sendo de grande relevo a máxima eficácia dos direitos humanos dos trabalhadores, constituindo esteio para relações de trabalho.

Posto isso, pelo viés do esporte verifica-se que além da ordem jurídica internacional, também a *lex sportiva* repete princípios Fundamentais de Direitos Humanos que visa a proteção do atleta na esfera internacional.

Acerca do conceito de *lex sportiva*, expõe Patrícia Reali Zainaghi[(9)]:

> Com efeito, pode-se dizer que a *lex sportiva* é um conjunto de princípios gerais de direito e direito desportivo, regulamentos, normas internacionais e jurisprudência deliberadas pelos entes desportivos internacionais que são imprescindíveis para o desenvolvimento do sistema desportivo transnacional.

Neste sentido, a *lex sportiva* por meio de suas instituições como Comite Olímpico Internacional — COI, Federações Internacionais, Tribunal de Arbitragem do esporte — TAS e Agência Mundial Antidoping — AMA/WADA, através do seu sistema privado transnacional repetem princípios Fundamentais de Direitos Humanos que visa a proteção do atleta na esfera internacional.

---

(8) IKWA, Daniela; PIOVESAN, Flávia; ALMEIDA, Guilherme de; GOMES, Verônica. *Curso de Formação de Conselheiros em Direitos Humanos*, abr./jul. 2006. Realização: Ágere Cooperação em Advocacy. Apoio: Secretaria Especial dos Direitos Humanos/PR.

(9) ZAINAGHI, Domingos Sávio (Org.); Alessandra Christine Bittencourt Ambrogi de Moura, *et al.* Leme-SP: Mizuno, 2022. p. 351.

Outrossim, nesta estrutura internacional é importante destacar a Carta Olímpica, que se alinha aos preceitos de Direitos Humanos, na medida em que estabelece os seus princípio fundamentais do Olimpismo, senão vejamos:

> 1. O olimpismo é uma filosofia de vida que exalta e combina de forma equilibrada as qualidades do corpo, da vontade e da mente. Aliando o desporto à cultura e educação, o Olimpismo procura ser criador de um estilo de vida fundado no prazer do esforço, no valor educativo do bom exemplo, na responsabilidade social e no respeito pelos princípios éticos fundamentais universais.
>
> 2. O objetivo do Olimpismo é o de colocar o desporto ao serviço do desenvolvimento harmonioso da pessoa humana em vista de promover uma sociedade pacífica preocupada com a preservação da dignidade humana.
>
> 3. O Movimento Olímpico é a ação, concertada, organizada, universal e permanente, de todos os indivíduos e entidades que são inspirados pelos valores do Olimpismo, sob a autoridade suprema do COI. Estende-se aos cincos continentes. Atinge o seu auge com a reunião de atletas de todo o mundo no grande festival desportivo que são os Jogos Olímpicos. O seu símbolo é constituído por cinco anéis entrelaçados.
>
> 4. A prática do desporto é um direito do homem, Todo e qualquer indivíduo deve ter a possibilidade de praticar desporto, sem qualquer forma de discriminação e de acordo com o espírito Olímpico, que requer entendimento mútuo, com espírito de amizade, solidariedade e *fairplay*.
>
> 5. Reconhecendo que o desporto ocorre no contexto da sociedade, as organizações desportivas no seio do Movimento Olímpico devem ter direitos e obrigações de autonomia, que incluem a liberdade de estabelecer e controlar as regras da modalidade desportiva, determinar a estrutura e governança das suas organizações, gozar do direito a eleições livres de qualquer influência externa e a responsabilidade de assegurar que os princípios da boa governança são aplicados.
>
> 6. Toda e qualquer forma de discriminação relativamente a um país ou a uma pessoa com base na raça, religião, sexo ou outra é incompatível com a pertença ao Movimento Olímpico.
>
> 7. Pertencer ao Movimento Olímpico exige o respeito pela Carta Olímpica e ser dotado(a) do reconhecimento do COI.

A observância dos princípios fundamentais do olimpismo se faz relevante, e está na mesma baliza que os fundamentos dos Direitos Humanos, pois em ambos os sistemas a busca incessante é pela preservação da dignidade humana.

Assim sendo, os valores trazidos pela Carta Olímpica consistem ampla e perpetuamente no respeito pelos princípios éticos fundamentais universais, e através da prática esportiva o Olimpismo visa uma o desenvolvimento de uma sociedade pacífica sempre aspirando a preservação da dignidade humana.

## 7.3. Eficácia dos direitos humanos fundamentais nas relações sociais

Ao se falar em eficácia dos direitos humanos fundamentais, pode-se referir ao sentido de *eficácia jurídica*, que corresponde ao potencial de aplicabilidade da norma jurídica no mundo jurídico, e *eficácia social*, que diz respeito à efetiva aplicação da norma aos casos concretos. Destarte, a primeira se opera no plano jurídico e a segunda, na seara fática.

Nos escólios de Ingo Wolfgang Sarlet[(10)], *eficácia jurídica* revela a possibilidade (no sentido de aptidão) de a norma vigente (juridicamente existente) ser aplicada aos casos concretos e de — na medida de sua aplicabilidade — gerar efeitos jurídicos, ao passo que a *eficácia social* (ou efetividade) diz respeito tanto à decisão pela efetiva aplicação da norma (juridicamente eficaz), quanto ao resultado concreto decorrente — ou não — dessa aplicação.

Entrementes, a designação *eficácia* dos direitos humanos fundamentais é também aplicada, de outro mirante, no sentido de *âmbito*, *extensão* e *alcance*, resvalando na seguinte tipologia: *eficácia vertical*, que se refere ao seu alcance na relação Estado e particular, e *eficácia horizontal*[(11)], que alude a sua incidência no âmbito das relações sociais, vale dizer, entre os particulares.

A despeito dessa distinção relativa, a irradiação das normas de direitos fundamentais, há uma origem comum entre a eficácia vertical e a horizontal, na medida em que ambas surgem exatamente quando se constata a existência de um desequilíbrio nas relações sociais, respectivamente, entre particular e Estado (*eficácia vertical)* e entre particulares (*eficácia horizontal*).

Isso demonstra que os *direitos humanos fundamentais* formam o "estatuto jurídico dos cidadãos", sendo exigíveis nas relações *Estados x cidadãos* e *cidadãos x cidadãos.*

Sob o vértice da *eficácia vertical*, importa ressaltar que não basta o Estado se abster de violar os direitos humanos fundamentais, mas, também, deve assegurar as condições materiais mínimas para o exercício destes direitos. Por seu turno, a *eficácia horizontal* resvala a ingerência dos direitos humanos fundamentais nas relações privadas, limitando, inclusive, a autonomia privada individual ou coletiva dos trabalhadores.

Nessa senda, os contratos celebrados nas relações de desporto não possuem autonomia absoluta, devendo implementar os direitos humanos fundamentais estabelecidos em normas internacionais e constitucionais como mínimo existencial na vida laboral.

---

(10) SARLET, Ingo Wolfgang. *A eficácia dos direitos fundamentais.* Porto Alegre: Livraria do Advogado, 2010. p. 235.

(11) A par da nomenclatura eficácia horizontal, usam-se, também, na doutrina, os termos: privatização de direitos fundamentais, eficácia dos direitos fundamentais no direito privado, eficácia externa, aplicação horizontal, vinculação dos particulares, eficácia privada e eficácia perante terceiros.

Nesta perspectiva, cita-se o emblemático caso Bosman que trouxe uma mudança de paradigma, a efetividade dos Direitos Humanos se sobrepôs e de forma inédita no sistema desportivo e influenciou uma profunda alteração legislativa que pôs fim ao instituto do passe.

No entanto, vamos nos ater aos aspectos dos Direitos Humanos que foram basilares ao julgamento do caso.

Com base na descrição trazida por Eduardo Carlezzo[(12)], trata-se de uma relação de emprego do atleta Jean Marc Bosman, de nacionalidade belga com a agremiação *Royal Club Liégeois SA* (*RCL*), o início do contrato foi no ano de 1988 com previsão de término em 30.06.1990, onde percebia o valor mensal de 120.000 francos belgas.

Dois meses antes do término do contrato, o clube RCL ofereceu uma renovação do contrato por mais uma temporada, porém, aplicando uma redução de salário equivalente ao valor de 30.000 francos belgas, o que correspondia o mínimo determinado pela federação nacional.

Diante do óbice, Bosman não concordou com a proposta e foi inscrito na lista de transferências com o valor fixado em 11.743.000 francos belgas, valor que deveria ser pago pelo clube que tivesse interesse no passe do atleta, o que não aconteceu.

Em razão disso, Bosman estabeleceu um contrato com o clube francês Dunquerque da segunda divisão, com o salário mensal de 100.000 francos belgas, além de outras premiações. Essas condições estavam previstas para a transferência pelo prazo de um ano.

Assim, o clube belga RCL e o clube francês Dunquerque acordaram um contrato de transferência do atleta pelo prazo de um ano. Do acordo, foi condicionado o pagamento a título de compensação, pelo clube francês ao clube belga na cifra de 1.200.000 francos belgas; exigidos a partir do recebimento do certificado de transferência da federação francesa de futebol (vínculo desportivo).

Outrossim, o contrato também previa a opção de o clube francês adquirir em definitivo o vínculo do atleta pelo valor correspondente de 4.800.000 francos belgas.

No entanto, o clube belga não solicitou a expedição do certificado internacional de transferência junto a federação belga, o que tornou sem efeitos toda a tratativa do contrato.

Em seguida, o clube francês que detinha o passe do Bosman suspendeu-o, e o jogador Bosman ficou impedido por uma temporada.

(12) CARLEZZO, Eduardo. *Direito desportivo empresarial*. São Paulo: Ed. Juarez de Oliveira, 2004. p. 14-16.

Diante disso, Bosman ingressou com processos judiciais, entre outros fatores, arguiu um prejuízo na interpretação do art. 48 do Tratado de Roma, que afronta o direito de livre circulação dos trabalhadores na União Europeia.

Neste contexto, Eduardo Carlezzo(13) cita trecho da decisão prolatada pela Corte Europeia:

> "Se debe observar asmismo que, em cuaquier caso, para la aplicación de las disposiciones comunitárias relativas a la libre circulación de los trabajadores, no es necessário que el empleador tenga la condició de empresa, ya que el único elemento exigido es la existência de uma relacón laboral o la voluntad de estabelecer uma relación de esse tipo". Ainda, no que tange à liberdade de associação, segundo a Corte, " hay que reconocer que este principio, consagrado por el artículo 11 del Convenio Europeo para la Protección de los Derechos Humanos y de las Libertades Fundamentales, y que resulta de las tradiciones constitucionales comunes a los Estados miembros, forma parte de los derechos fundamentales que, según reiterada jurisprudência del Tribunal de Justicia, corroborada, por outra parte, por el preámbulo del Acta Europea y por el apartado 2 del artículo F del Tratado de la Unión Europea, están protegidos por el ordenamento jurídico comunitário."

Como demonstrado, o caso Bosman refletiu um resultado inédito na esfera da relação laboral desportista, o que sucedeu uma mudança de paradigma, a decisão da Corte Europeia viabilizou um avanço significativo no sistema desportivo que somente foi possível em razão do preceitos das normas internacionais.

## 7.4. ACNUR: e a inserção dos refugiados no esporte

A Agência da ONU para refugiados — ACNUR, tem como missão promover diversas políticas públicas para a proteção da população refugiada e apátridas.

Com o intuito de inclusão, a ACNUR fomenta diversas ações esportivas, no ano de 2016 em parceria com o Comite Olímpico Internacional — COI, pela primeira vez se criou um time formado por atletas refugiados.

Nesta toada, ACNUR Brasil também acompanha outros projetos como: Time de Atletas Refugiados Olímpicos e Paralímpicos; projeto Fútbol Sin Fronteras; Copa dos refugiados e Migrantes; Parceria com Santos FC; Campanha Dream Ball; Torneio Warao Kotibumo de Futebol e Vôlei, em Manaus e Vozes do Esporte #ComOsRefugiados.

(13) CARLEZZO, Eduardo. *Direito desportivo empresarial*. São Paulo: Ed. Juarez de Oliveira, 2004. p. 18-19.

Neste contexto, a ACNUR[14] busca incluir por meio do esporte pessoas vulneráveis que vivem como refugiadas e apátridas, assim se destaca os sesu objetivos:

Para as pessoas deslocadas de forma forçada por conflitos e perseguições, a prática de esporte é muito mais do que uma atividade de lazer. É uma oportunidade de estar socialmente incluído, de se sentir protegido e pertencente a um grupo social, abrindo um caminho de aprendizados.

> O ACNUR trabalha para utilizar todo o potencial das parcerias no campo dos esportes para promover condições que equilibrem o bem-estar físico e mental das pessoas refugiadas, assim como para apresentar a diversidade dessa população como meio de combate à discriminação e à desinformação.

Neste sentido, os objetivos promovidos pela ACNUR de inclusão através do esporte, de igual modo sempre foram fomentados pela Organização das Nações Unidas — ONU, que sucedem através de diversos documentos relacionando o esporte como meio essencial para o desenvolvimento do homem.

Desta forma, a Organização das Nações Unidas para a Educação, Ciência e Cultura — UNESCO, por intermédio da Conferência Geral da Organização das Nações Unidas para a educação, a ciência e a cultura, reunida em Paris para sua 20ª sessão, no dia 21 de novembro de 1978, promulgou-se a Carta Internacional da Educação Física, da Atividade Física e do Esporte[15], com escopo de difundir a prática desportiva como direito fundamental do homem.

Deste modo, o primeiro artigo da Carta assevera:

> Art. 1. A prática da educação física e do esporte é um direito fundamental de todos.
>
> 1.1. Todo ser humano tem o direito fundamental de acesso à educação física e ao esporte, que são essenciais para o pleno desenvolvimento da sua personalidade. A liberdade de desenvolver aptidões físicas, intelectuais e morais, por meio da educação física e do esporte, deve ser garantida dentro do sistema educacional, assim como em outros aspectos da vida social.

Como se vê, é indiscutível a necessidade de contemplar a prática do esporte como um direito fundamental ao homem, pois, este fenômeno é intrínseco a humanidade.

Além disso, os valores do esporte convergem com os princípios de Direitos Humanos, de modo que tal afirmação precisa ser levada ao debate a fim de preservar o respeito a dignidade humana.

---

(14) Disponível em: https://www.acnur.org/portugues/esportes/. Acesso em: 27 maio 2023.

(15) Disponível em: https://unesdoc.unesco.org/ark:/48223/pf0000216489_por>. Acesso em: 26 maio 2023.

## 7.5. Conclusão

A presente análise nos revela que o esporte é um fenômeno intrínseco da humanidade, por sua vez, está interligado com os princípios de Direitos Humanos.

Do ponto de vista dos instrumentos internacionais, a análise recíproca da ordem internacional e a *lex sportiva* se apresentam como essenciais na seara do desporto.

No entanto, diante de um conflito normativo como demonstrado pelo caso Bosman, os instrumentos sobre Direitos Humanos devem prevalecer a fim de resguardar o princípio da dignidade da pessoa humana.

## Referências

CARLEZZO, Eduardo. *Direito desportivo empresarial.* São Paulo: Editora Juarez de Oliveira, 2004.

COMPARATO, Fábio Konder. *A afirmação histórica dos direitos humanos.* 4. ed. rev. e atual. São Paulo: Saraiva, 2005.

IKWA, Daniela; PIOVESAN, Flávia; ALMEIDA, Guilherme de; GOMES, Verônica. *Curso de Formação de Conselheiros em Direitos Humanos*, abr./jul. 2006. Realização: Ágere Cooperação em Advocacy. Apoio: Secretaria Especial dos Direitos Humanos/PR.

LEWANDOWSKI, Enrique Ricardo. A formação da doutrina dos direitos fundamentais. In: *Revista da Faculdade de Direito da USP*, v. 98, São Paulo, USP, 2003.

PIOVESAN, Flavia. *Direitos humanos e o direito constitucional internacional.* 7. ed. rev., ampl. e atual. São Paulo: Saraiva, 2006.

______. Globalização econômica, integração regional e direitos humanos. In: *Direitos Humanos, Globalização econômica e integração regional:* desafios do direito constitucional internacional. São Paulo: Max Limonad, 2002.

SARLET, Ingo Wolfgang. *A eficácia dos direitos fundamentais.* Porto Alegre: Livraria do Advogado, 2010.

ZANINI, Flávia de Almeida de Oliveira (Coord. científica) e outos. *Sociedade Brasileira de Direito Desportivo:* estudos em homenagem ao Prof. Dr. Angelo Vargas. Belo Horizonte, São Paulo: D'Plácido,2021.

ZAINAGHI, DOMINGOS SÁVIO (Org.). *Direito Desportivo.* Leme-SP: Mizuno, 2022.

## *Fontes de internet*

https://unesdoc.unesco.org/ark:/48223/pf0000216489_por. Acesso em: 26 maio 2023.

https://www.acnur.org/portugues/esportes/. Acesso em: 26 maio 2023.

# 9

# O Esquecido § 1º-B do Art. 429 da CLT e sua Importância no Direito Desportivo

*Luis Guilherme Krenek Zainaghi*[1]

## 8.1. Introdução

Em 2017, foi publicada a Lei n. 13.420 de 13 de março de 2017, que alterou a CLT modificando os arts. 429 e 430 que tratam da aprendizagem. Essa lei trouxe uma importante inovação sobre o tema, criando uma espécie de aprendizagem desportiva, que poderia unir clubes profissionais e a iniciativa privada numa parceria de sucesso, e ainda abrindo novas oportunidades de emprego para diversos jovens, mas que, na prática, é raramente utilizada por todos, seja por uma possível inviabilidade prática, ou mesmo pelo desconhecimento de sua existência.

Assim, o presente artigo analisará as mudanças instituídas pela Lei n. 13.420/2017, e como sua aplicação poderia beneficiar a todos.

(1) Advogado. Graduado em Direito na Universidade Presbiteriana Mackenzie. Mestre em Direito do Trabalho pela PUC/SP. Pós-graduado em Direito Desportivo pelo *Instituto Iberoamericano de Derecho Deportivo* — IIDD/UNIFIA. Professor de Direito do Trabalho e Previdenciário da Faculdade da Associação Comercial de São Paulo-FAC/SP. Monitor e Entrevistador na Fundação Getúlio Vargas-FGV/SP. Membro da *Asociación Iberoamericana de Derecho del Trabajo y de la Seguridad Social*. Membro da Comissão Jovem da Academia Nacional de Direito Desportivo — ANDDJ. Membro da Sociedade Brasileira de Direito Desportivo-SBDD. Membro do Instituto Brasileiro de Direito Desportivo — IBDD. Membro e Coordenador da área de Direito Desportivo da Associação dos Advogados Trabalhista de São Paulo — AAT/SP (2018/2020). Auditor no Tribunal Disciplinar Paralímpico do Comitê Paralímpico Brasileiro — CPB. Procurador do Tribunal de Justiça Desportiva Antidopagem. Procurador-Geral do TJD da Associação Paulista de Futebol — APF. Procurador do TJD da Federação Paulista de Handebol. Procurador-Geral do TJD da Liga Nacional de Basquete. Procurador no TJD da Associação Aquática Paulista.

## 8.2. A aprendizagem

Inicialmente, cabe esclarecer de forma breve, os principais aspectos da aprendizagem; pois bem, a CLT prevê o contrato de aprendizagem no art. 424 e seguintes, como uma forma de inserção de jovens no mercado de trabalho.

Esse tipo de contrato possuis significativa peculiaridade, pois combina estudo com trabalho. Melhor esclarecendo, o aprendiz destina parte de seu tempo em aprender as atividades empresariais (objetivos educacionais) e parte de seu tempo executando as atividades na prática dentro de empresas.

O contrato de aprendizagem pode ser firmado com adolescente a partir dos 14 anos, até que complete 24 anos.

Com o objetivo de incentivar esse tipo de contratação, o legislador celetista determina que as empresas contratem aprendizes no percentual de 5% a 15% dos trabalhadores existentes em cada estabelecimento, cujas funções demandem formação profissional.

Vejam, portanto, que o número de aprendizes se trata de um percentual significativo do total de empregados, e, muitas empresas acabam tendo dificuldade em preencher a sua cota, e por isso, são alvos constantes de fiscalização e autuação por parte do Ministério Público do Trabalho.

Neste sentido, destacou o legislador nas exposições de motivo da referida lei, então PL n. 742/2011:

> "De acordo com os registros administrativos do Ministério do Trabalho e Emprego — MTE, consolidados a partir da declaração individual de cada empregador, se todas as empresas cumprissem o percentual mínimo a ser aplicado sobre o número de empregados cujas funções demandem formação profissional, deveríamos ter um mínimo de 1.220.628 (hum milhão, duzentos e vinte mil, seiscentos e vinte e oito) contratos vigentes (1) renováveis a cada um ou dois anos, a depender da especificidade do curso profissionalizante ofertado.
>
> Porém, a despeito de todos os esforços do MTE nos últimos anos, das iniciativas de instituições da sociedade civil e de empresas que já compreendem como um investimento sócio-econômico a inserção de adolescentes e jovens em contratos desta natureza, o número de contratos elevou-se de 133.973 em dezembro de 2008 e chegou a 31 de dezembro de 2010 a 196.016. Ou seja, apenas 16% do potencial calculado com base na última Relação Anual de Informações Sociais — RAIS 2009 disponível, estão recebendo formação profissional com proteção previdenciária e trabalhista."

## 8.3. Análise dos arts. 429 e 430 da CLT

Para uma continuidade do debate, é importante a citação dos arts. 429 e 430 da CLT, com as alterações promovidas pela Lei n. 13.420/2017 em destaque:

> Art. 429. Os estabelecimentos de qualquer natureza são obrigados a empregar e matricular nos cursos dos Serviços Nacionais de Aprendizagem número de aprendizes equivalente a cinco por cento, no mínimo, e quinze por cento, no máximo, dos trabalhadores existentes em cada estabelecimento, cujas funções demandem formação profissional.
>
> *a)* (revogada);
>
> *b)* (revogada).
>
> § 1º-A. O limite fixado neste artigo não se aplica quando o empregador for entidade sem fins lucrativos, que tenha por objetivo a educação profissional.
>
> *§ 1º-B Os estabelecimentos a que se refere o* caput *poderão destinar o equivalente a até 10% (dez por cento) de sua cota de aprendizes à formação técnico-profissional metódica em áreas relacionadas a práticas de atividades desportivas, à prestação de serviços relacionados à infraestrutura, incluindo as atividades de construção, ampliação, recuperação e manutenção de instalações esportivas e à organização e promoção de eventos esportivos.*
>
> § 1º As frações de unidade, no cálculo da percentagem de que trata o *caput*, darão lugar à admissão de um aprendiz.
>
> § 2º Os estabelecimentos de que trata o *caput* ofertarão vagas de aprendizes a adolescentes usuários do Sistema Nacional de Atendimento Socioeducativo (Sinase) nas condições a serem dispostas em instrumentos de cooperação celebrados entre os estabelecimentos e os gestores dos Sistemas de Atendimento Socioeducativo locais.
>
> § 3º Os estabelecimentos de que trata o *caput* poderão ofertar vagas de aprendizes a adolescentes usuários do Sistema Nacional de Políticas Públicas sobre Drogas — SISNAD nas condições a serem dispostas em instrumentos de cooperação celebrados entre os estabelecimentos e os gestores locais responsáveis pela prevenção do uso indevido, atenção e reinserção social de usuários e dependentes de drogas.
>
> Art. 430. Na hipótese de os Serviços Nacionais de Aprendizagem não oferecerem cursos ou vagas suficientes para atender à demanda dos estabelecimentos, esta poderá ser suprida por outras entidades qualificadas em formação técnico-profissional metódica, a saber:
>
> I – Escolas Técnicas de Educação;
>
> II – entidades sem fins lucrativos, que tenham por objetivo a assistência ao adolescente e à educação profissional, registradas no Conselho Municipal dos Direitos da Criança e do Adolescente.
>
> *III – entidades de prática desportiva das diversas modalidades filiadas ao Sistema Nacional do Desporto e aos Sistemas de Desporto dos Estados, do Distrito Federal e dos Municípios.*
>
> § 1º As entidades mencionadas neste artigo deverão contar com estrutura adequada ao desenvolvimento dos programas de aprendizagem, de forma a manter a qualidade do processo de ensino, bem como acompanhar e avaliar os resultados.

> § 2º Aos aprendizes que concluírem os cursos de aprendizagem, com aproveitamento, será concedido certificado de qualificação profissional.
>
> *§ 3º O Ministério do Trabalho fixará normas para avaliação da competência das entidades mencionadas nos incisos II e III deste artigo.*
>
> *§ 4º As entidades mencionadas nos incisos II e III deste artigo deverão cadastrar seus cursos, turmas e aprendizes matriculados no Ministério do Trabalho.*
>
> *§ 5º As entidades mencionadas neste artigo poderão firmar parcerias entre si para o desenvolvimento dos programas de aprendizagem, conforme regulamento.* (destacamos)

Da leitura dos artigos, percebe-se que o legislador facultou às empresas destinarem até 10% de sua cota de aprendizagem para as áreas desportivas. Ou seja, se uma empresa deve empregar vinte aprendizes, pode destinar dois deles a área desportiva.

Além disso, no inciso III do art. 430 da CLT o legislador equiparou os clubes a entidades técnicas de aprendizagem, qualificadas em formação técnico-profissional metódica, de modo que os clubes podem ensinar as atividades técnico-profissionais aos aprendizes.

Sobre este artigo, assim comentam Claudete Terezinha Queiroz e Miron T. Queiroz em CLT comentada coletivamente e coordenada pelo ilustre homenageado desta obra, Domingos Zainaghi:

> "O parágrafo acrescentado pela Lei n. 13.420/2017 criou mais uma hipótese de aprendizagem atípica (v. comentário ao art. 431). A formação técnico-profissional metodológica desses aprendizes dar-se-á pelas entidades de prática desportivas filiadas ao Sistema Nacional do Desporto e aos Sistemas de Desporto dos Estados, do Distrito Federal e dos Municípios (*v.* comentário ao inciso III do art. 430). As empresas têm a faculdade, e não a obrigatoriedade, de contratar aprendizes formados pelas citadas entidades, porém essa contratação é limitada em até 10% de sua cota, ou seja, 1,5% do número total de trabalhadores existentes em cada um de seus estabelecimentos, já que a cota máxima para contratação de aprendizes é de 15%, de acordo com o estabelecido no *caput* do art. 429. Mister destacar, por fim, que a prestação de serviços relacionados à infraestrutura, incluindo as atividades de construção, ampliação, recuperação e manutenção de instalações esportivas, em tese, pode corresponder a atividades insalubres e perigosas, sendo vedadas a aprendizes menores de 18 anos."(2)

---

(2) QUEIROZ, Claudete Terezinha; QUEIROZ, Miron T. In: *CLT interpretada artigo por artigo, parágrafo por parágrafo.* Organizador: Costa Machado. Coordenador: Domingos Sávio Zainaghi. 13. ed. Santana de Parnaíba-SP. Manole, 2022. p. 429.

Percebe-se, assim, que a formação técnico-profissional pode ocorrer nas entidades desportivas.

Num primeiro momento, pode parecer estranho esse tipo de situação. Contudo, vale lembrar que a aprendizagem tem por objetivo capacitar e inserir o adolescente/jovem no mercado de trabalho, e os clubes desportivos são destaque nesse tipo de situação.

Mais do que isso, o art. 227 da CRFB é claro ao afirmar que "É dever da família, da sociedade e do Estado assegurar à criança, ao adolescente e ao jovem, *com absoluta prioridade*, o direito à vida, à saúde, à alimentação, à educação, ao lazer, *à profissionalização*, à cultura, à dignidade, ao respeito, à liberdade e à convivência familiar e comunitária, além de colocá-los a salvo de toda forma de negligência, discriminação, exploração, violência, crueldade e opressão." (destacamos)

Ou seja, sendo dever do Estado em incentivar a profissionalização, nada melhor do que incluir nesta participação, as entidades de prática desportiva.

Além disso, como exposto alhures, a utilização dessa modalidade de aprendizagem pode ser benéfica para todos.

Para o aprendiz a vantagem é evidente, pois serão criados novos postos de trabalhos, facilitando o cumprimento das cotas de aprendizagem, garantindo uma formação técnica de qualidade, capacitando ainda mais os jovens.

Para as empresas privadas, estas poderão cumprir a sua cota de aprendizagem mais facilmente, evitando novas sanções e autuação. Além disso, poderão se valer desse mecanismo para estreitar suas relações com clubes, que notoriamente possuem um valor agregado muito grande.

Melhor explicando, ao realizar esse tipo de "parceria", qual seja, a empresa privada destina o seu aprendiz para formação profissional num clube, notoriamente acaba sendo uma "parceira" comercial do clube, o que pode ser um atrativo comercial, eis que evidentemente os clubes atraem a atenção das grandes mídias e de milhares ou milhões de torcedores.

Seria, portanto, uma grande oportunidade comercial para essas empresas, além de, como dito, preencherem a cota de aprendizagem, e ajudarem na formação da futura geração.

Para os clubes, a situação também é de vantagem, eis que receberá um profissional (aprendiz), cujo pagamento será feito por terceiro (empresa), ou seja, poderá capacitar uma pessoa, que eventualmente continuará a laborar o local, sem qualquer custo direto, apenas tendo o "custo" da formação, que é quase inerente a uma entidade desportiva.

Mais do que isso, o art. 431 da CLT dispõe expressamente que o profissional aprendiz não terá qualquer vínculo empregatício com o clube, *in verbis:*

> Art. 431. A contratação do aprendiz poderá ser efetivada pela empresa onde se realizará a aprendizagem ou pelas entidades mencionadas nos incisos II e III do art. 430, caso em que não gera vínculo de emprego com a empresa tomadora dos serviços.

Ademais, essa forma de contratação pode ir além, ficando ainda mais vantajosa para todos os envolvidos, pois o aprendiz pode ser encaminhado para uma formação desportiva.

Para isso, retorna-se à exposição de motivos da referida lei:

> Assim, no art. 2º, propõe-se alterar o texto do *caput* do art. 429 da CLT, permitindo que, além dos Serviços Nacionais de Aprendizagem, conhecidos como o Sistema S, e as escolas técnicas e entidades sem fins lucrativos, já autorizadas desde 2000, as entidades de prática desportiva das diversas modalidades, reconhecidas nas instâncias nacional e regionais de administração do desporto, conforme a Lei Geral sobre Desporto, LGSD conhecida como "Lei Pelé", possam cadastrar seus programas pedagógicos e serem reconhecidas como entidade habilitadas no Cadastro Nacional da Aprendizagem do Ministério do Trabalho e Emprego, ofertando cursos na área do esporte e afins.
>
> Para que esses cursos recebam matrículas de empregadores, independente da área econômica a que estejam vinculados, e os mesmos tenham a garantia de que esses contratos serão considerados como parte de sua obrigação legal de contratação de aprendizes, foi incluído parágrafo ao art. 429, permitindo que qualquer empresa possa destinar 10% da sua cota à formação de atletas e/ou de mão de obra qualificada para atividades de infra-estrutura, gestão, organização e promoção de eventos esportivos.

Da análise do trecho acima retirado da exposição de motivos, percebe-se que o legislador expressamente permitiu a destinação dos aprendizes a áreas relacionadas ao evento esportivo, tais como infraestrutura, organização, promoção, etc. Em especial em razão de se tratar de um projeto de lei criado visando aos eventos esportivos que ocorreriam futuramente no Brasil, quais sejam, a Copa do Mundo e Jogos Olímpicos. De modo que seria necessário e interessante a participação de jovens na condição de aprendizes na organização desses eventos, e de outros que possam ocorrer no país.

Contudo, o legislador foi além, e expressamente autorizou, tanto na justificativa, como ao citar no § 1º-B do art. 429 o termo "*práticas de atividades desportivas*", e na justificativa expressamente afirmou: *"permitindo que qualquer empresa possa destinar 10% da sua cota à formação de atletas"*.

Com isso, restou incontroverso, *data venia,* que as empresas podem se valer da sua cota de aprendizagem para formar atletas, incentivando a formação desportiva.

Essa situação novamente é muito benéfica para todos, pois, como já dito, a empresa pode se valer da participação de seu aprendiz-atleta em campeonatos, por exemplo, em ações de *marketing*, em especial diante do lucrativo mercado publicitário que envolve o esporte.

Além disso, o clube recebe um atleta para realizar a formação desportiva, com incentivo de um terceiro. E, por fim, o atleta pode receber um treinamento de qualidade, e um salário melhor. Considerando que muitos atletas recebem baixíssimas remunerações.

Esta situação, ainda, está alinhada com o art. 217 da CRFB, ao fomentar o desporto educacional e de formação, eis que este é o futuro do esporte no país.

Em nossa obra, já previmos essa possibilidade:

> "Diante dessa alteração, não existiria qualquer impeditivo legal para que uma empresa colocasse alguns de seus aprendizes (respeitando o limite de 10%) para receber uma formação desportiva num clube a fim de que o aprendiz se torne um atleta profissional.
>
> Ora, tal entendimento fica ainda mais evidente considerando que a maioria dos clubes não possui ensino técnico em outras áreas do desporto que não a formação de atletas, sendo que os demais profissionais do desporto (ex. preparadores físicos, gestores etc.), são formados em cursos especializados."(3)

Percebe-se, assim, que a utilização desse mecanismo da aprendizagem, seria muito benéfico ao desporto, criando novas formas de fomentar o desporto de formação, com incentivo das empresas, numa situação em que todos tem a se beneficiar.

## 8.4. Conclusão

Diante do exposto, no presente trabalho analisamos a inclusão do § 1º-B do art. 429 da CLT, no cenário dos grandes eventos esportivos que ocorreram no Brasil, mas que podem ser uma forma de inserir ainda mais os clubes desportivos na capacitação de profissionais.

---

(3) ZAINAGHI, Luis Guilherme Krenek. *A Formação desportiva e o direito do trabalho:* a criança e o adolescente no esporte- Leme, SP; Mizuno. 2021. p. 94.

No entanto, o artigo pode ir além, mas inserir as empresas na formação de atletas, destinando uma cota de até 10% dos seus aprendizes à formação desportiva, de modo que todos poderão se beneficiar deste tipo de trabalho.

Esperamos, assim, que tanto os clubes, como as empresas passem a se valer desse mecanismo para cumprir a cota de aprendizagem, além de criar mecanismo de progresso e evolução para os jovens, bem como em claro incentivo ao desporto e participação de jovens em todas as suas áreas, capacitando ainda mais o profissional desportivo, ou incentivando atletas a se tornarem profissionais.

## Referências

BRASIL. [Constituição (1988)]. *Constituição da República Federativa do Brasil de 1988*. Brasília, DF: Presidência da República. Disponível em: https://www.planalto.gov.br/ccivil_03/constituicao/constituicaocompilado.htm. Acesso em: 20 abr. 2023.

______. *Projeto de Lei n. 742/2011*. Autor: André Figueiredo – PDT/CE, disponível em: https://www.camara.leg.br/proposicoesWeb/prop_mostrarintegra?codteor=849642&filename=PL%20 742/2011. Acesso em: 20 abr. 2023.

*CLT interpretada artigo por artigo, parágrafo por parágrafo*. Organizador: Costa Machado. Coordenador: Domingos Sávio Zainaghi. 13. ed. Santana de Parnaíba-SP. Manole, 2022.

DELGADO, Mauricio Godinho. *Curso de Direito do Trabalho*. 19. ed. São Paulo: LTr, 2020.

SILVA, Homero Batista Mateus da. *CLT Comentada*. 3. ed. São Paulo. Thomson Reuters Brasil, 2021.

ZAINAGHI, Luis Guilherme Krenek. *A Formação desportiva e o direito do trabalho:* a criança e o adolescente no esporte. Leme-SP: Mizuno, 2021.

# 10

# Panorama General del Regimen Laboral de los Futbolistas Profesionales en el Perú

*Luis Serrano Díaz*[1]

## 9.1. Introducción

Ser futbolista profesional es un privilegio que pocas personas tienen, basadas en su talento y preparación, es una actividad que mueve multitudes y que brinda alegrías, sea porque somos hinchas de un club o por que juega la selección de nuestro país. Practicar el futbol de manera profesional, implica para el futbolista asumir responsabilidad y obligaciones, un régimen estricto de entrenamiento y disciplina. Hay que hacer notar que una característica ligada al deporte y al futbol en específico, es que la carrera de un futbolista dura pocos años los cuales deben ser aprovechados de la mejor manera, ahora bien nos preguntamos, que pasa luego que esta termina, quien se encarga de la seguridad social de ellos, existe una protección frente a las contingencias, de igual forma, que beneficios laborales les asiste y como se hacen efectivo, están regulados por la ley laboral, son algunos de los temas que desarrollaremos y responderemos en el presente artículo.

(1) Abogado Laboralista. Doctorando en la Universidad Nacional Mayor de San Marcos — UNMSM. Maestría en Derecho Constitucional y Derechos Humanos — UNMSM. Maestría Laboral-PUCP. Miembro asociado de la Sociedad Peruana de Derecho del Trabajo y de la Seguridad Social — SPDTSS. Past. Director General de Derechos Fundamentales y seguridad y salud en el trabajo del Ministerio de Trabajo y Promoción del Empleo. Inspector Supervisor de Trabajo-SUNAFIL Perú. Docente UNMSM. Posgrado en la Organización Internacional del Trabajo — OIT Turín Italia, en Trabajo Decente y futuro del trabajo. Estudios Avanzados en Derecho Social Universidad de Salamanca España USAL. Integrante: AIDTSS y de la comunidad CIELO. Expositor en el Congreso Mundial de SST en Singapur Asia. Autor de diversas publicaciones en materia laboral. Director de Seguridad y Salud en el Trabajo del Ministerio de Trabajo y Promoción del Empleo de Perú. Visitante distinguido en los países de México, Bolivia y Guatemala. Correo electrónico: drluisserranodiaz@gmail.com.

## 9.2. La relación laboral de los futbolistas profesionales con los clubes deportivos

En toda relación laboral tenemos la parte trabajadora y la parte empleadora, en este caso son los clubes quienes son los empleadores, en tal sentido quienes ejercen los poderes de dirección, control y sanción. Por otra parte, el futbolista es quien presta los servicios y configura la parte trabajadora. En ese sentido se genera el vínculo laboral entre ambas partes y consecuentemente, se generan obligaciones y derechos de ambas partes, las cuales están bajo el ámbito de las normas que rigen la actividad privada laboral, en el caso del Perú tenemos principalmente al D.S.003-97-TR (TUO del D. Leg. 728) Ley de Productividad y Competitividad Laboral y la normativa específica es la Ley n. 26.566, que regula el régimen especial de los futbolistas profesionales.

## 9.3. Aplicación supletoria del código civil en los contratos de los futbolistas profesionales

En nuestro ordenamiento las relaciones laborales se regulan principalmente por la norma D.S. 003-97-TR y por la norma específica, en el caso de los futbolistas por la Ley n. 26.566, Ley del Régimen Laboral del Jugadores de Futbol Profesional. Sin embargo, esta norma específica, en su artículo establece que de forma supletoria se aplica el Código Civil, vale decir aquellas situaciones que no están comprendidas por las leyes laborales, podrán pactarse en función del Código Civil, norma que aplica a prestaciones no subordinadas.

Así tenemos el artículo 1:

> Artículo 1. La relación laboral de los futbolistas profesionales con los Clubes Deportivos de Fútbol se sujeta a las normas que rigen la actividad privada, con las características propias de su prestación de servicios que establece esta ley.
>
> Son de aplicación supletoria las normas del Código Civil.

## 9.4. La Ley n. 26.566, ley del regimen especial de los jugadores de futbol profesional

La presente ley fue promulgada el 29 de diciembre de 1995, a efectos de regular la relación laboral de los jugadores de futbol profesional en el Perú, es una ley escueta que solo cuenta con nueve artículos y un a disposición final.

Es importante comentar que en el Perú no existe un código del trabajo, en tal sentido la legislación laboral es muy dispersa y amplia, tenemos distintas normas para un régimen general y también para los regímenes laborales especiales, es el caso de los futbolistas profesionales.

La Ley n. 26.566, define quien es el jugador profesional[(2)], regula en sus artículos temas de contratación de los futbolistas, el registro de los contratos, la seguridad social, los derechos y obligaciones que tienen, los deberes especiales de los clubes, el régimen de transferencias, etc.

En relación a la norma que data del año 1995, hace falta actualiza y también hace falta un reglamento que amplie y precise la aplicación de la Ley.

En cuanto a la aplicación o eficacia de la Ley, debido a las altas tasas de informalidad en nuestro país, en la práctica solo cumplen pocos clubes y jugadores.

## 9.5. La contratación de los futbolistas en la legislación peruana

La contratación de los jugadores de futbol profesional está regulada en la Ley n. 26.566, señala diferentes posibilidades de contratación, a plazo cierto o determinado, incluso para un número de actuaciones. Las partes en ejercicio de sus derechos son libres de determinar, las características de la contratación, la remuneración, y otros conceptos remunerativos, así como premios de ser el caso. Los artículos 4 y 5 de la ley se refieren a ello:

> Artículo 4. La relación laboral de los futbolistas es de duración determinada, pudiendo producirse la contratación por tiempo cierto o para la realización de un número de actuaciones deportivas que constituyan en conjunto una unidad claramente determinable o identificable en el ámbito de la correspondiente práctica deportiva. La prórroga de los contratos se dará por acuerdo expreso.
>
> Artículo 5. Los contratos deben celebrarse por escrito y registrarse ante la Federación Peruana de Fútbol y el Ministerio de Trabajo y Promoción Social. La Federación Peruana de Fútbol establece las reglas y normas para el registro de los contratos.
>
> En el contrato las partes pactan las remuneraciones, premios por partidos, seguro y demás conceptos retributivos, así como las causas de resolución del contrato acordes con la naturaleza del servicio.

Nuestra legislación exige la celebración por escrito de los contratos con los futbolistas y además que estos sean registrados ante el Ministerio de Trabajo. Aquí vemos que es similar a lo que otros países establecen, tal es el caso de Brasil.

Al respecto el especialista profesor Domingo Savio Zainaghi, nos expresa: "o contrato de trabalho deberá ser celebrado obrigatoriamente por escrito, sendo pois, vedado o verbal, mas isso para os chamados efeitos federativos, ou seja, para o registro na federação/CBF, pois a FIFA determina que so tenha condições de jogo o atleta que tiver seu contrato de trabalho debidamente registrado nesses órgaõs" (Zainaghi, 2015).

(2) Jugador profesional: Ley n. 26.566, Artículo. Son futbolistas profesionales los que en virtud de una relación establecida con carácter regular, se dedican voluntariamente a la práctica de futbol por cuenta y dentro del ámbito de organización y dirección de un club, a cambio de una remuneración.

En relación con otro tema de la contratación de futbolistas, nuestra Ley n. 26.566, es muy general, le hace falta desarrollar con mayor detalle, varios aspectos ligados a las características y condiciones del trabajo.

## 9.6. La promoción del deporte y los derechos laborales de los futbolistas profesionales

En el caso peruano la Constitución Política del Perú, promueve el deporte, así tenemos los arts. 14 y 175 que hacen mención a la promoción del deporte.

> Artículo 14. La educación promueve el conocimiento, el aprendizaje, y la practica de las humanidades, la ciencia, las artes, la educación física y el deporte. Prepara para la vida y el trabajo y fomenta la solidaridad.
>
> Artículo 175. Los gobiernos locales promueven el desarrollo y la economía local, y la prestación de los servicios públicos de su responsabilidad, en armonía con las políticas y planes nacionales y regionales de desarrollo.
>
> Son competentes para:
>
> (...)
>
> 8. Desarrollar y regular actividades y/o servicios en materia de educación, salud, vivienda, saneamiento, medio ambiente, sustentabilidad de los recursos naturales, transporte colectivo, circulación y tránsito, turismo, conservación de monumentos arqueológicos e históricos, cultura, recreación y deporte, conforme a ley.

En relación a la promoción del deporte Portugal también lo desarrolla con énfasis, desde la Constitución de la Republica Portuguesa, en su articulo 79 señala que todos tienen derecho a una cultura física y al deporte y establece que le incumbe al estado, con las escuelas asociaciones y colectividades promover estimular, orientar y apoyar la práctica y difusión de la cultura física y el deporte, así como prevenir la violencia en el deporte. Esto trajo todo un desarrollo normativo a nivel del gobierno central, regional y local.

El profesor Maria José Carvalho, señala: "Em Portugal para que este direito fundamental seja uma realidade foram desenvueltos varios instrumentos relativos para a su efectivação pelo poder público com atribução das respectivas competencias especificas neste dominio" (Maria José Carvalho, 2015).

En esa línea los derechos laborales referidos al deporte se recogen en la constitución de los diferentes países y se desarrollan diferentes normas tanto nacionales como internacionales generándose una *lex sportiva.*

Al respecto la advogada Patricia Reali, señala: "Com efeito, pode-se dizer que a lex sportiva é um conjunto de principios gerais de direito e direito desportivo, reglamentos, normas internacionais e jurisprudências deliberadas pelos entes desportivos internacionais que são imprescindiveis para o desenvolvimiento do sistema desportivo transnacional" (Reali, 2022).

Ahora bien, en el caso peruano a nivel normativo legal, la Ley n. 26.566, establece los derechos de los futbolistas profesionales, así tenemos los siguientes:

a. Descanso semanal, días feriados y descanso vacacional, de acuerdo a la naturaleza del contrato.

b. Explotación comercial de su imagen y/o a participar en la que el club haga de la misma.

c. Participación por su transferencia en el pago que realice el club adquirente.

d. Ocupación efectiva, no pudiendo, salvo el caso de sanción o lesión, ser excluido de los entrenamientos y demás actividades instrumentales o preparatorias para el ejercicio de la actividad deportiva.

## 9.7. Las obligaciones de los futbolistas profesionales

Como en toda relación laboral, además de derechos existen también obligaciones, es ese sentido algunas de las obligaciones que tienen los futbolistas son las siguientes:

a. Realizar la actividad deportiva para la que se le contrató, aplicando la diligencia específica que corresponda a sus personales condiciones físicas y técnicas, de acuerdo con las reglas de juego aplicables y las instrucciones de los representantes del club o entidad deportiva.

b. Concurrir a las prácticas de preparación y adiestramiento en el lugar y a la hora señalada por el club y concentrarse para las competencias cuando sea requerido.

c. Efectuar los viajes para intervenir en las competencias de conformidad con las disposiciones del club. Los gastos de transporte, hospedaje, alimentación y otros que sean inherentes al objeto del viaje son de cuenta del club.

d. Someterse a la disciplina de sus superiores y acatar sus órdenes e instrucciones, debiendo guardar la debida compostura en sus actividades deportivas, y cumplir los reglamentos locales, nacionales e internacionales.

e. Guardar en su vida privada un comportamiento compatible con el mantenimiento del eficiente estado físico y mental en su condición de deportista profesional.

f. Las que se establezcan en el contrato de trabajo y las que deriven de las normas legales, directivas y reglamentos.

## 9.8. La seguridad social de los futbolistas profesionales

Unos de los temas más importantes para todo trabajador es la seguridad social, y más en el ámbito de los jugadores, debido a que el tiempo que desarrolla su carrera es un número reducido de años, ante esta contingencia es muy necesario hacer uso de la seguridad social, cuya expresión tiene los ámbitos de la seguridad social en salud y la seguridad social en pensiones; en materia de salud está orientada a las atenciones tanto preventivas como de rehabilitación y en materia de pensiones tenemos que se expresa en las pensiones que el trabajador recibe luego de su vida útil, que pueden ser de un sistema privado o público.

Veamos la Ley n. 26.566, ella establece al respecto lo siguiente:

> Artículo 1. (...).
>
> Los futbolistas profesionales tienen derecho a la seguridad social en el régimen de prestaciones de salud y en el de pensiones, sea el Sistema Nacional de Pensiones o el Sistema Privado de Pensiones.

Es decir, en la ley reconoce expresamente este derecho fundamental.

## 9.9. El derecho colectivo de los futbolistas

El derecho colectivo, es un derecho fundamental reconocido en el ordenamiento internacional, así tenemos los convenios de la Organización Internacional del Trabajo OIT, C 87 — Convenio sobre la libertad sindical y la protección del derecho de sindicación (1948) y el C 98 — Convenio sobre el derecho de sindicación y negociación colectiva (1949), en el caso peruano ambos están ratificados y por tanto son vinculantes. El derecho colectivo también está reconocido y protegido a nivel nacional en la norma más importante, la *lex fundamentalis*, como es la Constitución Política del Perú de 1993, en su artículo 28[(3)].

Ahora bien, el derecho colectivo tiene un ejercicio relativo, debido a que las tasas de sindicalización son bajas en Perú, tanto en el ámbito privado como público.

En el caso de los futbolistas profesionales es mucho más baja aún, la organización a nivel de sindicatos y federaciones es muy reducida, en contraste con países vecinos como Brasil, Ecuador, Colombia, esto impacta en las condiciones de trabajo de los futbolistas, sobre todo en aquellos jugadores de clubes de regiones del Perú.

---

(3) Artículo 28. El Estado reconoce los derechos de sindicación, negociación colectiva y huelga. Cautela su ejercicio democrático: 1. Garantiza la libertad sindical. 2. Fomenta la negociación colectiva y promueve formas de solución pacífica de los conflictos laborales. La convención colectiva tiene fuerza vinculante en el ámbito de lo concertado. 3. Regula el derecho de huelga para que se ejerza en armonía con el interés social. Señala sus excepciones y limitaciones

## 9.10. Los deberes especiales de los clubes

Los clubes se constituyen en los empleadores, asumen los poderes de dirección control y sanción, el ejercicio de su facultad directriz tiene como contraparte el cumplimiento de deberes especiales, que la ley establece en su artículo 8 y 9:

a. Organizar y mantener un servicio médico y social para atender a los futbolistas. Los lugares de concentración y campos de juego donde se efectúen las prácticas deben reunir condiciones adecuadas de higiene y comodidades necesarias.

b. Proporcionar al futbolista que permanezca en las concentraciones previas a la competencia cuatro o más horas en el club o centro de entrenamiento, raciones alimentarias convenientemente balanceadas.

c. Las que se pacten en el contrato de trabajo y las que se deriven de normas legales y reglamentos.

> Artículo 9 – La transferencia de los futbolistas se rige por las normas de la Federación Internacional de Fútbol Asociado (FIFA) y las de la Federación Peruana de Fútbol.

Las partes podrán pactar el pago de una compensación por promoción o formación para el caso que, luego de la extinción del contrato, el futbolista estipulase uno nuevo con otro club, correspondiendo un pago al club de procedencia

## 9.11. Conclusiones

El régimen de los futbolistas profesionales está considerado como un régimen laboral especial en la legislación del Perú, estableciendo su contratación y condiciones de trabajo.

Los futbolistas peruanos tienen derechos laborales reconocidos por la Constitución Política del Perú y por la Ley n. 26.566, que explicita en relación al sistema pensionario, modalidad de contratación, beneficios, etc.

En la práctica, son pocos los clubes y jugadores profesionales, los que hacen uso de la Ley n. 26.566 a quienes les asiste los beneficios que la ley señala.

Hace falta la actualización de la Ley n. 26.566, que data de 1995, así mismo es necesario que se desarrolle, su articulado, mediante un reglamento específico.

Finalmente se debe tomar en consideración lo señalado en las constituciones de los estados y las diferentes normas internacionales, para la efectiva promoción del deporte de manera articulada, en los diferentes niveles del gobierno, central, regional y local, en coordinación con las asociaciones, clubes, escuelas, etc. Así en cuanto a la solución a los casos y situaciones controvertidas que derivan de la práctica del deporte a nivel internacional, se debe tener en cuenta la *lex sportiva*, en su sentido más amplio.

## Referências

CARVALHO, Maria José, C. J. (2015). O Direito fundamental ao desporto: políticas de implementação en municípios de Portugal e Moçambique. En U. I. Vega. *Anuario Iberoamericano de Derecho Deportivo* (págs. 83-99). Lima: Fondo Editorial de la Universidad Inca Garcilazo de la Vega.

REALI, P. (2022). Breves Reflexões Sobre a Ordem Juridica Internacional Desportiva e Sua Relação Com o Direito Brasileiro. En D. S. Zainaghi. *Direito Desportivo* (p. 97-104). São Paulo Brasil: Editora Mizuno, 2022.

ZAINAGHI, D. S. (2015). *Os Atletas profissionais de futebol no direito do trabalho.* São Paulo Brasil: LTr.

# 11

# Regulamentação dos *Sites* de Apostas Esportivas no Brasil

*Marcos Ibias*[1]

*Mônica Flauzino*[2]

## 11.1. Introdução

No dia 12 de abril do corrente ano a Comissão de Finanças e Tributação da Câmara realizou audiência pública para debater sobre a regulamentação de sites de apostas esportivas no Brasil.

O resultado foi a apresentação de diretrizes para o atual Governo editar Medida Provisória com a regulamentação do mercado de apostas esportivas, prevendo a cobrança de tributos e estabelecendo regras para operação no Brasil.

Desde dezembro de 2018, quando o então presidente Michel Temer sancionou a Lei n. 13.756/2018, a prática de apostas em quotas fixas, como é o caso das apostas esportivas, deixou de ser ilegal no país. A previsão legal de sua regulamentação, no entanto, deveria se dar em até dois anos, pelo atual Ministério da Economia, o que ainda não ocorreu.

---

(1) Advogado. Pós-Graduado em Direito e Processo do Trabalho pelo Instituto Processus. Presidente da Comissão Nacional de Direito Desportivo da ABA e membro da Comissão de Direito Desportivo da OAB/DF. Ex-assessor de Ministro no Tribunal Superior do Trabalho e Consultor de Direito Desportivo do programa *Boca no Trombone* da *Rádio e TV Bandeirantes*. Palestrante nacional e internacional.

(2) Presidente da Comissão Nacional dos Tribunais Superiores — ABA. Membro da Comissão de Direto Desportivo da OAB da Barra da Tijuca/RJ. Membro da Comissão de Empreendedorismo da OAB/RJ. Membro da AATSP — Associação dos Advogados Trabalhistas de São Paulo. Membro do IAB — Instituto dos Advogados Brasileiros.

Na prática, é possível, mesmo estando no Brasil, operar em casas de apostas *online*, estabelecidas no exterior, segundo a regulamentação aplicável naquela jurisdição. Isso porque, as casas de apostas ainda não podem operar no Brasil por falta de regulamentação.

Atualmente, os sites de apostas eletrônicas esportivas são hospedados em outros países, sobretudo em paraísos fiscais, o que significa que o Brasil perde uma importante fonte de receita para o Estado, além de outros efeitos positivos decorrentes de sua regulamentação, como a criação de empregos, o desenvolvimento de ambientes seguro para as apostas e combate ao jogo ilegal e à lavagem de dinheiro.

As empresas de apostas esportivas que denominamos de *"bets"* atuam no Brasil apenas no desenvolvimento do *marketing*.

## 11.2. Histórico de apostas esportivas no Brasil

As apostas eletrônicas no Brasil possuem um histórico marcado por avanços, desafios e debates. Ao longo dos anos, o país tem passado por um processo de regulamentação e modernização nesse setor, acompanhando as tecnológicas e a demanda dos apostadores.

As apostas esportivas, no nosso país, têm uma história que remonta a muitos anos. Uma das formas mais tradicionais de apostas esportivas é o jogo do bicho, que surgiu no final do século XIX e ainda é popular em algumas regiões. Embora seja ilegal, o jogo do bicho é amplamente aceito, principalmente em grandes centros urbanos.

Contudo, com o advento da internet e o crescimento exponencial do acesso à rede de computadores, as apostas eletrônicas passaram a se tornar as mais populares.

As primeiras casas de apostas online floresceram na década de 1990, oferecendo a oportunidade de realizar palpites em eventos esportivos e jogos de cassino de forma virtual.

No entanto, durante muitos anos, a legislação brasileira não acompanhou o avanço tecnológico nesse setor. As apostas eletrônicas permaneceram em uma espécie de "área cinzenta", sem regulamentação clara. Tal fato gerou debates sobre a legalidade das apostas online, com diferentes interpretações jurídicas e posicionamentos contraditórios. Enquanto alguns defendiam a segurança dessas atividades, outros acreditavam que era necessário criar um arcabouço legal para garantir a segurança dos jogadores e arrecadação de impostos.

A falta de regulamentação também levou a um ambiente propício para a atuação de sites de apostas de não licenciados, o que representou riscos para os apostadores. Além disso, havia a preocupação com a lavagem de dinheiro e a integridade das competições esportivas, uma vez que a ausência de fiscalização adequada permitia a prática de atividades ilegais.

Sendo assim, até recentemente, as apostas esportivas no Brasil eram ilegais, exceto em casos de loterias e jogos de azar sob o controle da Caixa Econômica Federal.

Porém, em 2018, a Lei n. 13.756 foi aprovada, legalizando as apostas esportivas no país. No entanto, até então, a regulamentação da lei ficou a cargo de cada Estado, o que significa que as regras e regulamentos podem variar de um ente para outro. Atualmente, somente poucos estados brasileiros, como São Paulo e Rio de Janeiro, possuem uma regulamentação específica para as apostas esportivas, enquanto outros tantos ainda estão trabalhando na elaboração de regulamentos.

Como exemplo, temos que o Estado de São Paulo promulgou a Lei estadual n. 16.177/2016, que regulamenta as apostas esportivas no âmbito do seu território. O Estado do Rio de Janeiro, de igual maneira, promulgou sua própria lei, a Lei estadual n. 8.803/2019, que trata da regulamentação das apostas esportivas eletrônicas. Ambas as leis estabelecem requisitos e procedimentos para a operação de plataformas de apostas esportivas nos respectivos estados.

Em resumo, as apostas eletrônicas no Brasil têm uma história curta e tumultuada. Porém, a partir da aprovação do Projeto de Lei que legalizou as apostas esportivas, o mercado de apostas eletrônicas apresentou rápido e consistente crescimento, carecendo, contudo, de efetiva regulamentação para oferecer mais segurança a apostadores, jogadores e entidades esportiva.

## 11.3. Medida provisória regulamentadora das apostas esportivas

Diante do crescimento desordenado do mercado de apostas no Brasil, com o aumento da criação de sites pouco idôneos, com a ausência de arrecadação de tributos e com as crescentes suspeita de manipulação de resultados, evidente a necessidade de regulamentação do setor.

Neste contexto, o Governo Federal, pelo Ministério da Fazenda, está finalizando a regulamentação das apostas esportivas por meio eletrônico no Brasil, conhecidas como mercado de "bets". A decisão procura regulamentar uma área de interesse público, com o estabelecimento de regras claras e garantindo uma nova fonte de receita para o país.

A proposta de Medida Provisória, é oriunda, como dito, do Ministério da Fazenda, mas foi encaminhada aos Ministérios coautores da medida – Planejamento, Gestão, Saúde, Turismo e Esportes — com o objetivo de garantir maior confiança e segurança aos apostadores, em virtude da transparência das regras e da fiscalização.

Após avaliação e assinatura das pastas, a proposta será encaminhada à Casa Civil. A partir desse processo, os Ministérios terão a possibilidade de editar portarias para criar mecanismos que evitem e coíbam os casos de manipulação de resultados.

A Medida Provisória estabelece, por exemplo, que para manter suas atividades legais, as empresas que pretendem atuar no ramo de apostas esportivas terão, necessariamente, que possuir sede no Brasil. Em caso contrário, serão proibidas inclusive, de constar como patrocinadores de clubes e atletas em competições esportivas. Ainda, as empresas não habilitadas incorrerão em práticas ilegais e estarão proibidas de realizar qualquer tipo de publicidade, inclusive em meios digitais.

Ainda, a MP prevê que a licença para a atuação das empresas no país seja inicialmente de cinco anos a fim de que o Governo possa avaliar como se desenvolve o mercado legalizado no Brasil. Caso seja verificada melhoria no setor, licenças mais longas poderão ser concedidas.

No âmbito tributário, a Medida Provisória prevê que a arrecadação incida não só sobre as empresas que atuam no setor, como também entre os apostadores e seus ganhos.

Além disso, a arrecadação proveniente das taxas e impostos será destinada a áreas importantes, como segurança pública, educação básica, clubes esportivos e ações sociais. O total da arrecadação será dividido de forma a beneficiar diversos setores da sociedade.

Há, ainda, a previsão de criação de uma Agência Regulamentadora que ficará responsável pela fiscalização do mercado, coibindo a prática de irregularidades, inclusive no que toca à manipulação de resultados.

Esta entidade será responsável pela análise de documentos para aprovação ou não do credenciamento das empresas de apostas no país, bem como acompanhará o volume de apostas e a arrecadação, garantindo maior controle sobre o mercado de apostas esportivas de quota fixa.

A MP estabelece que as empresas de apostas deverão promover ações informativas e preventivas de conscientização de apostadores e de prevenção do transtorno do jogo patológico. A iniciativa visa a garantir a saúde mental dos apostadores, evitando que as apostas se transformem em um vício.

As diretrizes relacionadas à comunicação, publicidade e *marketing*, como horários de veiculação de propagandas e formatos de anúncios *online*, serão desenvolvidas em colaboração com o Conselho Nacional de Autorregulação Publicitária (Conar). O objetivo é assegurar que as práticas de *marketing* sejam responsáveis e éticas, promovendo um ambiente de apostas seguro e regulamentado.

Em conclusão, a previsão de uma Medida Provisória que estabelece regras para as apostas esportivas no Brasil representa um marco significativo na regulamentação desse setor. A MP busca trazer clareza e segurança jurídica para os operadores, apostadores e jogadores, ao estabelecer diretrizes e requisitos específicos para a realização de apostas esportivas de forma legal e controlada.

Além disso, a iniciativa visa combater atividades ilegais e garantir a proteção dos consumidores, estabelecendo controle e supervisão adequada. Com a MP, espera-se promover o crescimento do mercado de apostas esportivas de maneira responsável, impulsionando a economia, o entretenimento e oferecendo aos apostadores uma experiência segura e confiável.

## 11.4. Considerações finais

É nesse contexto de incertezas que a regulamentação ganhou força no último mês.

A boa notícia é que a Medida Provisória prometida pelo Governo caminha a passos largos para sua implementação e, ao que tudo indica, a regulamentação do setor de apostas é vista, de modo geral, como positiva. Entretanto, há ainda pontos de negociação junto ao Governo a serem endereçados nos próximos dias.

Entre eles, estão o percentual incidente sobre a arrecadação auferida pelo Estado a ser destinado ao sistema esportivo, os parâmetros sob os quais funcionará o licenciamento das marcas de propriedade intelectual das entidades para que estas sejam expostas nos sites de aposta, o uso dos dados e das estatísticas gerados pelos jogos pelas empresas do setor, e os impactos das regras impostas pelo Governo sobre os atuais contratos de patrocínio vigentes.

Por fim, uma importante providência aguardada pelo setor é o estabelecimento de regras que busquem coibir e penalizar casos de manipulação de resultados envolvendo os jogos em relação aos quais as apostas acontecem. Tanto clubes, quanto empresas de *betting* apontam para o interesse comum na implementação de um sistema rigoroso nesse aspecto, e que se assemelhe às práticas de mercado já consolidadas internacionalmente.

Como próximos passos, os clubes devem se organizar para apresentar ao Governo um pleito comum relacionado a todos esses temas, buscando que as preocupações sejam endereçadas no texto.

Todos os esforços são válidos na regulamentação do setor que cresce a cada dia e que pode vir a representar um dos maiores mercados da nossa economia, gerando inúmeros empregos e arrecadando valores importantes para serem aplicados em ramos cruciais para o país. A normatização é bem vinda, desde que feita com seriedade, coerência, praticidade e que vise ao bem comum.

## Referências

https://exame.com/bussola/avancos-na-regulamentacao-e-tributacao-dos-sites-de-apostas-esportivas-no-brasil/. Acesso em: 11 maio 2023, 11h00.

https://www.camara.leg.br/noticias/952244-governo-devera-editar-medida-provisoria-para-regulamentar-apostas-esportivas/. Acesso em: 11 maio 2023, 10h00.

# 12

# Um Direito do Trabalho Desportivo para as Mulheres: Quando será no Brasil?

*Rafael Teixeira Ramos*[1][2]

## 12.1. Introdução

O reconhecimento e homenagem a grandes juristas, como este livro realiza em vida a um daqueles acadêmicos e profissionais mais expoentes do Direito do Trabalho Desportivo, Eminente Professor Domingos Sávio Zainaghi, são sempre de valores inestimáveis, pois nos inspira a continuar evoluindo, amadurecendo na missão comum de todos nós: o aprimoramento do Direito como instrumento de transformação social positiva.

Obras coletivas deste nível motiva a prosseguir, incessantemente, os deveres de juristas (operadores, pesquisadores jurídicos), assim como o homenageado tão bem representa em vossas sublimes passagens humanas, ora nas funções de magistério, ora nos exercícios advocatícios.

(1) Doutorando em Ciências Jurídico-Empresariais. Mestre em Ciências Jurídico-Laborais. Pós-Graduado em Ciências Jurídico-Laborais. Pós-Graduado em Direito do Desporto Profissional, todos pela Faculdade de Direito da Universidade de Coimbra — FDUC. Graduado pela UNIFOR. Professor de Direito do Trabalho e Direito Civil (Contratos) do Centro Universitário Christus — UNICHRISTUS. Advogado e Consultor Jurídico de Atletas, Agentes Desportivos, Federações e Clubes. Titular da Cadeira no 48 da Academia Nacional de Direito Desportivo — ANDD. Membro fundador da Sociedade Brasileira de Direito Desportivo — SBDD.

(2) Este texto é dedicado ao amigo, grande Professor e Causídico, Domingos Sávio Zainaghi, como se espelha nos primeiros parágrafos da introdução, mas também é em homenagem a duas amigas Doutorandas em Ciências Jurídico-Empresariais pela Faculdade de Direito da Universidade de Coimbra, Niedja Santos, investigadora bolsista da FCT e jurista, Paula Locatelli Nunes, consultora na área de Direito de Propriedade Intelectual, ambas foram inspirações para a produção deste trabalho.

Nessa ordem, afigura-se uma honra inenarrável e uma incomensurável felicidade, compor tão seleto grupo de coautores que homenageiam o Insigne Pós-Doutor Domingos Sávio Zainaghi. Nessas escritas manifestam-se todas as reverências e saudações transcendentais ao homenageado, que acima de tudo é um grande amigo de bons exemplos humanos para os jovens juristas.

Precisamente sobre o conteúdo do texto, o estudo do direito do trabalho no esporte é sempre muito dinâmico e apresenta questões especiais, *sui generis*, identificadas pela própria doutrina tradicional que costuma envidar esforços na pesquisa e escrita desta ramificação jurídica.

Nesse escopo, esta abordagem se concentra em exposições tópicas ainda pouco exploradas ou recentemente mais evidenciadas dentro do dinamismo do trabalho no esporte: a igualdade material entre mulher e homem no acesso ao regime jurídico trabalhista desportivo; entendimentos sobre a isonomia remuneratória entre mulheres e homens no futebol; jogadoras profissionais e o direito à maternidade, ou seja, uma rogação jurídica pelos direitos trabalhistas das mulheres na prática do desporto profissional feminino no Brasil.

## 12.2. Atleta mulher e o seu direito à igualdade de acesso ao regime jurídico do trabalho desportivo

O regime jurídico do trabalho desportivo brasileiro envolve indistintamente a mulher e o homem, inexiste qualquer norma jurídica do trabalho no esporte do Brasil que realize distinção sobre a aplicação de direitos trabalhistas desportivos mínimos entre mulheres e homens.

A iniciar pela Lei Suprema, mulheres e homens são materialmente iguais para o acesso aos direitos humanos fundamentais (art. 5º, I, da CF/88)[3], dentre os quais se encontram a plena liberdade de qualquer trabalho, ofício ou profissão (ter meios de alcance ao trabalho, permanecer trabalhando ou até mesmo a abdicar/mudar de trabalho — arts. 5º, XIII, 6º, da CF/88) e a proteção mínima dos direitos trabalhistas desportivos (arts. 7º a 11 da CF/88 c/c art. 217, *caput*, III, da CF/88).[4]

Percebe-se que, em dimensões de trabalho desportivo, em nenhuma norma constitucional se averigua quaisquer espécies de discriminação ou falta de igualdade entre mulheres e homens, ao contrário, o art. 217, III, da CF/88, consubstancia o princípio da

(3) Direitos humanos fundamentais — nomenclatura atual de preferência, empregada por Guilherme Guimarães Feliciano, referenciando o seu autor José Joaquim Gomes Canotilho. In: FELICIANO, Guilherme Guimarães. *Por um processo realmente efetivo:* tutela processual de direitos humanos fundamentais e inflexões no "*Due process of law*". São Paulo: LTr, 2016. p. 315.

(4) Sustentação auxiliar em LOCKMANN, Ana Paula Pellegrina. Discriminação contra as mulheres no esporte — breves considerações. In: OLIVEIRA, Leonardo Andreotti Paulo de (Coord.). *Direito do trabalho e desporto*. vol. II. São Paulo: Quartier Latin, 2015. p. 70-71.

diferenciação entre a prática desportiva profissional e não profissional, o que jamais deve ser confundido com a divisão de categoria entre mulheres e homens.[5]

A categorização entre mulheres e homens exerce uma função de possibilitar a igualdade material para fins competitivos, levando-se em consideração a estruturação corpórea natural. Porém, nada impede, de acordo com a evolução humana que um dia se repense a divisão entre categoria feminina e masculina ou se crie modalidades esportivas mistas. Por isso mesmo, o art. 217, III, da CF/88 dispõe sobre a questão de recursos e tratamentos diversificados entre os desportos profissionais e não profissionais, em nada se referindo às questões de gênero na prática do desporto.

Na mesma esteira, a Lei n. 9.615/98 (Lei Pelé) sempre abrangeu o futebol feminino, já que além de não fazer discriminação de gênero, é inconstitucional qualquer interpretação de Lei que imponha critérios discriminatórios negativos contra as mulheres, mormente o direito de ter acesso ao trabalho e a todos os demais direitos trabalhistas constituídos com a relação empregatícia.[6]

Entretanto, como a realidade demonstrou práticas discriminatórias contra a mulher no esporte,[7] o legislador brasileiro começou com alguns relampejos normativos que protegem o direito da mulher trabalhar no desporto. Ainda que timidamente, este é o pronunciamento do art. 4º, X, da Lei n. 13.155/15 (Lei do Profut) que determina um investimento mínimo de manutenção do futebol feminino, como condição para os clubes usufruírem de todo o programa de recuperação financeira.[8] Atualmente, o art. 1º, *caput*, § 2º, I, da recente Lei n. 14.193/21 (Lei da SAF) prevê expressamente a obrigatoriedade de os dirigentes estruturarem o profissionalismo no futebol feminino, sem qualquer distinção em relação ao masculino.

Assinale-se que, essas normas de ordem pública não servem apenas aos clubes que se transformarem em Sociedade Anônima do Futebol, mas também aos que continuarem como associações sem fins econômicos, assumindo a posição de um preceito

(5) Vale recordar os ensinamentos escritos do imortal professor MELO FILHO, Álvaro. *Desporto na nova constituição*. Porto Alegre: Sergio Antonio Fabris Editor, 1990. p. 19-30.

(6) Aporta-se em: Independentemente dessa distinção meramente quantitativa, o preceito constitucional da igualdade é o parâmetro para a aplicação da lei infraconstitucional, que não poderá fazer ´distinção de qualquer natureza'. MARTINS, Leonardo. Direito fundamental à igualdade. In: SARLET, Ingo Wolfgang; STRECK, Lenio Luiz; MENDES, Gilmar Ferreira. *Comentários à constituição do Brasil*. São Paulo: Saraiva/Almedina, 2013. p. 222-223.

(7) Atesta-se em: "E ainda verificamos uma reiterada conduta discriminatória contra as mulheres no esporte, como vítimas de preconceitos e estereótipos sexistas, principalmente, nas atividades desportivas tidas como 'masculinizadas', no lúcido texto de Ana Paula Pellegrina Lockmann." LIMA, Firmino Alves. Discriminação no direito do trabalho desportivo — breves comentários. In: OLIVEIRA, Leonardo Andreotti Paulo de (Coord.). *Direito do trabalho e desporto*. vol. III. São Paulo: Quartier Latin, 2016. p. 103.

(8) Retrata-se em ABTIBOL, Armineyde; SERRANO, Igor Rafael Galhardo. O futebol feminino no Brasil e nos Estados Unidos: diferenças e semelhanças. In: VARGAS, Angelo (Org.). *Direito desportivo:* diversidade e complexidade. Belo Horizonte: Casa da Educação Física, 2018. p. 246.

referência contra a prática discriminatória entre a categoria profissional masculina e feminina.[9] Todavia, são normas sem prescrição de sanções, o que explica a lenta disposição dos dirigentes brasileiros em evoluir a prática futebolista feminina.

Os reflexos lógicos dessa estruturação profissional no futebol feminino é que agora a Lei é mais expressa e direta no sentido de não tolerar a negação ou discursos dos próprios clubes de inviabilidade de constituição do Contrato Especial de Trabalho Desportivo (CETD) com as atletas mulheres, sob qualquer argumento, as impedindo de ter o direito ao vínculo empregatício (acesso ao trabalho subordinado).

O art. 1º, *caput*, § 2º, II, da Lei da SAF explicita ainda que, no objeto social de exploração econômica do futebol, deve estar incluso o desenvolvimento de formação profissional da categoria feminina, reforçando o art. 29 e pugnando pela incidência do art. 29-A para as mulheres, algo que depende também de boas práticas do movimento associativo desportivo (federativo).

Impende destacar ainda que, o sistema federativo do futebol (FIFA, localmente CBF), desde 2017, já pressionam os clubes locais a adotar em sua governança corporativa (licenciamento de clubes e *fair play* financeiro) a estruturação de equipes principais e de bases da categoria feminina[10], resultando, paulatinamente, na profissionalização, bem como na contratação de jogadoras sob o vínculo do CETD.

## 12.3. Isonomia remuneratória entre mulheres e homens no futebol

Um êxito de relevância na reivindicação das jogadoras profissionais de futebol nos Estados Unidos da América é a igualação recente das remunerações entre mulheres e homens que servem à seleção do país. O anúncio foi publicado há poucos meses pela própria entidade máxima do futebol norteamericano.

O caso não revela matéria de relação empregatícia, mas sim conteúdo de trabalho *lato sensu* mais afeito à prestação de serviço nos termos do *civil rights* norteamericano ou de natureza civil, contida no Código Civil no caso brasileiro.

De fato, segundo se afirma e reafirma ao longo dos anos em aulas de pós-graduação e agora de maneira escrita no livro "*Curso de Direito do Trabalho Desportivo*", segunda edição de 2022 pela Editora Juspodivm, no vínculo de jogadoras e jogadores convocados para defender a seleção nacional do país não há o implemento de todas as características de uma relação de emprego (trabalho subordinado), o que impossibilita a sua existência.

(9) Dificuldades de realização do profissionalismo no futebol feminino brasileiro muito bem reportada em *idem*, p. 253-262.

(10) Verifica-se em MORAIS, João Bosco Luz de. Licenciamento de clubes de futebol no Brasil. *Revista Academia Nacional de Direito Desportivo (ANDD)*. Rio de Janeiro: Mavi Editora, p. 36-45, jul./dez. 2017.

Tal convocação das atletas mulheres e homens não circunscrevem uma relação de emprego desportivo mediante contrato especial de trabalho desportivo, contudo desenha uma relação jurídica civil de certa forma estável, que até provoca a interrupção típica no vínculo empregatício desportivo entre jogadores e clubes durante a prestação de serviços às seleções nacionais (no exemplo do Brasil, previsão no art. 41, § 1º, da Lei n. 9.615/98).

No caso dos Estados Unidos da América, o pronunciamento oficial da *US Soccer* é bastante forte, tendo em vista que além de estabelecer a igualdade (isonomia) retributiva entre jogadoras e jogadores, também predetermina um orçamento de indenização de 24 milhões de dólares para um grupo de atletas mulheres, incluindo ex-jogadoras da seleção nacional do país que sofreram discriminação remuneratória nos idos das últimas décadas, por questão de gênero.

Ainda no plano estadounidense, a isonomia remuneratória é substancialmente de justa medida, pois é cediço que no futebol local as mulheres possuem muito mais conquistas pela seleção nacional, prestígio social e até suas competições são tão interessantes quanto a dos homens.

Portanto, a posição enérgica da *US Soccer* repara uma discriminação retributiva sobre gênero com muita dignidade humana, equidade, equilíbrio e justa medida, representa uma referência para as demais federações e confederações de outros países.

No Brasil, embora o vínculo atlético com as seleções nacionais em todas as modalidades esportivas não constituam liame empregatício, conforme o já exposto acima, não deixa de ser paradigma em nosso sistema jurídico o art. 7º, XXX, da CF/88 ao delinear: "*proibição de diferença de salários, de exercício de funções e de critério de admissão por motivo de sexo, idade, cor ou estado civil*". A CLT em seu art. 5º arremata há muitos anos: "*A todo trabalho de igual valor corresponderá salário igual, sem distinção de sexo*" (aplicação subsidiária na lacuna da Lei Pelé – art. 28, § 4º).[11]

Se for pela análise exclusivamente civil, vale ressaltar que na contratação civilista se deve cumprir o princípio da dignidade da pessoa humana, da igualdade material de gênero, da equivalência material das partes, da função social dos contratos e da boa-fé objetiva (arts. 1º, III, 5º, *caput*, I, XXIII, 170, III, da CF/88 c/c arts. 11 a 21, 113, 187, 421 e 422, do CC). Isso significa realçar a isonomia retributiva que deve preponderar entre homens e mulheres, senão ao menos cultivá-la, aspirá-la, seja em uma vinculação jurídica trabalhista, seja em uma celebração jurídica civil.[12]

---

(11) A respeito da isonomia salarial, vale averiguar a construção jurisprudencial pautada na Lei Superior e na CLT em MANUS, Pedro Paulo Teixeira; ROMAR, Carla Teresa Martins. *Consolidação das leis do trabalho com interpretação jurisprudencial:* convergente, divergente, extensiva, restritiva. São Paulo: RT, 2013. p. 34-37.

(12) Suporte na doutrina lusitana de XAVIER, Bernardo da Gama Lobo. *Manual de direito do trabalho*. 4. ed. Lisboa: Rei do Livros, 2020. p. 899.

No entanto, é importante lembrar que igualdade, equivalência material para o direito tem uma canalização de medida de equilíbrio, justiça, mérito, medida ajustada a cada realidade e não pressupor ou impor uma isonomia que não existe.

Nessa dimensão, é injustificável do ponto de vista da realidade que as confederações ou federações convocadoras estabeleçam retribuições e premiações com valores fixos diversos entre mulheres e homens, pois a modalidade esportiva praticada é a mesma, o que existem são apenas categorias de gêneros: disputas somente entre mulheres ou somente entre homens dentro de uma mesma espécie de desporto.(13)

Os critérios de remuneração e premiação devem até ser organizados em planos de retribuição por conquistas das competições ou de certas classificações/pontuações, mas simplesmente pagar menos por questão de gênero se revela uma discriminação remuneratória entre homens e mulheres.

Admite-se que, alguns patrocinadores/investidores possam direcionar mais retribuição a algum ou alguns jogadores ou jogadoras, mas essa predileção surge em decorrência da exploração econômica da imagem da atleta ou do atleta que propaga melhor a atividade econômica do investidor/patrocinador, jamais pode ser forçoso à confederação (federação em alguns países) realizar distinção retributiva em derredor exclusivo do gênero.

Sendo assim, todas as confederações desportivas brasileiras, incluindo a do futebol deveriam seguir o mesmo exemplo norteamericano e dissipar uma injustiça histórica contra as mulheres no esporte brasileiro.

No terreno das relações empregatícias desportivas, que na situação brasileira é constituída por via do contrato especial de trabalho desportivo (art. 28 da Lei Pelé), os clubes empregadores deveriam se preocupar em organizar melhores critérios de igualdade remuneratória, pois quaisquer desigualdades só se justificariam diante dos contratos de imagem mediante cotação de uso da imagem de uma certa jogadora ou jogador no mercado e do percentual do direito de arena pelo valor da transmissão da competição em si.

Em relação ao salário base, como no Brasil é explícito e totalmente sabido que os salários dos jogadores são registrados em valores bem ínfimos em comparação aos recebidos pelos contratos de imagem, então, cada vez mais se tornará injustificável pagar bem menos às mulheres em face dos homens.

---

(13) Realidade retratada por Ana Paula Pellegrina Lockmann: Entretanto, apesar de nas últimas décadas ter havido uma evolução no papel feminino no mundo do desporto, verifica-se que ainda está muito longe do ideal se compararmos com o tratamento dado ao esporte masculino. Com efeito, na categoria feminina o salário é mais baixo, há pouco interesse dos clubes esportivos, menor visibilidade da mídia em geral. LOCKMANN, Ana Paula Pellegrina. Discriminação contra as mulheres no esporte — breves considerações. In: OLIVEIRA, Leonardo Andreotti Paulo de (Coord.), *op. cit.*, 2015, p. 70-71.

Rememore-se que clubes detêm como principal objeto econômico a explanação da modalidade praticada, independentemente do gênero. Aliás, esta é a nova referência normativa contida no art. 1º, *caput*, § 2º, I e II, da Lei n. 14.193/21 (Lei da Sociedade Anônima do Futebol), já referenciado em tópico anterior.

Em síntese, será cada vez menos aceitável os abismos salariais existentes entre homens e mulheres no futebol profissional ou qualquer desporto. Contudo, a discriminação de remuneração por gênero não tem um campo fértil apenas no segmento econômico do esporte,(14) está arraigada em quase todas as atividades humanas do brasileiro, é inerente a uma cultura, tradicionalmente discriminatória, sexista e racista.(15)

## 12.4. Jogadoras profissionais e o direito à maternidade

O direito social à maternidade não é exclusivo da mãe, ao contrário é um direito humano fundamental pertinente a toda uma sociedade, transcendendo o gênero feminino, diz respeito à natureza humana de procriar e de promover a continuidade da espécie.

Clarividente que, a depender do país, pela quantidade de tempo estabelecido para a licença maternidade, a mulher necessita mais concentradamente do período licenciado, uma vez que necessita recompor o seu estado biopsicofísico, transformado pela gestação e o parto.

É exemplo do narrado acima, o ordenamento jurídico português em que há anos denomina o referido direito de licença parental, segundo os arts. 33º a 54º do Código do Trabalho (CT) de Portugal e não licença maternidade. O art. 43º do CT lusitano trata até mesmo da "Licença Parental Exclusiva do Pai".(16)

Isto revela que o período de afastamento do emprego para cuidar do recém-nascido pode ser revezado entre a mãe e o pai, e não é apenas um direito ou atribuição exclusiva da mãe, a incluir os casos de falecimento da mulher e outros que a impede de participar dos primeiros meses de vida do filho.

---

(14) No esporte brasileiro essa cultura histórica está demonstrada no lapidar texto de MEDEIROS, Heloisa Schmidt Fernandes; BOTELHO, Caio Werneck Mochado; KUHN, Gabriela Valente Lima. A luta por reconhecimento no processo de institucionalização do direito à luz do esporte: um estudo sob a perspectiva de gênero. In: REGIS, Erick; SAINZ, Victor. *Diálogos sobre direito desportivo* — desporto e contemporaneidade. Rio de Janeiro: Editora Processo, 2022. p. 29-46.

(15) No tocante à dificuldade de se solidificar de vez, na sociedade hodierna, a paridade salarial entre mulheres e homens, investigar SILVA, Homero Batista Mateus da. *CLT comentada*. São Paulo: Thomson Reuters Brasil, 2019. p. 19-20.

(16) Tudo sobre o essencial acerca da licença parental em Portugal, encontra-se em MARECOS, Diogo Vaz. *Código do trabalho comentado*. 4. ed. Coimbra: Almedina, 2020. p. 154-199.

Notícia recente trouxe a informação de que as jogadoras da Super Liga e Segunda Divisão do futebol profissional da Inglaterra receberão o direito de licença maternidade remunerada e o auxílio para doenças de longo prazo.(17)

Na Alemanha, o direito à licença maternidade é regulado por normas estaduais e da Liga Profissional, obrigando aos clubes a arcarem com a sua remuneração e onerosidade toda do período de afastamento da mãe jogadora.(18)

O art. 18-Quarto do atual estatuto e regulamento de transferência de jogadores da FIFA busca resguardar a licença maternidade remunerada ao prevê-la como ônus dos clubes empregadores, estabelecendo presunção de rescisão indireta (despedida indireta) caso a entidade desportiva empregadora dispense a atleta durante o período de gravidez, com os consectários econômicos atinentes, além de fixar a sanção de impedimento de registro de novas jogadoras por dois períodos consecutivos de transferências (*two transfer windows*), equivalentes a uma temporada inteira.(19)

A normatização trabalhista pública e federativa, específicas sobre o direito de licença maternidade, são extremamente necessárias para reforçar o compromisso dos países republicanos e democráticos em relação aos tratados internacionais ratificados, em que se comprometem a não discriminar o trabalho da mulher (exs.: Convenções ns. 103 e 111, da Organização Internacional do Trabalho — OIT).

Do ponto de vista do ordenamento jurídico brasileiro, em qualquer espécie de trabalho, as mulheres têm direito à licença maternidade, garantido pelo art. 7º, XVIII, da CF/88 c/c arts. 391 e 392 da CLT.(20)

A Lei Pelé está vazia sobre o trabalho desportivo e superada tanto pela falta de normas típicas, quanto por disposições desconexas da realidade. Há anos se defende em literatura jurídica própria uma Lei somente para o trabalho desportivo, como existe em Portugal, Espanha, Itália, etc. Só desta forma poder-se-ia resolver melhor este direito devido às trabalhadoras desportivas em decorrência da gestação.

---

(17) Verifica-se em Brasil de Fato. *Jogadoras inglesas ganham direito à licença maternidade*. Disponível em: https://www.brasildefato.com.br/2022/01/28/jogadoras-inglesas-ganham-direito-a-licenca-maternidade. Acesso em: 06 fev. 2022. Lei em Campo: o canal do Direito Esportivo. *Jogadoras que atuam na Inglaterra conquistam direito à licença maternidade.* O que falta para o Brasil?. Disponível em: https://leiemcampo.com.br/jogadoras-que-atuam-na-inglaterra-conquistam-direito-a-licenca-maternidade-o-que-falta-para-o-brasil/. Acesso em: 06 fev. 2022.

(18) *Idem.*

(19) Conferir em FIFA. *Regulations on the status and transfer of players*. Disponível em: https://digitalhub.fifa.com/m/196c746445c58051/original/Regulations-on-the-Status-and-Transfer-of-Players-August-2021.pdf. Acesso em: 06 fev. 2022.

(20) Mesmo a doutrinadora Alice Monteiro de Barros que defendia a redução de norma distintivas da CLT entre mulheres e homens para se alcançar uma igualdade material efetiva na contratação, ressalvava as normas protetivas da gravidez e da maternidade da mulher em BARROS, Alice Monteiro de. *Curso de direito do trabalho*. 3. ed. São Paulo: LTr, 2007. p. 1.095.

Por falta de normas especiais no trabalho desportivo sobre a licença maternidade, muitas jogadoras profissionais pelo mundo, não apenas no Brasil (lacuna da Lei n. 9.615/98), sofrem para continuar suas profissões desportivas, algumas até mesmo veem suas "carreiras abortadas".

Conforme o já mencionado acima, em se tratando de direito social fundamental, descrito no art. 7º, XVIII, da CF/88, reproduzido nos arts. 391 e 392 da CLT, no Brasil as jogadoras profissionais têm direito à licença maternidade por aplicação direta dessas disposições da Constituição e do diploma consolidado.

Porém, na prática, as atletas mulheres no Brasil sofrem até para conseguir uma contratação de contrato especial de trabalho desportivo (CETD do art. 28 da Lei n. 9.615/98) que lhes gerem o vínculo empregatício, situação que atravanca o direito à licença maternidade com o apoio da previdência social.

Vale assinalar que, desde o momento da confirmação da gravidez até cinco meses após o parto, às jogadoras também é devida a estabilidade provisória em decorrência da maternidade, por aplicação direta do art. 10, II, b), da ADCT/CF/88, art. 391-A da CLT e Súmula n. 244, III, do Colendo Tribunal Superior do Trabalho (C.TST), pois a Lei n. 9.615/98 (Lei Pelé) é omissa, mas mesmo que existisse previsão contrária ao texto da Constituição, a norma infraconstitucional não pode contrariar a constitucional, sob pena de ser juridicamente invalida e possivelmente removida da ordem jurídica pelo Excelso Supremo Tribunal Federal (E.STF).

Vale destacar que a referida Súmula 244, III, do C.TST[(21)] sustenta a estabilidade provisória da empregada gestante mesmo nos contratos por tempo determinado,[(22)] sem excluir o CETD ou quaisquer outras espécies de contratação a prazo.

No entanto, ressalve-se que o C.TST firmou em precedente a inaplicabilidade da estabilidade provisória nos contratos de trabalho temporário, em nada causando estarrecimento se viesse, futuramente, a seguir o mesmo rumo quanto ao contrato especial de trabalho desportivo das jogadoras.[(23)]

---

(21) Súmula n. 244 do TST. GESTANTE. ESTABILIDADE PROVISÓRIA *(redação do item III alterada na sessão do Tribunal Pleno realizada em 14.09.2012)* – Res. 185/2012, DEJT divulgado em 25, 26 e 27.09.2012.

I – O desconhecimento do estado gravídico pelo empregador não afasta o direito ao pagamento da indenização decorrente da estabilidade (art. 10, II, *"b"* do ADCT).

II – A garantia de emprego à gestante só autoriza a reintegração se esta se der durante o período de estabilidade. Do contrário, a garantia restringe-se aos salários e demais direitos correspondentes ao período de estabilidade.

III – A empregada gestante tem direito à estabilidade provisória prevista no art. 10, inciso II, alínea *"b"*, do Ato das Disposições Constitucionais Transitórias, mesmo na hipótese de admissão mediante contrato por tempo determinado. (grifos nossos).

(22) Com a didática que lhe é peculiar, esclarece MARTINEZ, Luciano. *Curso de direito do trabalho:* relações individuais, sociais e coletivas do trabalho. 13. ed. Saraivajur, 2022. p. 919.

(23) Reporta-se em *Idem*, 2022, p. 919.

Compete ainda mencionar o "**caso Tandara *x* Praia Clube**". Neste dissídio, embora a 5ª Turma do Colendo Tribunal Superior do Trabalho não tenha apreciado a questão de reconhecimento de vínculo empregatício e os consectários de licença maternidade e estabilidade provisória da jogadora gestante, em *obiter dictum* reafirma a decisão do Tribunal Regional recorrido em que se revalida a existência paralela de um contrato especial de trabalho desportivo e outro contrato de licença de uso da imagem com a mesma atleta mulher, a Tandara.(24)

A falta de uma Lei específica somente a respeito do trabalho desportivo resulta no tolhimento do direito de a atleta mulher engravidar, ter acesso a efetiva licença maternidade e estabilidade provisória, acabando por restringir-lhes acentuadamente os direitos laborais gravídicos mínimos, reforce-se: direitos humanos fundamentais de segunda dimensão ou direitos sociais fundamentais que transcendem a mãe, refletindo-se sobre o pai e toda uma sociedade.

Acrescente-se que, o Projeto de Lei n. 1.153-B/19 (Lei Geral do Esporte) em tramitação no Congresso Nacional, durante a escrita deste texto, descreve a proibição de qualquer restrição à maternidade, gravidez e licença maternidade na contratação de atletas mulheres, ainda que por via de contrato civil.(25)

Em resumo, no geral, as jogadoras sentem muito medo de perder a carreira atlética com uma gestação inesperada ou até mesmo planejada. A discriminação de gênero no esporte brasileiro é tanta, que as atletas são reprimidas sistematicamente a não engravidar, sob o risco da perda inteira de sua caminhada atlética profissional.

---

(24) EMENTA: I – AGRAVO. PRELIMINAR DE NÃO CONHECIMENTO DO RECURSO DE REVISTA ARGUIDA EM CONTRARRAZÕES DO AGRAVO. DESERÇÃO. RECURSO DE REVISTA INTERPOSTO NA VIGÊNCIA DO CPC/2015. COMPROVANTE DE PAGAMENTO APRESENTADO FORA DO PRAZO ALUSIVO AO RECURSO. RECOLHIMENTO DO DEPÓSITO RECURSAL EFETUADO DENTRO DO PRAZO RECURSAL E NO VALOR CORRETO. PRINCÍPIO DA INSTRUMENTALIDADE DAS FORMAS. DESERÇÃO NÃO CARACTERIZADA. PRELIMINAR REJEITADA. (...). ATLETA PROFISSIONAL. CONTRATO DE LICENÇA DO USO DE IMAGEM. PRESUNÇÃO DA FRAUDE À LEGISLAÇÃO TRABALHISTA. CARÁTER NÃO SALARIAL DA VERBA RECEBIDA A TÍTULO DE "DIREITO DE IMAGEM". (...). II – AGRAVO DE INSTRUMENTO. ATLETA PROFISSIONAL. CONTRATO DE LICENÇA DO USO DE IMAGEM. PRESUNÇÃO DE FRAUDE À LEGISLAÇÃO TRABALHISTA. CARÁTER NÃO SALARIAL DA VERBA RECEBIDA A TÍTULO DE "DIREITO DE IMAGEM". (...). III – RECURSO DE REVISTA. ATLETA PROFISSIONAL. CONTRATO DE LICENÇA DO USO DE IMAGEM. PRESUNÇÃO DE FRAUDE À LEGISLAÇÃO TRABALHISTA. CARÁTER NÃO SALARIAL DA VERBA RECEBIDA A TÍTULO DE "DIREITO DE IMAGEM". (...) (RR-11105-22.2015.5.03.0104, 5ª Turma, relator Ministro Guilherme Augusto Caputo Bastos, *DEJT* 02.02.2018).

(25) Projeto de Lei n. 1.153-B/2019 (Lei Geral do Esporte) – Art. 85. O atleta profissional poderá manter relação de emprego com organização que se dedique à prática esportiva, com remuneração pactuada em contrato especial de trabalho esportivo, escrito e com prazo determinado, cuja vigência não poderá ser inferior a 3 (três) meses nem superior a 5 (cinco) anos, firmado com a respectiva organização esportiva, do qual deverá constar, obrigatoriamente:

(...)

§ 11. Os contratos celebrados com atletas mulheres, ainda que de natureza cível, não poderão ter qualquer tipo de condicionante relativo a gravidez, a licença-maternidade ou a questões referentes a maternidade em geral.

## 12.5. Considerações finais

Em razão das especificidades do Direito do Trabalho Desportivo Feminino, surgem novos temas, que estão longe de um encontro confortável de soluções, oriundas da própria dinâmica da atividade do trabalho no esporte.

Nesse diapasão, perfilou-se posicionamentos jurídicos relativos à igualdade material entre mulher e homem no acesso ao regime jurídico trabalhista desportivo no Brasil; entendimentos sobre a isonomia remuneratória entre mulheres e homens no futebol brasileiro; jogadoras profissionais e o direito à maternidade.

Ante todo o esposado, jamais se pretende pensamentos fixados, estanques e definitivos, incompatíveis com o fluxo do dinamismo diuturno do Direito ao encontro do Desporto Feminino. Entretanto, tratando-se, em boa parte, de matérias de direitos humanos fundamentais, eis um contributo firme para cooperar juridicamente com todos os segmentos esportivos.

Merece destaque o ordenamento jurídico espanhol que detém uma Convenção Coletiva de Trabalho para as futebolistas (mulheres) que prestam serviços em clubes empregadores integrantes da primeira divisão feminina de futebol, desde o ano de 2020. Esta norma coletiva da Espanha expressa em favor das jogadoras os direitos laborais a um patamar salarial mínimo de dezesseis mil euros por ano, férias remuneradas e licença maternidade.(26)

Por outro lado, a ordem jurídica brasileira permanece inerte quanto aos direitos femininos em qualquer prática desportiva, questionando-se quando efetivamente esses direitos humanos fundamentais se implementarão.

Alfim, tais discursivas tópicas podem clarear a vida prática do operador laboral esportivo, restando sempre o acompanhamento da evolução da sociedade desportiva e dos contornos da legislação, jurisprudência e estudos doutrinários na solvência das dificuldades cotidianas.

## Referências

ABTIBOL, Armineyde; SERRANO, Igor Rafael Galhardo. O futebol feminino no Brasil e nos Estados Unidos: diferenças e semelhanças. In: VARGAS, Angelo (Org.). *Direito desportivo:* diversidade e complexidade. Belo Horizonte: Casa da Educação Física, 2018.

*Agencia Estatal Boletín Oficial de Estado*. Resolución de 11 de agosto de 2020, de la Dirección General de Trabajo, por la que se registra y publica el Convenio colectivo para las futbolistas que prestan sus servicios en clubes de la primera división femenina de fútbol. Disponível em: https://www.boe.es/diario_boe/txt.php?id=BOE-A-2020-9765. Acesso em: 31 mar. 2023.

(26) Verifica-se em *Agencia Estatal Boletín Oficial de Estado*. Resolución de 11 de agosto de 2020, de la Dirección General de Trabajo, por la que se registra y publica el Convenio colectivo para las futbolistas que prestan sus servicios en clubes de la primera división femenina de fútbol. Disponível em: https://www.boe.es/diario_boe/txt.php?id=BOE-A-2020-9765. Acesso em: 31 mar. 2023.

BARROS, Alice Monteiro de. *Curso de direito do trabalho*. 3. ed. São Paulo: LTr, 2007.

Brasil de Fato. *Jogadoras inglesas ganham direito à licença maternidade*. Disponível em: https://www.brasildefato.com.br/2022/01/28/jogadoras-inglesas-ganham-direito-a-licenca-maternidade. Acesso em: 06 fev. 2022. Lei em Campo: o canal do Direito Esportivo. *Jogadoras que atuam na Inglaterra conquistam direito à licença maternidade. O que falta para o Brasil?*. Disponível em: https://leiemcampo.com.br/jogadoras-que-atuam-na-inglaterra-conquistam-direito-a-licenca-maternidade-o-que-falta-para-o-brasil/. Acesso em: 06 fev. 2022.

FELICIANO, Guilherme Guimarães. *Por um processo realmente efetivo*: tutela processual de direitos humanos fundamentais e inflexões no "*Due process of law*". São Paulo: LTr, 2016.

FIFA. *Regulations on the status and transfer of players*. Disponível em: https://digitalhub.fifa.com/m/196c746445c58051/original/Regulations-on-the-Status-and-Transfer-of-Players-August-2021.pdf. Acesso em: 06 fev. 2022.

LIMA, Firmino Alves. Discriminação no direito do trabalho desportivo — breves comentários. In: OLIVEIRA, Leonardo Andreotti Paulo de (Coord.). *Direito do trabalho e desporto*. vol. III. São Paulo: Quartier Latin, 2016.

LOCKMANN, Ana Paula Pellegrina. Discriminação contra as mulheres no esporte — breves considerações. In: OLIVEIRA, Leonardo Andreotti Paulo de (Coord.). *Direito do trabalho e desporto*. vol. II. São Paulo: Quartier Latin, 2015.

MANUS, Pedro Paulo Teixeira; ROMAR, Carla Teresa Martins. *Consolidação das leis do trabalho com interpretação jurisprudencial:* convergente, divergente, extensiva, restritiva. São Paulo: RT, 2013.

MARECOS, Diogo Vaz. *Código do trabalho comentado*. 4. ed. Coimbra: Almedina, 2020.

MARTINEZ, Luciano. *Curso de direito do trabalho:* relações individuais, sociais e coletivas do trabalho. 13. ed. Saraivajur, 2022.

MARTINS, Leonardo. Direito fundamental à igualdade. In: SARLET, Ingo Wolfgang; STRECK, Lenio Luiz; MENDES, Gilmar Ferreira. *Comentários à constituição do Brasil*. São Paulo: Saraiva/Almedina, 2013.

MEDEIROS, Heloisa Schmidt Fernandes; BOTELHO, Caio Werneck Mochado; KUHN, Gabriela Valente Lima. A luta por reconhecimento no processo de institucionalização do direito à luz do esporte: um estudo sob a perspectiva de gênero. In: REGIS, Erick; SAINZ, Victor. *Diálogos sobre direito desportivo* — desporto e contemporaneidade. Rio de Janeiro: Editora Processo, 2022.

MELO FILHO, Álvaro. *Desporto na nova constituição*. Porto Alegre: Sergio Antonio Fabris Editor, 1990.

MORAIS, João Bosco Luz de. Licenciamento de clubes de futebol no Brasil. *Revista Academia Nacional de Direito Desportivo (ANDD)*, Rio de Janeiro, Mavi Editora, p. 36-45, jul./dez. 2017.

SILVA, Homero Batista Mateus da. *CLT comentada*. São Paulo: Thomson Reuters Brasil, 2019.

XAVIER, Bernardo da Gama Lobo. *Manual de direito do trabalho*. 4. ed. Lisboa: Rei do Livros, 2020.

# 13

# Breves Lineamentos sobre o Direito de Arena Oriundo dos Eventos Futebolísticos: Uma Moderna e Necessária Reflexão Acerca de sua Genética Constitucional e da Merecida Mudança de Paradigma de seu Marco Regulatório

*Ricardo de Moraes Cabezón*(1)

*"Todas as grandezas do mundo não valem um bom amigo."*

Voltaire

(1) Advogado em São Paulo. Jornalista. Doutor pela Faculdade de Direito da Universidade de São Paulo (USP). Mestre em Direitos Difusos e Coletivos pela UNIMES. Especialista em Direito Processual pela UNIP e docência do Ensino Superior pela UFRJ. Professor universitário de curso de graduação e pós-graduação em Direito. Na área jusdesportiva publicou as obras: Os direitos do torcedor: uma abordagem do alcance e extensão da responsabilidade civil aplicada ao Estatuto do Torcedor (Lei n. 10.671/03). São Paulo: Memória Jurídica, 2006; Manual de direitos do torcedor. São Paulo: Atlas, 2012; e Direito de arena e seus e seus aspectos civis sob a perspectiva dos participantes do evento desportivo. São Paulo: Mizuno, 2021; além de outros artigos e produções científicas. Instagram: @rmcabezon.

## Prólogo

Professor Domingos, um amigo *sui generis*!

Antes de iniciar o desenvolvimento do presente artigo, fazem-se necessárias algumas brevíssimas notas sobre a honra que me foi concedida de participar desta obra coletiva que homenageia um ser humano singularmente amável: Prof. Domingos Sávio Zainaghi.

Conheci Domingos Zainaghi em 2003 por intermédio de sua querida e sempre atenciosa irmã, Maria Cristina. Na época, havia obtido o título de mestre em Direitos Difusos e Coletivos dissertando sobre o novel Direito do Torcedor, oportunidade em que recebi o convite para publicar minha pesquisa pela editora Memória Jurídica. Naquela ocasião, buscava um prefaciador que fosse atuante no meio desportivo e o primeiro nome que surgiu em minha mente foi o de Domingos.

Mas como chegar até ele? Essa era a grande dúvida, pois estava diante de um ícone do meio desportivo, professor consagrado na academia com inúmeros compromissos que lhe absorviam a semana, e, nos raros momentos de folga, ou estava no estádio torcendo pelo Timão(2) ou escrevendo mais uma de suas famosas produções acadêmicas.

Pois bem, fui então procurar sua irmã, que muito me alegrava em compor o corpo docente de uma universidade em comum onde lecionávamos. A resposta dela foi pronta: "ah, o Domingos, claro que ele aceitará! Pode ficar tranquilo que te passo o contato dele". Desde então, pude me aproximar desse apaixonante amigo e criar grandes laços de amizade, admiração e respeito.

Nossa amizade foi sempre banhada por situações inusitadas e divertidas, típicas do dia a dia do homenageado, mas certa vez houve um ápice: em um evento coordenado por mim na sede da Seção Paulista da Ordem do Advogados do Brasil, reunimos colegas, alunos e interessados para um cinedebate sobre o filme *Boleiros — era uma vez o futebol*, uma obra cinematográfica sensacional de 1998 dirigida por Ugo Giorgetti, com participação de Lima Duarte, Otávio Augusto, Rogério Cardoso, entre outros.

Domingos era um dos debatedores, porém, no momento de transmitir o filme, o leitor do DVD não conseguia realizar a leitura da mídia e o "cinedebate" estava sem "cine".

Como explicar à plateia que não haveria filme para assistir e depois debater? O evento estava condenado.

Domingos, ao perceber a constrangedora situação, tomou a frente e disse "vocês não verão o filme nessa tarde, mas eu vou contar para vocês o que eu lembro dele...". E,

---

(2) A propósito, indico sua obra *Vai Corinthians.* 50 anos de histórias de um louco do bando. São Paulo: Pontes, 2018.

de uma forma típica e bem-humorada, inerente à sua personalidade, narrou toda a história fidedignamente, levando a plateia a dar boas gargalhadas diante de sua narrativa e criativos comentários.

A partir daí todas as vezes que eu o convidava para um evento ele dizia: "Mas dessa vez o filme está aí mesmo? Funciona? Não é pirata não, né?!". Mesmo que fosse uma palestra sem filme, mantinha-se viva aquela maravilhosa lembrança em que seu carisma e *performance* salvaram o evento.

Recentemente, em 2021, tive a honra de tê-lo como integrante do quadro de arguidores em minha banca de doutorado na Faculdade de Direito da Universidade de São Paulo, e, apesar da nossa amizade, foi o que mais duramente me arguiu, mostrando, como sempre soube, assumir com maestria e responsabilidade as funções que lhe são confiadas.

Tenho a grande alegria e honra de tê-lo como amigo, um ser iluminado que transborda em generosidade e atenção.

A ele, portanto, minhas sinceras e gratas reverências. Que tenha uma vida longeva em plenitude de paz, amor e harmonia.

A você, meu amigo, minha eterna gratidão!

## 13.1. Introdução

O presente artigo objetiva propiciar uma necessária, porém breve, reflexão sobre um instituto genuinamente brasileiro, o direito de arena, especificamente aplicado ao futebol, ainda que evidentemente possa ser utilizado em outras modalidades desportivas.

Como se sabe, a transmissão dos eventos esportivos rende aos clubes grandes cifras, uma vez que a captação das imagens coletivas da partida é remunerada pelas emissoras de televisão que adquirem o direito de veiculá-las à população por força das disposições contidas nos arts. 42 e 42-A da Lei n. 9.615/1998 (Lei Pelé).

Nesse esteio, a veiculação das partidas transformou-se em uma rica oportunidade de transmitir não somente o retrato de uma mera imagem estática, o que por si só enseja muitos estudos e digressões, mas também o movimento de seus participantes, sua *performance*, sons, reações das arquibancadas e toda a gama de elementos que abundantemente emanam de sua cobertura e extravasam, e muito, o conceito de imagem-padrão.

Temos, assim, no evento esportivo o atleta e demais copartícipes em execução, a riqueza de detalhes de suas atuações, o reflexo da torcida e do time adversário, as decisões dos árbitros, a reação do treinador, uma profusão de sentimentos de amor, raiva, graça, entre inúmeras outras nuances em um só evento.

Logo, o direito de arena que emana da transmissão do cenário desportivo merece uma atenção à parte, eis que, por retratar as cenas de competições e jogos, revela-se instituto intrinsecamente ligado ao direito desportivo atrelado à cobertura das porfias com o manejo de imagem coletiva, regulado em lei autônoma (Lei Pelé), diferentemente de sua gênese na Lei de Direitos Autorais de 1973 (Lei n. 5.988/1973), em que foi classificado com um típico direito autoral conexo.

Contudo, apesar de inserido no corpo da Lei Pelé, apresenta reflexos que vão muito além do ramo jusdesportivo e permeiam discussões em diversas searas, tais como trabalhista, tributária, administrativa, de direito civil etc.

A propósito, o fato de o direito de arena ser interpretado a partir de sua previsão infraconstitucional em lei jurídico-desportiva reduz o instituto, valorizando a cobertura das imagens coletivas dos atletas que disputam a partida e não abordando sua verdadeira vocação e dimensão para o direito.

Dessarte, é necessário, primeiramente, romper com a tese limitativa que busca reduzir o direito de arena a uma subcategoria do direito de imagem, razão pela qual este artigo se propõe a colaborar para o engrandecimento do instituto, suscitando uma reflexão pautada pela previsão contida em nossa Carta Magna, com uma abordagem que o distinga do direito da imagem, como espécie de direito da personalidade, a fim de identificar uma nova proposta de aplicação mais justa e constitucionalmente defensável, muito embora não se tenha a pretensão de esgotar o assunto, mas, sim, de iniciar a partir dele uma reflexão.

## 12.2. Breve histórico e características peculiares do direito de arena

Em obra própria sobre o direito de arena e seus aspectos civis sob a perspectiva dos participantes do evento desportivo, no qual pudemos discorrer de forma mais pormenorizada a respeito do tema, encontra-se a pesquisa de José Rinaldo Martorelli acerca da origem do direito de arena, revelando que na década de 1960, na Itália, um grupo de pessoas, que arduamente trabalharam na organização de uma competição ciclística, flagrou uma emissora de televisão transmitindo-a e vendendo patrocínio a terceiros, sem que qualquer lucro fosse a ele repassado, mesmo após justa provocação.(3)

A irresignação desse grupo diante da intransigente postura da emissora de TV que transmitiu a competição fez com que seus integrantes buscassem a tutela do Poder Judiciário, o qual se posicionou favoravelmente à sua indenização, sob pena de caracterizar locupletamento à emissora.

Ainda em sede internacional, podemos citar o estudo da Organização Mundial de Propriedade Intelectual (OMPI), no qual é consignado que imagens esportivas são bens valiosos. Tal estudo contempla essencialmente direitos de imagem, ao citar o "contrato de face", cuja primeira personalidade esportiva a ativamente utilizá-lo foi Kevin Keegan, icônico jogador de futebol inglês.

---

(3) CABEZÓN, Ricardo de Moraes. *Direito de arena e seus e seus aspectos civis sob a perspectiva dos participantes do evento desportivo, cit.*, p. 23.

No Brasil, o direito de arena é introduzido pela Lei n. 5.988/1973 — Lei de Direitos Autorais, após sete anos de tramitação, como um direito conexo.

Nas palavras de Domingos Sávio Zainaghi, *in verbis*:

> Esse instituto se fez necessário, pois historicamente o futebol, esporte para o qual se dirigia a lei, ganha elevado destaque em nosso país a partir de 1958, quando o Brasil se torna vencedor da Copa do Mundo desse ano na Suécia, e coincide com a chegada e desenvolvimento da televisão nos anos 1950.
>
> Já nos anos 1960, as emissoras de televisão passaram a transmitir os jogos de futebol para as cidades onde as partidas eram realizadas, e com isso tiravam público dos estádios, e os clubes, que à época tinham nas rendas da bilheteria sua principal fonte de ganhos, evidentemente acabavam por perder valores expressivos.
>
> As emissoras de televisão tinham patrocinadores para as transmissões, auferindo ganhos extraordinários e os clubes nada recebiam.
>
> Nesse período os clubes tentavam buscar impedir as transmissões, pois as partidas eram um produto lucrativo e aqueles nada recebiam.
>
> A Lei n. 5.988/73, ainda que tratando de Direitos Autorais, encampou o Direito de Arena, como um direito conexo ao direito de autor.(4)

E arremata com sua peculiar preocupação com os direitos dos atletas:

> Em 1993, ou seja, vinte anos depois, a Lei n. 8.672, de 6 de junho, conhecida como Lei Zico, tratou do Direito de Arena, com os mesmos moldes da Lei de 1973.
>
> Em 1998, em 24 de março, foi sancionada a Lei n. 9.615/98, popularmente conhecida como Lei Pelé, a qual revogava a Lei Zico, e quanto ao Direito de Arena, tratado em seu art. 42, manteve que os clubes eram os detentores do direito de negociar, autorizar e proibir a fixação, a transmissão ou retransmissão de imagem de espetáculo ou eventos desportivos de que participassem, e manteve o direito dos atletas participantes das partidas receberem os vinte por cento tradicional.
>
> O Direito de Arena, após a discussão inicial no campo civil, ganhou realce na seara do Direito do Trabalho, sendo que em nossa tese doutorado

(4) ZAINAGHI, Domingos Sávio. Apresentação. In: CABEZÓN, Ricardo de Moraes. *Direito de arena e seus e seus aspectos civis sob a perspectiva dos participantes do evento desportivo*. São Paulo: Mizuno, 2021. p. 9.

defendemos que este instituto tinha natureza jurídica de remuneração, o que acabou sendo dita conclusão encampada pela Justiça do Trabalho.

Em 2011, a Lei Pelé sofreu alteração, e o art. 42 teve sua redação alterada, sendo que a partir dessa lei a parte destinada aos atletas sofreu redução de vinte por cento para cinco por cento, e a natureza jurídica, até então uníssona entendida como remuneratória, foi alterada para civil.

Temos defendido que tal alteração legal agride a Constituição da República, pois fere o princípio da vedação do retrocesso social, mas aqui não é o local para nos estendermos nessa discussão.(5)

A referida Lei n. 12.395/2011, que alterou os termos do art. 42 da Lei Pelé, passou a estabelecer que o direito de arena possui *natureza civil*, hipótese recepcionada pela Medida Provisória n. 984/2020, que vigeu até 15.10.2020, e pela Lei n. 14.205/2021, que também inseriu os termos do art. "42-A" na Lei Pelé, ressalvando, contudo, no § 3º, 2ª parte, que devem ser excetuadas as hipóteses em que exista disposição em contrário constante de convenção coletiva de trabalho.

Oportuno destacar nesta obra destinada à sua homenagem que a corrente majoritária adotada pela Justiça Trabalhista, distintamente do que se prevê nas alterações legislativas, acolheu a tese do consagrado docente que atribui a natureza do pagamento do direito de arena aos atletas ao direito do trabalho por associar sua ocorrência *às gorjetas ofertadas aos garçons*, em outras palavras, trata-se de remuneração que exsurge do contrato de trabalho. Tal hipótese pode ser constatada no voto proferido pela Ministra Regina Helena Costa no âmbito do REsp 1.679.649/SP, de sua relatoria no TST, como também:

> Recurso de revista. Direito de arena. Natureza jurídica. A jurisprudência desta Corte tem atribuído natureza jurídica remuneratória à parcela paga ao atleta decorrente do denominado direito de arena. De outro lado, não corresponde a uma parcela paga diretamente pelo empregador, aproximando-se do sistema das gorjetas. Portanto, em face de sua similaridade com as gorjetas, aplica-se, por analogia, o art. 457 da CLT e a Súmula n. 354 do TST, o que exclui os reflexos no cálculo do aviso prévio, adicional noturno, horas extras e repouso semanal e autoriza repercussão em gratificação natalina, férias com o terço constitucional e FGTS. Precedentes. Não conhecido. [...] (RR 2960-19.2012.5.02.0036, 5ª Turma, rel. Min. Emmanoel Pereira, j. 11.02.2015, *DEJT* 20.02.2015)

Em contraponto, respeitosamente tivemos a oportunidade de sustentar que, excepcionado o caso do § 3º, 2ª parte, retro referenciado, tem realmente natureza civil indenizatória:

> [...] apesar do argumento e do acolhimento da jurisprudência trabalhista,

(5) ZAINAGHI, Domingos Sávio. Apresentação. In: CABEZÓN, Ricardo de Moraes. *Direito de arena e seus e seus aspectos civis sob a perspectiva dos participantes do evento desportivo, cit.*, p. 9-10.

> a remuneração do direito de arena pelo atleta comporta caráter indenizatório por emanar de um instituto de berço civil e de uma obrigação onerosa comutativa (e compulsória) pela exploração da imagem, diferentemente do instituto da gorjeta que possui um elemento aleatório intrínseco, no qual o cliente pode ou não ofertá-la no exercício potestativo de seu direito, não sendo possível, portanto, exigir seu cumprimento.
>
> Ademais, acentua-se que, apesar de a captação da imagem coletiva ocorrer durante uma partida desportiva, em que, em tese, o atleta que a disputa estaria vinculado ao clube, é sabido que em muitos casos isso não ocorre, eis que é comum nos depararmos com casos em que o jogador foi "cedido" ou está "emprestado" por outro clube, logo não há como concluir um entendimento em torno apenas do direito do trabalho, olvidando os meandros que regem o direito de arena.(6)

Contudo, não se pode olvidar que a tese do Professor Zainaghi procurou resolver um problema crônico do meio desportivo oriundo de manobras, falcatruas e simulações protagonizadas pelas agremiações desportivas que já renderam inúmeros prejuízos aos atletas e cuja tutela foi submetida à Justiça Laboral.

Portanto, o direito de arena:

> [...] apresenta contornos e reflexos multifacetados pela congregação de elementos de direito civil, desportivo, laboral, constitucional e com possíveis argumentos na proteção de direitos intelectuais, cuja prestação que dele exsurge tem por finalidade a indenização pelo uso da imagem captada.(7)

## 12.3. Conceito, natureza jurídica e titularidade do direito de arena

Conceituar o direito de arena e tratar de sua natureza jurídica, ao contrário do que aparenta, não é tarefa simples e renderia produção científica específica para cada assunto, uma vez que, possuindo DNA autoralista (LDA 1973) e sofrendo diversas alterações de topografia sistêmico-jurídica ao longo do tempo, passou o instituto a transitar pelo direito constitucional, civil, tributário, do trabalho e desportivo, não sendo exagerado afirmar que os estudos atuais sobre o direito de arena revelam-se extremamente confusos e conflitivos, especialmente no tocante à sua natureza jurídica.

À margem das especificidades conceituais, o direito de arena revela-se um

(6) CABEZÓN, Ricardo de Moraes. *Direito de arena e seus e seus aspectos civis sob a perspectiva dos participantes do evento desportivo, cit.*, nota de rodapé 91, p. 62.

(7) CABEZÓN, Ricardo de Moraes. *Direito de arena e seus e seus aspectos civis sob a perspectiva dos participantes do evento desportivo, cit.*, p. 62.

> instituto que nasce em berço civil cuja proteção em plano constitucional advém da exegese do art. 5º, XXVIII, *a*, da Constituição Federal, ao prever tutela protetiva nos termos da lei "às participações individuais em obras coletivas e à reprodução da imagem e voz humanas, inclusive nas atividades desportivas".[(8)]

Nos termos do art. 42 da Lei n. 9.615/1998, tem-se que o direito de arena consiste "na prerrogativa exclusiva de negociar, autorizar ou proibir a captação, a fixação, a emissão, a transmissão, a retransmissão ou a reprodução de imagens, por qualquer meio ou processo, de espetáculo desportivo de que participem".

O direito de arena, portanto, é um direito fundamental dos participantes de eventos desportivos sobre a captação de suas imagens de forma coletiva, tendo por titular a agremiação desportiva mandante do jogo (Lei Pelé, art. 42, 1ª parte, c/c o art. 42-A).

> O fato de o dispositivo constitucional referente à proteção do direito de arena apresentar, também, a previsão da tutela da obra coletiva parece complicar ainda mais sua conceituação doutrinária, pois estudiosos, e até mesmo a própria Câmara dos Deputados, acabaram se debruçando e comentando sobre a tutela da obra coletiva, importante instituto de direito autoral, e, concomitantemente, deixando em aberto a conceituação do direito de arena, [...] Quem sabe a própria complexidade do direito de arena, estando topograficamente localizado ao lado de um também complexo direito autoral, qual seja, o referente à tutela da obra coletiva, tenha também propiciado essa confusão acadêmica.
>
> De fato, mediante as doutrinas pesquisadas, verifica-se que os estudos parecem mais se justificar sobre a importância da proteção da imagem do atleta, em razão do advento de novos meios de comunicação de massa, em vez de, nomeadamente, estudar em detalhes seu escopo e categorização.[(9)]

Dessa forma, diante das peculiaridades do direito de arena, já tivemos oportunidade de esposar nosso entendimento segundo o qual possui *natureza híbrida, in verbis:*

> [...] a compreensão do direito de arena na atual configuração jurídica não só enseja seu estudo como um instituto híbrido por envolver direito de distintos participantes, mas vai além. Os aspectos civis inerentes ao direito de imagem, somados às peculiaridades do ramo desportivo, aos elementos

---

(8) CABEZÓN, Ricardo de Moraes. *Direito de arena e seus e seus aspectos civis sob a perspectiva dos participantes do evento desportivo, cit.*, p. 52.

(9) *Ibidem*, p. 55-56.

laborais, aos atuais contornos de direitos intelectuais advindos do espetáculo desportivo, aliados a sua topografia constitucional de direito fundamental, reforça a necessidade de reconhecer, para uma harmônica interpretação, que sua natureza jurídica revela também uma hibridez intrínseca, não se limitando a um ou outro ramo do direito, e sim a uma pluralidade elementar e peculiar.[10]

## 13.4. Distinção entre direito de arena e direito de imagem e suas peculiaridades

Confusão muito comum ao se debruçar sobre o tema é a de diferenciar direito de imagem do direito de arena.

Na realidade, apesar da proximidade de conteúdo e de fato gerador comum, emanado da divulgação de imagens, o desenvolvimento de pesquisa revelou institutos que se distinguem entre si com contornos peculiares.

Sobre a questão, Carlos Miguel Castex Aidar e Alexandre Ramalho Miranda assim assinalam:

> Temas de enorme relevância no cenário jusdesportivo, o direito à imagem e o Direito de Arena são grandes provocadores de divergências, tendo em vista que por vezes são confundidos em decorrência de algumas similitudes. Todavia, quando analisados à luz da legislação jusdesportiva, mostram-se peculiares, de tal sorte que a caracterização de tais institutos, seja por parte da doutrina ou da jurisprudência, se faz essencial para os operadores do Direito, em especial da área do direito desportivo.[11]

Juliano Heinen, por seu turno, obtempera que

> [...] causa relevância jurídica, nos últimos tempos, a proteção à imagem captada e distribuída diante da execução de um espetáculo. A imagem de um atleta ou de um artista, quando se apresenta ao público presente, pode ser explorada economicamente por aquele *que a capta e a divulga por uma mídia de massa.* Facilmente se percebem dois vínculos: a) a imagem negociada com o público presente que compra o direito de assistir ao espetáculo ao vivo, e b) o vínculo estabelecido entre a empresa que transmite a atuação

(10) CABEZÓN, Ricardo de Moraes. *Direito de arena e seus e seus aspectos civis sob a perspectiva dos participantes do evento desportivo, cit.*, p. 63-64.

(11) AIDAR, Carlos Miguel Castex; MIRANDA, Alexandre Ramalho. Direito à imagem e direito de arena – Aspectos controvertidos. *Síntese*, 24 set. 2012. Disponível em: http://www.sintese.com/doutrina_integra.asp?id=1230. Acesso em: 26 mar. 2023.

do atleta ou do artista a um sem-número de pessoas, por uma mídia de massa (p. ex., pela televisão, pelo rádio) e o próprio atleta/artista. Surge, neste contexto, o Direito de Arena (*right of enclosure*) [...].(12)

Visando facilitar a separação entre tais institutos, após a realização de pesquisa científica em que se acentua o contorno teórico de cada qual, apresentar-se-á quadro sintético extraído de obra de nossa autoria que revela peculiaridades inconfundíveis de cada instituto, o qual pode ser mais bem compreendido com as nuances de cada citação meticulosamente descrita na obra originária de que fora extraído, anotações essas que, dado o foco do tema e as limitações de um artigo, foram poupadas.

Em síntese, sem empobrecer o tema, mas pautando-se pela otimização dos conceitos para se adequarem à proposta do presente trabalho, segue um quadro sintético que tem por pretensão distinguir as características do direito de arena das do direito de imagem quanto a: (a) origem; (b) fato jurídico "gerador" do direito; (c) amplitude; (d) valor protegido; (e) titularidade; (f) flexibilidade ou margem para negociação; (g) parâmetros de remuneração ou indenização; (h) exceções ao direito; (i) forma de pagamento; (j) natureza jurídica; e (k) vínculo.

| Características | Direito de Arena | Direito de Imagem |
|---|---|---|
| Origem | Tem sua gênese ligada ao direito autoral (art. 100, *a*, Lei n. 5.988/1973).<br>Previsto na Constituição Federal/1988 no art. 5º, XXVIII, a, e regulado nos termos do art. 42 da Lei n. 9.615/1998. | Tem sua gênese no direito da personalidade, garantido na Constituição Federal (art. 5º, X) e na Lei n. 10.406/2002 (Código Civil). |
| Fato jurídico "gerador" do direito | Decorre da exploração econômica das imagens coletivas captadas em um espetáculo desportivo. | A despeito de ter natureza extrapatrimonial, na prática, é ajustado por meio de instrumento contratual. |
| Amplitude | Tem aplicação mais restrita que o direito de imagem, o que demonstra ligação com a lógica de direitos da personalidade, bem como a interpretação de negócios jurídicos autorais. | Decorre do uso da imagem pessoal do participante fora do contexto da partida disputada.<br>É interpretado de forma mais extensiva e tem maior âmbito de aplicação. |
| Valor protegido | O bem jurídico protegido é o "próprio espetáculo"(13) desportivo e suas respectivas participações. | A proteção recai isoladamente sobre a pessoa retratada ou associada ao clube, patrocinador ou evento. |

(12) HEINEN, Juliano. Direito de arena. *Revista Eletrônica do IBPI*, v. 1, p. 118, 2014. Disponível em: https://ibpieuropa.org/. Acesso em: 25 mar. 2023.

(13) Conforme assevera: ASCENSÃO, José de Oliveira. Uma inovação brasileira: o direito de arena. *Jurisprudência Brasileira. Cível e Comércio*, Curitiba, v. 167, p. 40, revista trimestral, 1992.

| | | |
|---|---|---|
| Titularidade | A pessoa jurídica, entidade de prática desportiva, possui titularidade para negociar a transmissão do evento, em razão da imagem coletiva criada na consecução da partida. | É da pessoa física participante que licencia o uso de sua imagem. |
| Flexibilidade ou margem para negociação | Não pode ser rescindido por eventual negociação com terceiros a ser realizada individualmente pelo agente retratado nas imagens, isto é, o fato jurídico é a participação no espetáculo, sem possibilidade de modificação do fato por autonomia da vontade. | Permite livre negociação entre as partes, não havendo valores ou percentuais prefixados. |
| Parâmetros de remuneração ou indenização | Sua percepção de repasse é fixada minimamente na norma, a fim de concretizar igualdade entre os participantes do espetáculo. | O parâmetro para sua fixação é negociado entre as partes, levando em consideração o significado (valor) a ser agregado ao clube, evento, patrocínio ou produto a ser associado ao agente. Difere de uma pessoa para outra. |
| Exceções ao direito | Contempla exceção legal de captação da imagem coletiva sem necessidade de pagamento (*fair use*). | A pessoa pode ceder, de acordo com o ajuste negocial firmado, sua imagem a título gratuito em determinados eventos ou ações sociais. |
| Forma de pagamento | A lei prevê a forma como deve ocorrer. Portanto, os clubes recebem diretamente de terceiros que adquiriram quotas de direitos de transmissão do evento. O percentual dos atletas é repassado pelos referidos terceiros ao sindicato dos atletas, que efetua o repasse aos Jogadores. | Os valores são recebidos pelo atleta ou por pessoa jurídica constituída para esse fim e advêm de repasse realizado pelo empregador que detém os direitos de negociar com anunciantes. Há limites a serem observados diante do valor salarial percebido pelo atleta visando evitar fraude tributária. |
| Natureza jurídica | Apesar de a legislação atestar que sua natureza é civil, sua gênese ocorreu no âmbito do direito autoral e possui caracteres híbridos em razão de sua especial formatação jurídica, podendo dialogar com o direito civil, direito constitucional, trabalhista, desportivo e os direitos intelectuais. | Tem natureza civil, podendo dialogar com outras áreas, a depender da relação jurídica envolvida. |
| Vínculo | É pautado por relação de trabalho, não necessariamente de emprego com os clubes que participam da partida. | Sua exploração pelo clube demanda vínculo empregatício. |

Fonte: Extraído de: CABEZÓN, Ricardo de Moraes. *Direito de arena e seus aspectos civis sob a perspectiva dos participantes do evento desportivo*. São Paulo: Mizuno, 2021. p.112-114.

## 13.5. A restrição do marco regulatório ao comando constitucional e os participantes do espetáculo desportivo

O ponto fulcral da presente reflexão parte da previsão constitucional da captação de imagens coletivas em eventos esportivos, a qual se encontra prevista nos termos do art. 5º, XXVIII, *a*, que diz:

> XXVIII – são assegurados, nos termos da lei:
>
> *a) a proteção às participações individuais* em obras coletivas e à reprodução da imagem e voz humanas, inclusive *nas atividades desportivas* (destacou-se).

Como se constata, existe no sistema jurídico brasileiro, mais especificamente em sua Lei Maior, no bojo do art. 5º que trata das garantias fundamentais, redação protetiva aos "participantes" das atividades desportivas, colocando assim o instituto do direito de arena no patamar de direito fundamental.

O legislador da Lei Pelé, quiçá pelas habituais pressões políticas nos bastidores da tramitação do Projeto de Lei, parece ter esquecido ou talvez propositadamente deliberado ao não abordar essa peculiaridade, relegando o tema a uma subcategoria do direito de imagem e prevendo apenas que a agremiação e os atletas seriam contemplados com a renda obtida da captação das imagens coletivas do espetáculo esportivo.

Em nosso entender, a lei infraconstitucional (Lei Pelé) não só pode como deve regular o direito de arena, sem reduzir, porém, sua incidência, restringindo assim os limites de um direito fundamental, claramente previsto na "norma-mãe", a um direito adstrito somente a clubes e em uma pequena parcela aos atletas.

É por esse motivo que a abrangência do direito fundamental, ao prever proteção às participações individuais nas atividades desportivas, não pode sofrer uma *capitis diminutio* consubstanciada no esquecimento e prejuízo de outros copartícipes indispensáveis ao evento desportivo.

Aqui, deve-se abrir um parêntese para evitar uma interpretação distanciada do que se propõe.

É inegável que um megaevento desportivo revela-se no somatório de inúmeras participações individuais, as quais se observam em relance da cobertura televisiva, *v.g.*, torcida, gandulas, policiais, fotógrafos, massagista, preparador físico, operadores do *VAR* (*video assistant referee*), voluntários etc., além de outras pessoas que trabalham nos bastidores anonimamente, desde o funcionário que fica na catraca logo na entrada do estádio, ao bombeiro, zelador, operadores das câmeras de monitoramento de torcedores, técnicos de som, técnicos de iluminação, operador de placar, locutor, ouvidor da partida, instalador de redes nas traves, cuidadores do gramado, faxineiro, operador do gerador etc.

Entender que todas essas pessoas integram a grandiosidade de um evento desportivo é senso comum, mas afirmar que suas imagens são habitual e exaustivamente exibidas e reexibidas pela televisão, ou mesmo entender que essas imagens são esperadas pelos telespectadores, é ignorar a realidade de que a verdadeira cobertura é voltada para a partida, focando seus principais integrantes.

Nesse sentido, José de Oliveira Ascensão discorre que:

> É nosso objetivo apurar se os vários participantes de um espetáculo desportivo, que complementam a atuação dos que desempenham a atividade atlética que é a essência do espetáculo, podem de alguma maneira autorizar ou proibir a fixação, transmissão ou retransmissão do espetáculo, ou participar do preço da autorização. Assim, num encontro de futebol, está em causa saber se, além dos jogadores, também os juízes, massagistas e outros intervenientes podem invocar direitos. As fronteiras desta categoria alongada são extremamente imprecisas. Logo teríamos de perguntar se estão também abrangidos os "gandulas", os policiais que vigiam o recinto, os jogadores que ficam no banco, e assim por diante.[14]

Comentando a posição de José de Oliveira Ascensão, Antonio Carlos Morato[15] destaca que o referido autor possui entendimento desfavorável à extensão do direito de arena a intervenientes, sustentando que esses terceiros "não contribuem por natureza com prestações atléticas".

Antônio Chaves, por seu turno, sustentando entendimento diverso do de José de Oliveira Ascensão acerca do assunto, salienta que a expressão "espetáculo desportivo", contida no art. 100 da Lei de Direitos Autorais de 1973 e atualmente reproduzida pelo art. 42 da Lei Pelé, inclui "todos os elementos que nele figuram como esportistas, juízes, 'bandeirinhas', cuja imagem esteja não fugazmente, nem como composição de cenário, relacionada ao espetáculo esportivo".[16]

Soma a tal entendimento Antonio Carlos Morato que assim se pronuncia:

> Alinhamo-nos, a esse respeito, ao entendimento de que nada obsta que — ao menos os árbitros e técnicos de futebol — também beneficiem-se do Direito de Arena, uma vez que a expressão "atleta" deve ser interpretada como "participante do espetáculo desportivo" a fim de abranger os outros intervenientes.[17]

---

(14) ASCENSÃO, José de Oliveira. Direitos dos outros intervenientes, além dos atletas, em caso de fixação, transmissão ou retransmissão de espetáculo desportivo. *Revista de Direito Civil, Imobiliário, Agrário e Empresarial*, São Paulo, v. 10, n. 35, p. 24, 1986.

(15) MORATO, Antonio Carlos. O espetáculo desportivo e o direito autoral: o direito de arena e a utilização da imagem dos atletas e de outros intervenientes. In: ATALÁ, Correia; CAPUCHO, Fabio Juan (Coords.). *Direitos da personalidade*. A contribuição de Silmara J. A. Chinellato. Manole: Barueri, 2019. p. 322.

(16) CHAVES, Antônio. *Direito de arena*. Campinas: Julex Livros, 1988. p. 61.

(17) MORATO, Antonio Carlos. *O espetáculo desportivo e o direito autoral:* o direito de arena e a utilização da imagem dos atletas e de outros intervenientes, *cit.*, p. 322.

O referido autor ainda arremata, citando o posicionamento de José de Oliveira Ascensão:

> Não olvidamos das dificuldades apontadas por José de Oliveira Ascensão no sentido de incluir vários intervenientes ("Com isto os outros intervenientes ficam excluídos da razão do preceito. Estes não contribuem por natureza com prestações atléticas. Era desfigurar a realidade pretender que o façam os policiais, os 'gandulas', os massagistas, e assim por diante"), mas do ilustre mestre discordamos quando este afirmou que "também os juízes não ocupam qualquer posição especial. Seria ridículo pretender que o juiz de partida de tênis, imóvel no alto do escadote, é um atleta, quando o único esforço físico que realiza é o de subir para o escadote...".
>
> Talvez o argumento relativo ao esforço físico empreendido pelo árbitro fosse razoável na época em que José de Oliveira Ascensão elaborou o seu texto (1986); mas, no esporte contemporâneo, revela-se incompatível com a realidade dos árbitros que exige notável preparo físico (e, a esse respeito, basta a consulta ao Manual de treinamento físico para árbitros e assistentes editado pela CBF e pela FIFA), sem negligenciar a importância do árbitro para o espetáculo desportivo, o que constitui a essência do que aqui defendemos.(18)

Entretanto, o exercício de atividade atlética é algo descartado pela atual redação do texto constitucional escrito doze anos após as considerações de José de Oliveira Ascensão.

A imagem e sua projeção constituem um direito fundamental. Dessarte, determinadas participações em eventos esportivos, tais como de árbitros e técnicos, fogem ao inusitado flagrante da câmera e passam a ser imagens esperadas e inerentes a seu acontecimento. São ocorrências aguardadas, intrínsecas à porfia, que compõem a expectativa do torcedor que assiste à peleja pela televisão.(19)

---

(18) MORATO, Antonio Carlos. *O espetáculo desportivo e o direito autoral:* o direito de arena e a utilização da imagem dos atletas e de outros intervenientes, *cit.*, p. 322.

(19) Importante destacar que, apesar de o cerne do presente artigo focar a garantia constitucional da captação da imagem coletiva aos participantes do evento esportivo *profissional* e seus reflexos práticos no rateio do direito de arena, há também reflexões que podem ser suscitadas a partir da cobertura televisiva de eventos semiprofissionais ou amadores, pois, nesses casos, somente aqueles que possuem contrato de trabalho assinado receberão parcela do direito de arena estipulado na Lei Pelé. Acerca dessa questão salienta Wallace Joacir Alves de Oliveira: "Se de um mesmo evento participarem atletas amadores, semiprofissionais e profissionais, embora todos sofram a mesma exposição, apenas aqueles com contrato de trabalho receberão percentual sobre o preço ajustado. Ainda, se o time tiver um amador e dez profissionais, estes dez dividirão entre si o percentual do valor cabível de seu clube, enquanto que se no time adversário houver apenas um jogador profissional e dez amadores 20% do valor destinado ao seu clube caberá integralmente, unicamente, a este jogador profissional" (O direito de imagem e sua relevância para o direito desportivo. In: ZAINAGHI, Domingos Sávio (Org.). *Direito desportivo*. Leme-SP: Mizuno, 2022. p. 384).

Oportuno destacar que, em julgamento acerca da comercialização de imagens do espetáculo esportivo, o Desembargador Franscisco Loureiro afirma que ela recai sobre "o espetáculo em si", sendo adequada a previsão constitucional cuja genética legislativa o atribui à justa compensação aos "participantes" que são nele focados e exercem papel fundamental para o entretenimento que se transmite e compõe a expectativa do torcedor.[20]

Nesse sentido, tais imagens fogem a um eventual flagrante de relance, como a tomada de uma imagem de uma gandula, de repórter ou policial no canto do gramado, de ambulância com enfermeiros etc. A cobertura das imagens do conjunto de arbitragem e técnicos é indispensável para entender a completude de um espetáculo, o "calor emocional" da partida, nela incluindo atletas (em campo e reservas).

Sobre o assunto já tivemos a oportunidade de assim nos pronunciarmos:

> Tais imagens fogem da ideia de inusitados flagrantes do espetáculo e se revelam elementos a ele inerentes e têm a obrigatoriedade de ser captados pelo crescente costume de se visualizarem treinadores e árbitros como efetivos integrantes da porfia desportiva, não se considerando como participações acessórias em relação à imagem construída do espetáculo. Cite-se como exemplo o tombo do treinador da seleção brasileira Tite ao comemorar um gol, que viralizou na internet com memes e infindáveis *posts* em redes sociais, assim como lances de árbitros como Clésio Pereira dos Santos[21], Romualdo Arppi Filho, Arnaldo Cezar Coelho, Carlos Eugênio Simon, Armando Marques, José Aparecido de Oliveira, entre outros.
>
> [...]
>
> O direito de arena se revela muito mais do que um instituto que visa à indenização ao organizador do evento e aos atletas pela atuação coletiva captada e transmitida pela televisão. Apresenta-se como um instituto civil guindado à topografia constitucional de direito fundamental, que representa o legítimo respeito a todos aqueles que participam e se dedicam de forma esperada e fundamental para a grandeza do evento. Tais agentes fazem parte da expectativa do público e são ingredientes básicos na receita do entretenimento oriunda da magia do esporte. Como imaginar a transmissão de um espetáculo desportivo sem a focalização na atuação do árbitro ou nas

(20) TJSP, Apelação 0106434-29.2008.8.26.0100, 4ª Câmara de Direito Privado, rel. Francisco Loureiro, j. 10.06.2010.

(21) Árbitro conhecido na época como "Margarida", em virtude de sua forma peculiar de atuar na partida, atualmente reconhecida como ofensiva e discriminatória.

> reações dos técnicos ante o desencadeamento dos fatos da partida? Certamente, se isso ocorrer, estaremos diante de uma cobertura frustrante que não acolhe a necessária riqueza de detalhes e participações do espetáculo.
>
> É no sentido do "coletivo", de uma congregação de pessoas que, juntas, com suas atuações e funções relevantes e particularizadas, interagem em uma partida e dão significado pleno ao que se chama de "espetáculo desportivo", que partimos para a justa possibilidade de atribuir aos referidos copartícipes, árbitros e técnicos, o direito de participarem dos lucros oriundos da exposição do evento por meio do direito de arena.(22)

Entendemos assim que o desenho do instituto do direito de arena, interpretado à luz de sua topografia constitucional, fundamenta-se na noção inexorável da imagem coletiva, acentuando os contornos inclusivos dos atletas e de outros copartícipes que somam indispensavelmente à realização do espetáculo esportivo e estão no contexto da legítima expectativa daqueles que assistem à partida pela televisão.

Incluir técnicos(23)(24) e árbitros(25) como destinatários do direito de arena é uma justa forma de remunerar profissionais intervenientes do espetáculo desportivo que são

---

(22) CABEZÓN, Ricardo de Moraes. *Direito de arena e seus e seus aspectos civis sob a perspectiva dos participantes do evento desportivo, cit.*, p. 160-162.

(23) Impossível assistir a uma partida na qual estão no banco técnico José Mourinho, Tite, Minelli, Joel Santana, Paulo César Carpegiani, Cuca, Abel Braga, Evaristo de Macedo, Zidane, Josep Guardiola, Jorge Jesus, entre outros, e não notar o quanto esses profissionais são filmados e expostos, flagrados articulando jogadas e ajustando a dinâmica dos atletas em campo. Telê Santana, à guisa de exemplo, exigia não só uma atuação vitoriosa, mas também o desenvolvimento do "futebol arte", no qual a *performance* do atleta não estaria ligada somente ao alcance do gol, mas à adoção permanente de uma coreografia dribladora e desconcertante que consagrou o futebol brasileiro mundialmente por suas belíssimas e marcantes jogadas (CABEZÓN, Ricardo de Moraes. *Direito de arena e seus e seus aspectos civis sob a perspectiva dos participantes do evento desportivo, cit.*, p. 154).

(24) Sobre a importância da atuação do treinador para o espetáculo desportivo, salienta Antonio Carlos Morato: "Ponderamos que os movimentos dos árbitros e as instruções à beira do gramado (ou das quadras) transmitidas pelos técnicos também integram o espetáculo e traduzem com precisão a tensão do momento, dando ao espetáculo desportivo a dimensão humana necessária, assim como o suporte a um verdadeiro drama (como bem lembrou Álvaro Melo Filho, os estádios foram transformados em verdadeiros estúdios pelas emissoras de radiodifusão, lição que pode ser somada à transmitida por Silmara Juny de Abreu Chinellato quando enfatiza os aspectos artísticos do esporte)" (*O espetáculo desportivo e o direito autoral: o direito de arena e a utilização da imagem dos atletas e de outros intervenientes, cit.*, p. 325).

(25) Não é recente a discussão de os árbitros receberem direito de arena; citem-se dois exemplos: (a) em 1982, foi submetida à Comissão Nacional de Direito Autoral a criação da Associação Brasileira do Direito de Arena (ABDA), a qual previa destinar os recursos provenientes da captação da imagem coletiva da partida a atletas e árbitros. Carlos Alberto Bittar, relator do processo, concluiu que a ABDA cumpria as exigências para funcionamento, mas o processo estava sobrestado em virtude de, na época, haver a necessidade de regulamentação dos arts. 100 e 101 da Lei n. 5.988/1973; e (b) no Projeto de Lei de 2015, que previa a conversão da MP n. 671 ("medida provisória do futebol"), foi vetado trecho que destinava aos árbitros 0,5% da receita proveniente

muito mais focados do que atletas que estão no banco de reserva, os quais, não obstante, fazem jus ao recebimento de indenização pela captação da imagem coletiva da partida de futebol.

A propósito, a larga e desenfreada exposição de suas imagens e nomes na mídia tem os levado a buscar, tanto no âmbito nacional quanto no internacional, meios alternativos de proteção de sua imagem na esfera dos direitos intelectuais como forma legítima de utilização pública de seu nome e imagem no mercado do entretenimento.

Portanto, registre-se a possibilidade de registro de seu nome no Instituto Nacional da Propriedade Industrial (INPI), ou mesmo de suas assinaturas — como foi a de Pelé, registrada nos Estados Unidos em 1997 —, ou ainda o registro do nome como marca comercial, como fez o Chelsea com o técnico "José Mourinho".

> O registro como marca protege a associação do nome do técnico de futebol a um serviço, por exemplo, que se constitui por intermédio do registro no INPI, assegurando a seu titular licenciar seu uso e zelar por sua reputação, conforme a Lei n. 9.279, de 14 de maio de 1996, Lei de Propriedade Industrial, entre outras disposições.(26)

Os árbitros ainda apresentam uma situação pior que a dos técnicos por (a) serem altamente exigidos fisicamente, devendo possuir a mesma capacidade, ou maior, de atletas de grande *performance*; (b) receberem por partida, sem salário fixo ou qualquer subsídio, devendo assim manter outra atividade profissional para custear suas despesas; (c) suas nomeações são incertas, não obstante poderem ficar com largos interstícios sem arbitrar; e (d) quando são convocados, nem sequer assinam termo de concessão de direitos de imagem, entre outras. Há, portanto, uma dívida histórica para com os árbitros.

Merece destaque o Uruguai que possui proposta legislativa para inserir árbitros e técnicos no rateio de direito de imagem, como também a experiência francesa que equiparava todos os participantes expostos, nivelando-os pela exposição de sua imagem sem mensurar sua maior ou menor importância em um sistema de gestão coletiva.

---

do direito de arena. A proposta legislativa previa em seu art. 38 inserir um novo parágrafo no art. 42 da Lei Pelé nos seguintes termos: "A Parcela equivalente a 0,5% (cinco décimos por cento) da receita proveniente do Direito de Arena será repassada a entidade representativa nacional dos árbitros, em competição de âmbito nacional, e a entidade representativa regional dos árbitros, em competição de âmbito estadual, que a distribuirá como parcela de natureza civil aos árbitros participantes do espetáculo esportivo, respeitados os atuais contratos".

(26) CABEZÓN, Ricardo de Moraes. *Direito de arena e seus e seus aspectos civis sob a perspectiva dos participantes do evento desportivo, cit.*, p. 172.

## 13.6. A resistência à aplicação do direito fundamental e seus argumentos

Obviamente, cartolas, defensores das agremiações desportivas, bem como a Confederação Brasileira de Futebol, não abrem qualquer espaço para dialogar sobre a possibilidade de estender a outros copartícipes algum percentual oriundo da receita obtida na captação de imagens coletivas dos eventos desportivos pelas emissoras de televisão ou mesmo pensar em uma nova fórmula para distribuição de direito de arena.

A questão é um verdadeiro tabu e não há qualquer vontade política para mudar esse quadro, não podendo olvidar ainda que não é secreta a intensa articulação política que propiciou a diminuição do percentual dos atletas de 20% para 5% da receita proveniente das transmissões televisivas, amoldando-se ao que efetivamente a grande maioria dos clubes pagava a eles, apropriando-se levianamente das cotas dos atletas.

De forma objetiva, em texto por nós escrito, pudemos consignar que a resistência desses atores tem por base quatro tópicos centrais. Vejamos:

> Os argumentos dos detratores da extensão dos direitos de arena aos árbitros resumem seus entendimentos à literalidade do marco regulatório, o qual, como exposto, está em plena desarmonia com a noção do instituto e sua previsão constitucional de direito fundamental, argumentando que: (i) a Lei Pelé menciona expressamente repasse a "atleta"; (ii) a figura do árbitro não se confunde com atleta; (iii) a função ocupada pelo árbitro é periférica de mero coadjuvante; (iv) inexiste contrato de trabalho firmado entre o árbitro e as equipes esportivas que realizam a disputa; e (v) a autorização para uso da imagem do árbitro emana do exercício de sua função, que enseja exposição pública e é contemplada nos valores recebidos por ele. Tais argumentos, excetuado o (iv), são críticas plenamente aplicáveis, por extensão, à situação do treinador profissional a fim de também rechaçar sua participação na percepção dos direitos de arena.(27)

Os referidos argumentos são aceitos pelo Superior Tribunal de Justiça, que consolidou tese restritiva à percepção dos direitos de imagens coletivas a outros copartícipes dos espetáculos esportivos.

Tal fato se comprova na recente decisão publicada em 28.03.2023, oriunda dos autos do AgInt no Recurso Especial 1.620.483, em ação movida pelo Sindicato dos Árbitros Profissionais do Estado do Rio de Janeiro e pelo Sindicato dos Árbitros de Futebol do Estado de São Paulo contra a Rede Globo, Globosat e TV Record, nos quais se propugnava a extensão do direito de arena aos árbitros.

---

(27) CABEZÓN, Ricardo de Moraes. *Direito de arena e seus e seus aspectos civis sob a perspectiva dos participantes do evento desportivo, cit.*, p. 179-180.

Nas razões de sua manifestação, o vice-presidente do Superior Tribunal de Justiça, Ministro Og Fernandes, seguindo a tendência da Corte, inadmitiu o seguimento do recurso ao Supremo Tribunal Federal por entender que não havia qualquer discussão de natureza constitucional na questão, mas sim em caráter infraconstitucional (Lei Pelé), na qual os árbitros não se equiparam a atletas. Colacionam-se trechos do acórdão recorrido:

> [...] não cabe a esta Corte ler no art. 42, *caput*, § 1º, da Lei n. 9.615 o que nela não se encontra, ou seja, o reconhecimento legal do direito de arena aos árbitros e auxiliares.
>
> C. Os agravantes sustentam "que, sendo óbvio que a imagem do árbitro é humana, deve a interpretação conforme a Constituição estabelecer que os árbitros são atletas profissionais participantes do evento esportivo integrando-se aos destinatários do art. 42 da Lei n. 9.615/98, para que esta norma legal esteja em harmonia com a Constituição" (e-STJ, fl. 2900). Compete ao STF verificar se o art. 42 da Lei n. 9.615 está, ou não, em harmonia com a Constituição, e não a esta Corte. CR, art. 105, III, *a* e *c*. Assim, não cabe a esta Corte verificar se o art. 42, *caput*, § 1º, da Lei n. 9.615 está em conformidade, ou não, com o art. 5º, XXVIII, *a*, da Constituição Federal. Por identidade de razão, não cabe a esta Corte proceder à interpretação conforme a Constituição do art. 42, *caput*, § 1º, da Lei n. 9.615 e do art. 20 do CC/2002. Essa é uma tarefa reservada ao STF no exercício da jurisdição constitucional. Constituição Federal, art. 102, *caput*, III. (*Vide*: STF, ADI 4.815, Tribunal Pleno, relª. Cármen Lúcia, j. 10.06.2015, *DJe*-018 1º.02.2016. Decisão na qual o STF deu interpretação conforme a Constituição aos arts. 20 e 21 do CC/2002.)

Cabe ainda, especialmente, enfatizarmos o trecho a seguir colacionado do julgado:

> *Ad argumentandum tantum*, o art. 5º, XXVIII, *a*, da Constituição Federal reconhece o direito à participação individual na reprodução da imagem nas atividades desportivas, e os árbitros, assim como os gandulas (ou apanha-bolas) e os seguranças, por exemplo, não estão praticando atividade desportiva. Em consonância com a fundamentação acima, a recusa da Corte revisora em aos árbitros o direito de arena não implicou negativa de vigência ao art. 42, *caput*, § 1º, da Lei n. 9.615. [...] Na realidade, porém, os árbitros consentem com a reprodução de suas imagens quando aceitam arbitrar, mediante remuneração, as partidas de futebol transmitidas pelos atuais diversos meios audiovisuais. Como destacado alhures, "na transmissão dos jogos de futebol, quando capturadas imagens dos árbitros e auxiliares de arbitragem, o objetivo da empresa [...] não é o de explorar a imagem destes, com fins lucrativos, a exemplo do que ocorre, em tese, com destacados jogadores de futebol, e com o próprio espetáculo em si. Destarte, a equipe de arbitragem ao prestar seus serviços — pelos quais é remunerada — num jogo de futebol, automaticamente permite a transmissão da sua imagem pelos meios televisivos, *sites* de internet, etc., porquanto a exibição das partidas ao público é ínsita nesse tipo de espetáculo". [...] os árbitros, "por ato próprio e direito, dispuseram de suas imagens, de maneira a afastar a força da notificação feita por terceiro. Aqui, o que vale é a conduta direta dos árbitros, que é contraditória à notificação, pois aceitam receber valor específico, por partidas, cientes de que serão transmitidas". [...] A circunstância de os jogadores fazerem jus aos salários e ao direito de arena não impõe, *ipso facto*, reconhecer aos árbitros o direito de arena que lhes foi negado no art. 42, *caput*, § 1º, da Lei n. 9.615. O fato de determinada categoria profissional ter sido contemplada em lei com o direito de arena não autoriza o Poder Judiciário a estender esse direito a outras categorias profissionais. O Poder Judiciário não cria lei — interpreta-a.

A decisão foi proferida no embalo do anterior indeferimento, julgamento do recurso especial na 4ª Turma, cuja relatora, Ministra Maria Isabel Gallotti, pautou-se pelas seguintes premissas:

> I – no acordão impugnado foi prolatado na vigência do CPC de 1973, que é a lei regente do recurso;
>
> II – na jurisprudência fixada no STJ, citando trechos da decisão sustentando que (i) "o direito de arena tem por fim maior reparar os gastos que a entidade que realiza o espetáculo tem com este"; (ii) "tenciona proporcionar o próprio espetáculo, quando coletivo, pois impossível, nestes casos, seria a anuência de todos os envolvidos, que poderiam ter a imagem exposta, e fazer exigências várias"; (iii) "que o legislador constituinte estabeleceu regramento próprio ao direito de arena — inciso XVII, do art. 5º —, evidenciando que o mesmo deve ser visto harmonicamente com o direito de imagem — incisos V e X, do art. 5º —, onde este último não pode aniquilar o primeiro"; (iv) "a imagem coletiva, proporcionada por uma agremiação esportiva, em um evento esportivo, pertence a esta, enquanto evento, e não pode ser impedida por postulação individual de um atleta"; (v) "o direito à imagem individual não se confunde com o direito de arena, e não pode se colocar como óbice a um espetáculo esportivo"; (vi) os árbitros sabem que os jogos são e serão televisionados em regra; sabem, por conseguinte, da potencialidade do uso de suas imagens coletivas, dentro do evento esportivo, e aderem mediante a remuneração específica por sua atuação na determinada partida; e (vii) "não houvesse, como há, a anuência dos árbitros para a divulgação de suas imagens nos eventos esportivos de que participam, não poderiam eles impedir a transmissão e retransmissão das partidas, quando procedidas sob o exercício do direito de arena";
>
> III – na necessidade de intervenção legislativa para ajustar o marco regulatório (Lei Pelé) citando o veto pretérito de trecho contido na Lei n. 13.155 de 2015 pela Presidência da República, que previa a destinação de 0,5% da receita proveniente do direito de arena das partidas de futebol aos árbitros;
>
> IV – na inadmissibilidade do recurso especial, salientando que "não se conhece do recurso especial pela divergência, quando a orientação do tribunal se firmou no mesmo sentido da decisão recorrida";[(28)] e
>
> V – no que respeita aos dispositivos constitucionais invocados, o STJ tem decidido que "a interposição de recurso especial não é cabível quando ocorre violação de dispositivo constitucional ou de qualquer ato normativo que não se enquadre no conceito de lei federal, conforme disposto no art. 105, III, *'a'*, da CF/88".[(29)]

---

(28) STJ, Súmula n. 83, Corte Especial, j. 18.06.1993, *DJ* 02.07.1993, p. 13.283.

(29) STJ, AgInt no AREsp 1.689.576/SP, 3ª Turma, relª. Minª. Nancy Andrighi, j. 08.02.2021, *DJe* 11.02.2021.

Vê-se, portanto, que o Superior Tribunal de Justiça não adentra no mérito do direito fundamental da captação e imagens coletivas aos participantes dos eventos esportivos, contido no art. 5º, XXVIII, *a*, da CF, como também não propicia a submissão da questão a julgamento pelo Supremo Tribunal Federal, adotando como forma de julgamento interpretação "debaixo para cima", ou seja, a partir de uma Lei infraconstitucional, quando a lógica do sistema determina "de cima para baixo", o que significa a partir do sistema constitucional para baixo.

Celso Ribeiro Bastos, com clareza solar ao tratar dos postulados constitucionais, pressupostos basilares a uma válida interpretação, pontos de partida sem os quais é impossível interpretar e aplicar a norma fundamental, salienta que a atividade de interpretação para ser considerada válida necessita "respeitá-los no seu todo, não podendo proceder à escolha de um ou de outro". E complementa: "trata-se, pois, de um primeiro nível de restrições à atividade subjetiva do intérprete, e que constitui assunto de especial gravidade em qualquer sistema jurídico".(30)

Nesse vértice, destacam-se a supremacia da Constituição e sua maior efetividade possível.

Ao tratar da supremacia da Constituição, o eminente constitucionalista observa que o sistema hierárquico conquista "um sentido próprio", devendo-se "evitar qualquer infringência dessa particularidade, reconhecendo-se que a Constituição é a norma superior em qualquer ocasião". E enfatiza advertindo:

> [...] portanto, não se dá conteúdo à Constituição a partir das leis. A fórmula a adotar-se para a explicitação de conceitos opera sempre "de cima para baixo", o que serve para dar segurança em suas definições.
>
> O postulado da supremacia da Constituição repele todo tipo de interpretação que venha de baixo, é dizer, repele toda a tentativa de interpretar a Constituição a partir da lei. O que cumpre ser feito é sempre o contrário, vale dizer, procede-se a interpretação do ordenamento jurídico a partir da Constituição.(31)

Continuando, ao tratar da maior efetividade possível, explica o referido constitucionalista que "o princípio da máxima eficiência (Canotilho) significa que, sempre que possível, deverá ser o dispositivo constitucional interpretado num sentido que lhe atribua maior eficácia", complementando que "o postulado é válido na medida em que por meio dele se entenda que não se pode empobrecer a Constituição".(32)

---

(30) BASTOS, Celso Ribeiro. *Hermenêutica e interpretação constitucional.* São Paulo: IBDC, 1999. p. 100.

(31) *Ibidem*, p. 101.

(32) *Ibidem*, p 104-105.

Logo, é evidente que, a partir da lesão dos postulados, nasce a necessidade de aplicar o controle de constitucionalidade, seja concentrado pela Corte Superior ou mesmo de forma difusa. Manuel Gonçalves Ferreira Filho,(33) ao se referir a esse tema, obtempera que:

> [...] da superioridade da constituição resultam serem viciados os atos que com ela conflitam, ou seja, dela resulta a inconstitucionalidade dos atos que a contrariam. Ora, para assegurar a supremacia da Constituição é preciso efetivar um crivo, um controle sobre os atos jurídicos, a fim de identificar os que, por colidirem com a Constituição, não são válidos.(34)

Voltando à decisão de indeferimento pelo vice-presidente do Superior Tribunal de Justiça, reforça-se a identificação de elementos que validaram norma em patamar inferior, preterindo direito fundamental insculpido na norma constitucional, ou seja, a Lei Pelé (marco regulatório do direito de arena) pretere a gênese do direito a que regula, flertando assim com uma séria violação dos ideais juspositivistas aprendidos nos primeiros meses de faculdade emanados das lições de Hans Kelsen, segundo o qual devemos valorar a norma hipotética fundamental subsumindo o sistema jurídico ao ordenamento constitucional.

Gilmar Mendes, a esse respeito, citando Jorge Miranda, salienta que constitucionalidade e inconstitucionalidade designam conceitos de relação, isto é:

> "a relação de que se estabelece entre uma coisa — a Constituição — e outra coisa — um comportamento — que lhe está ou não conforme, que com ela é ou não compatível, que cabe ou não no seu sentido". Não se cuida, porém, de uma relação lógica ou intelectiva, adverte o mestre português, mas de uma relação de caráter normativo e valorativo.(35)

Dessarte, observamos que a questão não é tão simples e existem robustos motivos para levar adiante tal debate na seara constitucional.

Em reforço, diante do atual patamar em que se impede a discussão em termos constitucionais minimamente centrados na gênese do direito fundamental de imagem aos participantes dos eventos desportivos, é imprescindível ir além e considerar que a restrição do direito de arena a copartícipes pela lei infraconstitucional propugna pela possibilidade de se adotarem medidas excepcionais pautadas por uma inconstitucionalidade por omissão.

---

(33) FERREIRA FILHO, Manuel Gonçalves. *Curso de direito constitucional*. 22. ed. atual. São Paulo: Saraiva, 1995. p. 18-19.

(34) FERREIRA FILHO, Manuel Gonçalves. *Curso de direito constitucional, cit.*, p. 18-19.

(35) MENDES, Gilmar Ferreira. *Curso de direito constitucional*. 11. ed. São Paulo: Saraiva, 1996. p. 1.075.

Nesse esteio, Luís Roberto Barroso, ao tratar da supremacia e da necessidade de proteger o fundamento do ordenamento jurídico brasileiro, a Constituição Federal, salienta, *in verbis*:

> A maior parte dos comandos constitucionais se materializa em normas cogentes, que não podem ter sua incidência afastada pela vontade das partes, como ocorre, no âmbito privado, com as normas dispositivas. As normas cogentes se apresentam nas versões proibitiva e preceptiva, vedando ou impondo determinados comportamentos, respectivamente. É possível, portanto, violar a Constituição praticando um ato que ela interditava ou deixando de praticar um ato que ela exigia.
>
> [...]
>
> A inconstitucionalidade por omissão, como um fenômeno novo, que tem desafiado a criatividade da doutrina, da jurisprudência e dos legisladores, é a que se refere a inércia na elaboração de atos normativos necessários à realização dos comandos constitucionais. Como regra, legislar é uma faculdade do legislador. Insere-se no âmbito de sua discricionariedade ou, mais propriamente, de sua liberdade de conformação a decisão de criar ou não lei acerca de determinada matéria. De ordinário, sua inércia ou sua decisão política de não agir não caracterizarão comportamento inconstitucional. Todavia, nos casos em que a Constituição impõe ao órgão legislativo o dever de editar norma reguladora da atuação de determinado preceito constitucional, sua abstenção será ilegítima e configurará caso de inconstitucionalidade por omissão.(36)

Como se pode constatar, os argumentos invocados não se justificam de per si ou encontram respaldo em nossa Lei Maior, ao contrário, estão na contramão da gênese constitucional em patamar de direito fundamental.

Os críticos ainda subestimam técnicos e árbitros, que têm se mobilizado nacional e internacionalmente para encontrarem meios alternativos à cotidiana exploração de sua imagem e nome, o que poderá representar a médio prazo uma grande celeuma para poder acomodar tamanhos ajustes e particularidades jurídicas que vêm sendo adotadas, porém, se realinhadas por uma justa modificação interpretativa do marco regulatório ou sua modificação legislativa, propiciaria uma situação muito mais estável, saudável e justa.

Por derradeiro, resta a reflexão acerca da necessidade de se conscientizar de que as lentes e os holofotes são dirigidos também a técnicos e árbitros a fim de identificarmos a importância e a grandeza de suas participações nos espetáculos desportivos, tratando-os,

(36) BARROSO, Luís Roberto. *O direito constitucional e a efetividade de suas normas*: limites e possibilidades da Constituição brasileira. 8. ed. Rio de janeiro: Renovar, 2006. p. 294-295.

ao menos, com a mínima proteção humana (por que não dizer "dignidade") que exala do texto constitucional.

## 12.7. Conclusão

O direito de arena é um instituto genuinamente brasileiro geneticamente concebido no seio da legislação autoral em 1973.

Meio século depois, continua sendo cerne de debate a respeito de seu alcance e extensão, reunindo muitos doutrinadores a tratarem de sua estrutura e características elementares, sobretudo personalidades do direito autoral, dada sua inclusão pretérita na Lei de Direito Autoral de 1973.

Sua existência muito se confunde com o direito de imagem, porém estudos demonstram que, apesar da proximidade, revelam-se institutos próprios que não se assemelham ou mesclam.

Atualmente, com previsão constitucional no art. 5º, XXVIII, *a*, a norma não privilegia atletas ou agremiações, deixando cristalino tratar-se de proteção a "participantes" de atividades desportivas.

Ao tratar de participantes é justo o debate e reflexão sobre quais são os que, habitualmente focados, fazem parte da justa expectativa do torcedor. É nessa toada que se distinguem de todos os diversos integrantes de um grandioso evento desportivo os atletas, árbitros e técnicos.

Imaginar uma partida na qual não se foque a arbitragem ou as reações dos técnicos seria uma cobertura televisiva desastrosa, que frustraria a quem assiste por não reunir o contexto habitual de todos os seus participantes elementares.

Assim, o marco regulatório do direito de arena (arts. 42 e 42-A da Lei n. 9.615/1998) apresenta-se como uma infeliz restrição da plenitude de um direito fundamental seriamente ofendido no que diz respeito às prerrogativas dos técnicos e árbitros que comumente, na maioria das transmissões, aparecem mais do que atletas reservas que recebem de forma ordinária receitas provenientes da cobertura televisiva da partida.

Os argumentos contrários fomentados por patronos de agremiações ou de cartolas, em sua grande maioria quase absoluta, voltam-se apenas para o marco regulatório, esquecendo-se de que o sistema jurídico deve ser harmônico e que na hierarquia das leis a Constituição Federal não pode ser preterida por uma Lei Ordinária.

As dificuldades desse reconhecimento têm resultado na busca de outros meios protetivos a árbitros e técnicos, os quais, em médio prazo, vão causar muito mais dispêndio e adaptação do que se fossem justamente reconhecidos e tratados de forma homogênea.

Esta é a reflexão que se impõe: até quando se fecharão os olhos a esta realidade?

## Referências

AIDAR, Carlos Miguel Castex; MIRANDA, Alexandre Ramalho. Direito à imagem e direito de arena – Aspectos controvertidos. *Síntese*, 24 set. 2012. Disponível em: http://www.sintese.com/doutrina_integra.asp?id=1230. Acesso em: 26 mar. 2023.

ASCENSÃO, José de Oliveira. Direitos dos outros intervenientes, além dos atletas, em caso de fixação, transmissão ou retransmissão de espetáculo desportivo. *Revista de Direito Civil, Imobiliário, Agrário e Empresarial*, São Paulo, v. 10, n. 35, p. 24-42, 1986.

______. Uma inovação brasileira: o direito de arena. *Jurisprudência Brasileira. Cível e Comércio*, Curitiba, v. 167, p. 37-43, revista trimestral, 1992.

BARROS, Alice Monteiro. Atleta profissional do futebol em face da "Lei Pelé". Lei n. 9.615, de 24-03-1998. *Síntese Trabalhista*, Porto Alegre, n. 126, dez. 1999.

BARROSO, Luís Roberto. *O direito constitucional e a efetividade de suas normas:* limites e possibilidades da Constituição brasileira. 8. ed. Rio de janeiro: Renovar, 2006.

BASTOS, Celso Ribeiro. *Hermenêutica e interpretação constitucional.* São Paulo: IBDC, 1999.

BITTAR, Carlos Alberto. *Os direitos da personalidade.* 7. ed. Rio de Janeiro: Forense Universitária, 2006.

CABEZÓN, Ricardo de Moraes. A luta pela sobrevivência do Estatuto do Torcedor. *Revista Científica Virtual da ESA*, v. 1, p. 36, 47, 2018.

______. As relações de consumo no desporto: o torcedor consumidor. In: MACHADO, Rubens Approbato; LANFREDI, Luís Gerakdi Sant'Ana; TOLEDO, Otávio Augusto de Almeida; ALVES, José Carlos Ferreira; ARMELIN, Roberto (Orgs.). *Curso de direito desportivo sistêmico.* São Paulo: Quartier Latin, 2007. v. 1, p. 89-102.

______. A turbulenta maioridade do Estatuto do Torcedor. In: ZAINAGHI, Domingos Sávio (Org.). *Direito desportivo.* São Paulo: Mizuno, 2022. p. 325-347.

______. *Direito de arena e seus e seus aspectos civis sob a perspectiva dos participantes do evento desportivo.* São Paulo: Mizuno, 2021.

______. *Manual de direitos do torcedor.* São Paulo: Atlas, 2012.

______. O acesso à arena desportiva como garantia fundamental do torcedor. In: MACHADO, Rubens Approbato; LANFREDI, Luís Geraldo Sant'Ana; TOLEDO, Otávio Augusto de Almeida; SAGRES, Ronaldo Crespilho; NASCIMENTO, Wagner (Orgs.). *Curso de direito desportivo sistêmico.* São Paulo: Quartier Latin, 2010. v. 2, p. 339-349.

______. O Código de Defesa do Consumidor nas relações desportivas. In: MORATO, Antonio Carlos; NERI, Paulo de Tarso (Orgs.). *20 anos do Código de Defesa do Consumidor:* estudos em homenagem ao professor José Geraldo Brito Filomeno. São Paulo: Atlas, 2010. v. 1, p. 308-318.

______. *Os direitos do torcedor:* uma abordagem do alcance e extensão da responsabilidade civil aplicada ao Estatuto do Torcedor (Lei n. 10.671/03). São Paulo: Memória Jurídica, 2006.

CHAVES, Antônio. *Arena Rights Legislative Problems Concerning Broadcasting of Large Shows (Sports or Other).* World Intellectual Property Organization (OMPI), 1987.

______. *Direito de arena*. Campinas: Julex Livros, 1988.

______. Direito de arena. *Revista da Faculdade de Direito*, Universidade de São Paulo, v. 77, p. 235-256, 1º jan. 1982.

CHINELLATO, Silmara Juny de Abreu. Direito de arena. *Revista do Instituto dos Advogados de São Paulo*, São Paulo, ano 2, n. 3, p. 130, jan./jun. 1999.

CONSELHO NACIONAL DE DIREITO AUTORAL. *Pareceres CNDA — 1984/1987*. Brasília: CNDA, 1988.

DUVAL, Hermano. *Direito a imagem.* São Paulo: Saraiva, 1988.

FERREIRA FILHO, Manuel Gonçalves. *Curso de direito constitucional.* 22. ed. atual. São Paulo: Saraiva, 1995.

HEINEN, Juliano. Direito de arena. *Revista Eletrônica do IBPI*, v. 1, p. 116-133, 2014. Disponível em: https://ibpieuropa.org/. Acesso em: 25 mar. 2023.

MARQUES, José Frederico. Televisão, futebol e Lei Municipal 4.007. *O Estado de S. Paulo*, 12 fev. 1961.

MARTORELLI, José Rinaldo. O direito de arena como direito de personalidade. In: MACHADO, Rubens Approbato; LANFREDI, Luís Geraldi Sant'Ana; TOLEDO, Otávio Augusto de Almeida *et al.* (Orgs.). *Curso de direito desportivo sistêmico*. São Paulo: Quartier Latin, 2010. v. 2, p. 610.

MELO FILHO, Alvaro. *Direito desportivo:* aspectos teóricos e práticos. São Paulo: Thomson IOB, 2006.

______. *Nova Lei Pelé.* Avanços e impactos. Rio de Janeiro: Maquinária, 2011.

______. *Novo regime jurídico do desporto:* comentários à Lei n. 9.615 e suas alterações. Brasília: Brasília Jurídica, 2001.

MENDES, Gilmar Ferreira. *Curso de direito constitucional.* 11. ed. São Paulo: Saraiva, 1996.

MORAES, Walter. Direito à própria imagem. *Revista dos Tribunais*, São Paulo, ano 61, n. 443, p. 64, set. 1972.

MORATO, Antonio Carlos. O espetáculo desportivo e o direito autoral: o direito de arena e a utilização da imagem dos atletas e de outros intervenientes. In: ATALÁ, Correia; CAPUCHO, Fabio Juan (Coords.). *Direitos da personalidade.* A contribuição de Silmara J. A. Chinellato. Manole: Barueri, 2019.

______. Quadro geral dos direitos da personalidade. *Revista da Faculdade de Direito da Universidade de São Paulo*, v. 106/107, p. 124, jan./dez. 2011-2012.

OLIVEIRA, Wallace Joacir Alves de. O direito de imagem e sua relevância para o direito desportivo. In: ZAINAGHI, Domingos Sávio (Org.). *Direito desportivo.* São Paulo: Mizuno, 2022. p. 369-415.

RABELLO, José Geraldo de Jacobina. Do "Direito de Arena". *Revista de Direito Civil, Imobiliário, Agrário e Empresarial*, São Paulo, v. 5, p. 53-59, 1998.

SCHEFFLER, Ademar Pedro. *Arbitragem de futebol:* questões atuais e polêmicas. São Paulo: LTr, 2008.

______. *Árbitros de futebol:* aspectos jurídicos — visão brasileira e do Mercosul. São Paulo: Quartier Latin, 2014.

SCHREIBER, Anderson. *Direitos da personalidade*. 2. ed. rev. e atual. São Paulo: Atlas, 2011.

SOUSA, Rabindranath Valentino Aleixo Capelo de. *O direito geral de personalidade*. Coimbra: Coimbra Editora, 1995.

TRABUCO, Cláudia. O direito ao espectáculo e o direito à imagem dos desportistas: cotejo dos direitos português e brasileiro. *Desporto & Direito, Revista Jurídica do Desporto*, Coimbra, n. 29, 2013.

ZAINAGHI, Domingos Sávio (Org.). *Direito desportivo*. São Paulo: Mizuno, 2022.

______. *Nova legislação desportiva*. São Paulo: LTr, 2002.

______. *Os atletas profissionais de futebol no direito do trabalho*. São Paulo: LTr, 1998.

______. *Vai Corinthians*. 50 anos de histórias de um louco do bando. São Paulo: Pontes, 2018.

# 14

# A Situação do Menor Atleta de Futebol no Brasil

*Veronica Lagassi*[(1)]

*Juliana Ferreira*[(2)]

## 14.1. Introdução

A prática do desporto no Brasil corresponde a um direito fundamental e constitucionalmente garantido na Constituição Federal Brasileira. É tamanha a sua importância e contribuição para a saúde física e mental do cidadão que a sua previsão não só existe de forma indireta a partir da proteção ao direito à vida e por conseguinte à saúde, consubstanciado nos arts. 5º e 6º, mas também direta ou expressa nos arts. 24, inciso IX, e, 217,

---

(1) Pós-Doutoranda. Doutora e Mestre em Direito. Advogada especialista em Direito Empresarial e Docência do Ensino Superior. Professora Adjunta de Direito Comercial do Curso de Direito da Faculdade Nacional de Direito (FND-UFRJ), no Mestrado em Propriedade Intelectual e Transferência de Tecnologia (PROFNIT-UFRJ). Professora Titular em Direito Empresarial no IBMEC-RJ e na FACHA, bem como de Direito do Trabalho na CESGRANRIO. Líder do Grupo de Pesquisa em "Direito Econômico, Propriedade Intelectual e Sustentabilidade (DEPIS). Membro das Comissões de Direito da Moda e Direito da Concorrência, ambas da OAB-RJ. Comissão de Direito Empresarial do IAB e da Sociedade Brasileira de Direito Desportivo (SBDD). Membro do Instituto de Investigação Jurídica da Universidade Lusófona, do Porto, na área de *Fashion Law*. Presidente do Pleno do Tribunal de Justiça Desportiva da FEURJ e Associada ao CONPEDI. https://orcid.org/0000-0003-3700-3443.

(2) Mestranda em Propriedade Intelectual e Transferência de Tecnologia para a Inovação pela Universidade Federal do Rio de Janeiro — UFRJ. Advogada, Professora e Consultora. Especialista em Direito Tributário pela Fundação Getúlio Vargas — MBA-FGV. Pós-Graduada em Direito Público pela Universidade Gama Filho — UGF, pela Escola da Magistratura do Estado do Rio de Janeiro — EMERJ — e Gestão de Negócios em Educação Física pela Unisaude Educacional. Diretora Jurídica da Sociedade Brasileira de Direito Desportivo — SBDD e da Federação de Esportes Universitários do Rio de Janeiro — FEURJ. Membro e Pesquisadora dos Grupos de Pesquisa Direito Econômico, Propriedade Intelectual e Sustentabilidade DEPIS/IBMEC/FND-UFRJ. Membro da Comissão de Direito de Concorrência OAB/RJ e Associada ao CONPEDI. Auditora do TJD-RJ do Futebol. Procuradora do STJD do Basquete. https://orcid.org/0000-0002-6940-413X.

todos da CRFB/1988. Desta forma, o legislador pátrio demonstrou não desconhecer a importância do desporto no que tange a melhoria das condições e qualidade de vida de uma nação ao não só eligir-lhe a condição de direito fundamental, assim como também estabelecer a concorrência entre os entes da federação no tocante à competência para legislar sobre este tema.

Fato que permite ou ao memos possibilita a regulação e realização de políticas públicas mais próximas as necessidades de cada ente da federação quando o assunto é o desporto. Por outro lado, o desporto não pode ser tratado apenas sob o prisma social, orientado pela presumida melhoria na saúde física e mental do cidadão que o pratica. Pois, ele deve também ser instrumento da melhoria na qualidade e condições da vida humana sob o aspecto econômico, em especial quando o esporte em comento diz respeito ao futebol.

Não podemos olvidar que dadas as características continentais do Brasil, este esporte em especial, é um dos mais democráticos e culturalmente arraigado à cultura nacional, além de se tratar de um dos esportes que mais movimentem milhões no que tange ao mercado de trabalho no desporto. Foi a partir das supracitadas premissas que o presente trabalho se desenvolveu e teve por intuito o de abordar a condição do menor atleta do futebol. E, para tanto, buscou-se demonstrar que a regulação trabalhista, apesar de possuir intenção claramente protetiva do trabalhador em fase de formação e crescimento, termina por ser nefasta ao "retirar do menor" a possibilidade de crescimento econômico e por conseguinte, de melhoria nas condições e qualidade de sua vida e até mesmo na de sua família ao "manter entraves" à negociação do atleta profissional menor e que termina por gerar um verdadeiro descompasso à diretriz constitucional do desenvolvimento econômico sustentável no Brasil.

A realização desta pesquisa contou com a análise dos textos legais de modo a tecer-se uma análise crítica e elucidativa sobre o tema.

## 13.2. O desporto no Brasil e o mercado do futebol

A importância e incentivo ao Desporto tem origem constitucional e está regulada no Brasil pela Lei n. 9615/98, cujo art. 1º, caput, dispõe: "*O desporto brasileiro abrange práticas formais e não formais e obedece às normas gerais desta Lei, inspirado nos fundamentos constitucionais do Estado Democrático de Direito*". Portanto, conforme anteriormente demos ênfase, o incentivo e prática do desporto tem função dúplice, tanto no âmbito social quanto econômico, por ser essencial à manutenção da saúde física e mental do indivíduo ao mesmo tempo em que pode também servir como um instrumento de obtenção de trabalho e ascensão econômico social na medida em que a prática de determinados esportes movimentam cifras com crescimento exponencial.

Foi sob o ponto de vista social que o texto legal acima transcrito fora idealizado pelo legislador pátrio. Pois, o incentivo estatal para a prática do desporto não só representa uma melhoria nas condições físicas do indivíduo, mas também mental na medida em que estimula o convívio social. Convívio esse, que traz como pressuposto basilar o da igualdade de todos aqueles que compõem a condição de ser humano, pouco importando assim a situação econômico-financeira de cada indivíduo posto que aqui prevalece a máxima no sentido de que todos, sem qualquer exceção, podem praticar livremente qualquer modalidade de esporte. Daí surge a sua visão igualitária e democrática.

Contudo, quando o incentivo ao desporto é visto sob o aspecto econômico e repartido a partir da prática de determinado esporte, pode-se perceber que o poderio econômico-financeiro do indivíduo em si será fator determinante para a prática de determinados esportes. Pois, a profissionalização e vinculação à prática de um determinado esporte exigirá custos e sacrifícios por parte do indivíduo que nem sempre terá acesso ou condições de fazê-lo.

E mesmo no caso do Brasil em que o incentivo ao desporto é preceito com diretriz constitucional análogo a um direito fundamental, não há uma gestão eficiente e muitos indivíduos de baixa renda que poderiam ser convertidos a condição de grandes atletas no cenário nacional e quiçá até internacional, terminam por desistir prematuramente de suas carreiras.

É neste cenário de adversidades que o esporte do "futebol" toma destaque na medida em que corresponde a um dos esportes mais difundidos no país ante a escassez de apetrechos necessários a uma adequada condução de sua prática. Situação fática que torna o futebol talvez no mais democrático de todos os esportes, na medida em que possibilita a sua prática apenas com um único apetrecho e que é a bola!

Por fim, ainda sob a ótica deste capítulo é importante esclarecer que a Lei n. 9.615/98 classifica o indivíduo praticante de esporte em duas categorias: a de atleta e de atleta profissional, sendo a segunda aquela que nos interessa porque vai corresponder justamente ao indivíduo que fará da prática de um esporte o seu trabalho. Neste sentido, é o que dispõe o art. 26 da supracitada lei:

> Art. 26. Atletas e entidades de prática desportiva são livres para organizar a atividade profissional, qualquer que seja sua modalidade, respeitados os termos desta Lei.
>
> Parágrafo único. Considera-se competição profissional para os efeitos desta Lei aquela promovida para obter renda e disputada por atletas profissionais cuja remuneração decorra de contrato de trabalho desportivo.

É importante destacar que ao ser reformada pela Lei n. 12.395/2011 a supracitada Lei também passou a dispor expressamente de limitações ao contrato de trabalho do atleta profissional de modo pormenorizado a partir do art. 27-C até o art. 46. É neste contexto, porém sob a lógica do futebol que o presente trabalho frui.

## 13.3. A situação do menor no mercado de trabalho e no desporto

O amparo à criança e ao menor ou adolescente advém da máxima de que o indivíduo em crescimento e formação biológica deve ser protegido. No entanto, essa proteção não é eterna e se limita a um tempo legalmente estabelecido e partir do qual, ele alcança a "maioridade" e por conseguinte, obtém a "capacidade jurídica" para a prática dos atos da vida civil.

Legislação pátria estabelece que a incapacidade decorrente da menoridade cessa aos 18 anos quando o jovem passa a estar automaticamente habilitado à prática de quaisquer dos atos da vida civil, nos termos do art. 5º, da Lei n. 10.406/2002 (Código Civil). Entretanto, o parágrafo único do referido artigo dispõe sobre hipóteses nas quais é possível a antecipação do alcance da capacidade jurídica por parte do menor, a saber:

> Art. 5º (...).
>
> Parágrafo único. Cessará, para os menores, a incapacidade:
>
> I – pela concessão dos pais, ou de um deles na falta do outro, mediante instrumento público, independentemente de homologação judicial, ou por sentença do juiz, ouvido o tutor, se o menor tiver dezesseis anos completos;
>
> II – pelo casamento;
>
> III – pelo exercício de emprego público efetivo;
>
> IV – pela colação de grau em curso de ensino superior;
>
> V – pelo estabelecimento civil ou comercial, ou pela existência de relação de emprego, desde que, em função deles, o menor com dezesseis anos completos tenha economia própria.

Da simples leitura da transcrição do texto legal supra é possível constatar que para fins do exercício de atos da vida civil existe a possibilidade de sua antecipação nas hipóteses em que o indivíduo ainda que menor de 18 anos e maior de 16 anos possa a partir de uma relação de trabalho ser responsável por sua subsistência. É justamente da previsão do texto legal do inciso V, do parágrafo único do art. 5º, do Código Civil é que tem origem toda a incongruência e entraves legais em relação ao trabalho do atleta profissional menor, conforme veremos no capítulo seguinte.

Entretanto, antes da análise daquilo que entendemos se tratar do cerne do problema, é aconselhável compreendermos o arcabouço legal que regula a proteção ao menor. Retornemos, portanto, à matriz de proteção à criança e ao Adolescente e que no caso do direito brasileiro corresponde à Lei n. 8.069/90 também conhecida como "Estatuto da Criança e do Adolescente" ou simplesmente ECA. A referida Lei tem como objetivo precípuo o da proteção à criança e ao adolescente conforme expressamente dispõe em seu art. 1º. Além disso, ela também traz uma distinção importante entre os conceitos de criança e adolescente, a saber:

> Art. 2º Considera-se criança, para os efeitos desta Lei, a pessoa até doze anos de idade incompletos, e adolescente aquela entre doze e dezoito anos de idade. Parágrafo único. Nos casos expressos em lei, aplica-se excepcionalmente este Estatuto às pessoas entre dezoito e vinte e um anos de idade.

Observe-se que o dispositivo acima transcrito não só contribui para a distinção entre os termos criança e adolescente, assim como também cria a exceção para ampliação de tratamento protetivo similar em determinadas situações para aquele que possua entre 18 e 21 anos de idade. E é justamente este "tratamento excepcional" e especificado previamente por lei que se deveria ser atribuído a possibilidade do trabalho da criança como atleta profissional no esporte, em especial no futebol — conforme defenderemos mais adiante.

É a partir do Estatuto da Criança e do Adolescente que são estabelecidos direitos e garantias mínimas que primam pela proteção deste indivíduo ainda em formação. Por intermédio desta Lei há uma tríade de responsabilização da família, da sociedade e do Estado para a proteção da criança e do adolescente.

Por outro lado, além da regulação e proteção para o convívio social temos também uma regulação especial no âmbito laboral e que está disciplinada em capítulo específico na Consolidação das Leis do Trabalho (CLT), a partir do art. 402:

> Art. 402. Considera-se menor para os efeitos desta Consolidação o trabalhador de quatorze até dezoito anos
>
> Parágrafo único – O trabalho do menor reger-se-á pelas disposições do presente Capítulo, exceto no serviço em oficinas em que trabalhem exclusivamente pessoas da família do menor e esteja este sob a direção do pai, mãe ou tutor, observado, entretanto, o disposto nos arts. 404, 405 e na Seção II.

Entretanto, o supracitado artigo deve ser analisado a partir da leitura da disposição seguinte:

> Art. 403. É proibido qualquer trabalho a menores de dezesseis anos de idade, salvo na condição de aprendiz, a partir dos quatorze anos.
>
> Parágrafo único. O trabalho do menor não poderá ser realizado em locais prejudiciais à sua formação, ao seu desenvolvimento físico, psíquico, moral e social e em horários e locais que não permitam a frequência à escola.

Portanto, conforme é possível constatar que com base na legislação laboral pátria ao menor não é permitido trabalhar antes do alcance da idade mínima de 14 anos e ainda assim, apenas na condição de "menor aprendiz". O contrato de trabalho do menor aprendiz está regulado no art. 428 da CLT a partir das alterações que foram impostas pela Lei n. 10.097/2000. Basicamente a regulação do menor aprendiz visa possibilitar ao menor de 18 anos e maior de 14 anos o aprendizado de uma profissão, mas, sem, contudo, que o referido aprendizado prejudique o desenvolvimento psíquico, físico e moral deste menor.

Para além da regulação do menor aprendiz e sob um contexto geral da regulação do contrato de trabalho do menor, o que basicamente irá o distinguir do contrato de trabalho a ser firmado por um indivíduo maior de 18 anos serão as condições e cuidados exigidos por lei, a saber: o contrato de trabalho e remuneração somente terão validade quando firmados por seus responsáveis, que podem ser pais ou tutores.

Além disso, ao menor é vedado o trabalho noturno, que é aquele compreendido entre o horário das 22h até as 05 h da manhã. Também não será admitido que o trabalho do menor seja desempenhado em locais que representem risco à formação moral do menor, bem como o seu período de férias deve coincidir com as férias escolares. Uma vez superado este conhecimento trivial acerca do trabalho do menor, passar-se-á a examinar as incongruências da inadmissão do contrato de trabalho como atleta profissional ao menor de 16 anos.

## 13.4. As incongruências ou entraves legais em relação ao menor no mercado de trabalho do futebol

Conforme viu-se, há todo um aparato na legislação pátria para fins de proteção à integridade física e psíquica do menor. O que se dá pelo simples fato dele corresponder a um indivíduo ainda em formação e que é por isso, considerado de certa forma é presumidamente incapaz de autodefender-se. A partir desta lógica, o arcabouço legal pátrio basicamente delimitou que o menor de 16 anos não pode trabalhar, ressalvado na condição de "menor aprendiz".

Desta forma, ao menor de 16 anos foi vedada a possibilidade de contratação como empregado. E por conseguinte, ao atleta profissional do desporto será esta a mesma regra que impera conforme se denota do texto legal do art. 44, inciso III, da Lei n. 9.615/1998, que dispõe: "*É vedada a prática do profissionalismo, em qualquer modalidade, quando se tratar de: (...) III – menores até a idade de dezesseis anos completos*".

Portanto, conforme se constata, ao menor de 16 anos é vedada a profissionalização mediante a contratação como atleta profissional. Fato que representa um retrocesso das normas infraconstitucionais quando analisadas sob o prisma e preceitos Constitucionais. Em especial, quando na análise fática observa-se que no Brasil há uma grande propensão para que crianças, nas mais tenras idades, possam mudar o seu destino e de sua família para obtenção de uma ascensão econômico-financeira por muitas delas até mesmo ignoradas.

Tal cenário legislativo pátrio contraria todo o cenário e mercado de trabalho para jovens atletas no âmbito internacional, correspondendo a uma situação exasperadora na medida em que tal mudança de texto legal poderia ser fator de contribuição para a erradicação da pobreza e miséria no âmbito nacional. Mas, o que esperar de um país em que foi necessário estipular em lei a questão da proteção ao "clube formador"?

O fato é que, sem dúvidas alguma, esse problema é muito mais acentuado no mercado de futebol, no qual são incontáveis os jovens brasileiros que perdem a oportunidade de empoderamento econômico por ausência de cumprimento do requisito "idade" para fins de serem negociados aos grandes clubes internacionais.

A despeito do mercado nacional, a título de exemplo, existe a possibilidade do contrato de atleta menor de idade, maior de 14 anos, pode ser registrado pelo clube junto a Confederação Brasileira de Futebol, após apresentar a ficha de inscrição de atleta não profissional, devendo dele constar o CRM e CPF do médico responsável e autorização assinada pelos responsáveis legais do atleta, deixando claro que há de se respeitar as normas de condutas estabelecidas pelos clubes e que o prazo do referido contrato não poderá ultrapassar 3 anos, conforme disposto no art. 29 e parágrafos do Regulamento Nacional de Registro e Transferência de Atletas de Futebol da CBF.

Desta forma, aqui o nosso maior propósito foi provocar um debate para adequação do texto legal, de modo que a equiparação existente no art. 2º do ECA para atribuir excepcionalmente um tratamento mais benéfico ao maior de 18 anos e menor de 21anos, venha a ser adotada ao menor de 16 e quiçá até menor de 14 anos, quando o assunto se tratar do contrato de trabalho do atleta profissional. Pois, é certo que a sugerida excepcionalização representaria à observância de diversos preceitos e quando não fundamentos da Constituição Federal, dentre os quais o da Dignidade da Pessoa e do trabalho, entre outros.

## 13.5. Conclusão

Embora tenhamos buscado delimitar o trabalho na situação do menor no mercado de trabalho do futebol, foi possível traçar um panorama acerca dos entraves legais à prática de um esporte no mercado de trabalho por parte do menor. Fato que contribui por dificultar a erradicação da pobreza e miséria no país, além de possivelmente contribuir para a captação de nossos jovens ao mercado criminoso, porém de trabalho que o tráfico de drogas corresponde.

Centenas e quando não milhares de jovens pobres em nosso país, especialmente os do sexo masculino e negro são recrutados pelo tráfico e têm suas vidas ceifadas quando poderiam estar trabalhando por intermédio de um destaque na prática de um esporte, mas que não o estão.

Há de se destacar que o trabalho infantil é um tema complexo e que abarca inúmeros debates e manifestações em todo o mundo no sentido de tornar essa prática proibida, contudo, quando nos referimos ao Desporto, especificamente, esse sentimento é de aceitar tal prática com ressalvas. Essa aceitação flexibilizada está sem dúvida, vinculado a questão financeira, uma vez que as famílias mais carentes vislumbram na criança praticante de futebol, um futuro próspero com efeitos imediato para as famílias.

Embora as garantias constitucionais dispostas no art. 227 da CRBB/1988 enalteçam o pleno crescimento das crianças, no tocante a proteção, educação e desenvolvimento, fato é que, no Brasil sob essa ótica, direitos e garantias são deixadas de lado e a observância do quadro sócio econômico e da necessidade das famílias predominam diante da colocação desse menor, responsável e mantenedor econômico da sua família, razão pela qual, no mundo real, há a necessidade de uma fiscalização maior dos órgãos e instituições responsáveis pelo cumprimento das Garantias Constitucionais.

E isso se dá justamente porque a legislação laboral protetiva do menor ignora que a criação da exceção excepcional da possibilidade de contratação laboral da criança como atleta profissional pode representar uma política pública não só no sentido de combater e erradicar a pobreza, reduzir os índices de criminalidade e violência infantil, assim como também o de propiciar o "desenvolvimento econômico sustentável" do país, o qual, diga-se de passagem, é diretriz e fundamento constitucional.

## Referências


BRASIL. *Constituição da República Federativa do Brasil (CRBB/88), de 05 de outubro de 1988.* Disponível em: https://www.planalto.gov.br/ccivil_03/constituicao/constituicao.htm. Acesso em: 06 abr. 23.

______. *Lei n. 9.615 (Lei Pelé), de 24 de março de 1998.* Institui normas gerais sobre desporto e dá outras providências. Disponível em: http://www.planalto.gov.br/ccivil_03/leis/l9615consol.htm. Acesso em: 07 maio 2023.

______. *Lei n. 8.069 (Estatuto da Criança e do Adolescente — ECA), de 13 de julho de 1990.* Dispõe sobre o Estatuto da Criança e do Adolescente e dá outras providências. Disponível em: https://www.planalto.gov.br/ccivil_03/leis/l8069.htm>. Acesso em: 07 maio 2023.

______. *Lei n. 10.406 (Código Civil– CC/02), de 10 de janeiro de 2002.* Institui o Código Civil. Disponível em: https://www.planalto.gov.br/ccivil_03/leis/2002/l10406compilada.htm#:~:text=LEI%20N%C2%BA%2010.406%2C%20DE%2010%20DE%20JANEIRO%20DE%202002&text=Institui%20o%20C%C3%B3digo%20Civil.&text=Art.,e%20deveres%20na%20ordem%20civil. Acesso em: 06 abr. 2023.

______. *Lei n. 10.097 (Programa Menor Aprendiz), de 19 de dezembro de 2000.* Altera dispositivos da Consolidação das Leis do Trabalho — CLT, aprovada pelo Decreto-lei n. 5.452, de 1º de maio de 1943. Disponível em: https://www.planalto.gov.br/ccivil_03/leis/l10097.htm>. Acesso em: 07 maio 2023.

MIRANDA, Martinho Neves. *O Direito no Desporto.* Rio de Janeiro: Lumen Juris, 2007.

LAGASSI, Veronica. A Viabilidade de Incidência da Teoria da Empresa no Desporto. *Revista Brasileira de Direito Empresarial*, vol. 2, n. 01, ano 2016. Disponível: https://web.archive.org/web/20180721014347/http://indexlaw.org/index.php/direitoempresarial/article/download/990/985. Acesso em: 07 maio 2023.

Regulamento Nacional de Registro e Transferência de Atletas de Futebol da CBF Disponível em: https://conteudo.cbf.com.br/cdn/202303/20230330170927_443.pdf. Acesso em: 07 maio 2023.

SÁ FILHO, Menezes de; ZAINAGHI, Luis Guilherme Krenek. *Relações de Trabalho no Desporto:* Estudos em homenagem ao Prof. Domingos Sávio Zainaghi. São Paulo. LTr, 2018.

SAYEG, Ricardo; BALERA, Wagner. *O Capitalismo Humanista*. Edição Digital KBR, 2011.

VARGAS, Ângelo. *Direito Desportivo:* os contornos jurídicos da ludicidade. Belo Horizonte: CREF6-MG, 2020.

VEIGA, Mauricio Figueredo Correa. *Manual de Direito do Trabalho Desportivo*. 3. ed. São Paulo: LTr, 2020.

VEIGA, Mauricio Figueredo Correa. *A evolução do futebol e das normas que a regulamentam*. São Paulo: LTr, 2005

ZAINAGHI, Domingos Sávio. *Direito Desportivo*. Leme-SP: Editora Mizuno, 2021.

______. *Os atletas profissionais de futebol no direito do trabalho*. São Paulo. LTr, 2018.

# 15

# Os Grupos Econômicos e sua Importância para o Direito do Trabalho Desportivo

*Vinícius Leonardo Loureiro Morrone*[1]

## 15.1. Introdução

Os grupos econômicos são uma realidade cada vez mais presente no mundo, mas a discussão jurídica sobre seu reconhecimento e suas implicações ainda não é pacífica. Para cada ramo jurídico no Brasil há uma abordagem e uma definição de grupos econômicos, algumas mais amplas que as outras. Para entender a dimensão de cada definição e a possibilidade de tomar conceitos emprestados, é fundamental analisar as regras de hermenêutica de cada disciplina jurídica. No presente texto focaremos no Direito do Trabalho Desportivo e a responsabilidade solidária decorrente das relações de emprego, nos termos do § 2º do art. 2º da Consolidação das Leis do Trabalho (CLT).

No Direito do Trabalho há dois princípios que não podem ser ignorados, especialmente quando vemos uma incerteza acerca de conceitos e definições, ainda que a incerteza não atinja a aplicação da norma. Esses princípios, da norma mais favorável e *in dubio pro operario*, são derivados do Princípio da Proteção.

Tomando como base as diversas definições surgidas de grupos econômicos ao longo dos anos, decorrente das evoluções sociais e econômicas, sob a ótica da hermenêutica juslaboralista, este estudo buscou analisar se há, dentro do ambiente esportivo, grupos econômicos e quais os reflexos jurídico-trabalhistas de tais grupos econômicos.

(1) Doutor em Economia das Organizações – Universidade de São Paulo.

O presente capítulo dividiu-se em cinco partes, sendo a primeira esta introdução, seguida da evolução histórica da definição de grupo econômico, apresentada na segunda parte. Na terceira parte são descritos os tipos de grupos econômicos encontrados na estrutura esportiva e na quarta serão apresentadas as repercussões trabalhistas do reconhecimento desses grupos econômicos. Por fim, a última parte apresentará as conclusões do trabalho.

## 15.2. Desenvolvimento histórico do conceito de grupo econômico

A ideia de grupo econômico é relativamente nova. Até o início da quinta década do século XX, a legislação não se preocupava com a questão e as empresas eram vistas basicamente como entidades independentes e autônomas. A primeira menção aos grupos econômicos na legislação trabalhista brasileira, com a Consolidação das Leis do Trabalho de 1943, traz uma ideia bastante limitada de grupo econômico. Nesse primeiro momento, limita-se à caracterização dos grupos econômicos por subordinação.

Esse conceito, extremamente restritivo, apontava que grupos econômicos seriam reconhecidos somente quando houvesse controle ou relação de subordinação entre duas ou mais empresas. Os grupos econômicos por subordinação pressupõem, por essência, a existência de uma *holding*, ou outra forma de controle direto de uma empresa sobre outras. Isso decorre do cenário econômico da época, no qual predominavam grandes complexos produtivos industriais, opondo grandes conglomerados verticalizados, que competiam entre si. Uma economia bastante estatizada e ainda diretamente ligada a uma mentalidade belicosa, que opunha frontalmente aqueles que entre si competiam. No contexto histórico, era razoável observar que a definição refletia, ainda que não totalmente, a realidade do mercado.

Os fatores competitivos do mercado ao longo do século XX sofreram diversas e rápidas mudanças, em razão de inúmeros motivos, tais como a globalização, a informatização e a reestruturação social. Essa nova realidade é reconhecida de forma evidente já na definição trazida pela Lei n. 5.889/1973, a Lei do Trabalho Rural — LTR.

Em seu texto, a lei traz menção direta a possibilidade de outras formas de estruturação econômica conjunta, sem trazer qualquer limitação evidente, ao inserir no §2º do art. 3º o trecho "ou ainda quando, mesmo guardando cada uma sua autonomia, integrem grupo econômico ou financeiro". Ou seja, ainda que não exista subordinação e que as empresas sejam completamente autônomas é reconhecida a possibilidade de existência de um grupo econômico.

Sem uma atualização da CLT que acompanhasse as mudanças, coube à doutrina apontar a necessidade de uma interpretação mais extensiva do conceito trazido. Em 1994, Russomano[(2)] apresenta essa ideia de forma clara:

---

(2) RUSSOMANO, Mozart Victor. *Comentários à CLT*. 16. ed. v. 1. Rio de Janeiro: Forense, 1994.

> "É preciso pensar-se em outras possibilidades, que a prática pode criar e que, resultando das variadas formas de aglutinação de empresas, nem por isso desfiguram a existência do grupo e, portanto, a corresponsabilidade econômica de todas as empresas que o integram, em face dos direitos do trabalhador. É o caso de um grupo de empresas constituído horizontalmente."

Nesse trecho, destacamos que surge a ideia de garantir os direitos do trabalhador, basilar para o direito do trabalho, é basilar para a defesa da interpretação extensiva do conceito de grupo econômico. Nesse caso, a primeira e mais óbvia extensão da interpretação toma emprestado o conceito que foi ampliado pela LTR. No entanto, a compreensão da ideia de grupo econômico continuou a evoluir no direito nacional.

Em 2009, a Lei n. 11.941 alterou a Lei das Sociedades por Ações, Lei n. 6.404/76, de forma que, a partir desse momento, a influência significativa passou a ser considerada para a caracterização de coligação entre empresas. Nesse caso, no entanto, ainda resiste como requisito complementar a existência de investimento de uma em outra. A própria lei trata de definir o que é a dita "influência significativa", apontando no §4º do art. 243 que "há influência significativa quando a investidora detém ou exerce o poder de participar nas decisões das políticas financeira ou operacional". Incluiu ainda um caso em que a influência significativa é presumida, que ocorre quando a investidora possuir mais de 20% do capital votante da investida.

Finalmente, em 2017, a Reforma Trabalhista, por meio da Lei n. 13.467/2017, passou a contemplar formalmente a possibilidade de reconhecimento de grupo econômico por coordenação, abandonando a ideia de subordinação como critério mandatório. Após a reforma, o texto do § 2º do art. 2º da CLT passou a ter a seguinte redação:

> § 2º Sempre que uma ou mais empresas, tendo, embora, cada uma delas personalidade jurídica própria, estiverem sob a direção, controle ou administração de outras, ou ainda quando, mesmo guardando cada uma sua autonomia, integrem grupo econômico, serão responsáveis solidariamente pelas obrigações decorrentes da relação de emprego.

Mesmo essa definição trazida pela Reforma Trabalhista estará, em breve, desatualizada em razão do dinamismo do mercado e da própria sociedade. Desta forma, é importante que, no mesmo sentido apontado pela Lei Anticorrupção, os julgadores trabalhistas estejam mais ligados àquilo que é de fato que à descrição legal dos grupos econômicos, inclusive para atender ao Princípio da Primazia da Realidade.

Para o momento atual e para os fins deste texto, no entanto, a definição trazida pelo ministro Mauricio Godinho Delgado[3]:

(3) DELGADO, M. G. (2020). *Curso de Direito do Trabalho:* Obra revista e atualizada.São Paulo: LTr Editora.

> "O grupo econômico aventado pelo Direito do Trabalho define-se como a figura resultante da vinculação justrabalhista que se forma entre dois ou mais entes favorecidos direta ou indiretamente pelo mesmo contrato de trabalho, em decorrência de existir entre eles laços de direção ou coordenação em face de atividades industriais, comerciais, financeiras, agroindustriais ou outra natureza econômica."

Nessa definição é importante destacar que a coordenação em face das atividades econômicas e comerciais permite o reconhecimento do grupo econômico, ainda que inexistam laços de direção ou propriedade. Essa coordenação é evidente e os benefícios indiscutíveis em razão da estrutura e das peculiaridades do esporte[(4)].

## 15.3. Os grupos econômicos no esporte

No esporte, podemos destacar inicialmente três tipos de grupos econômicos, quais sejam: *Multi-Club Ownership*, Ligas Esportivas Independentes e as Pirâmides Federativas. E essa realidade está diretamente ligada à necessidade de ganho de eficiência dentro da estrutura esportiva e organização das competições, com benefícios diretos a todos aqueles que do grupo econômico participam. O mais evidente deles é também o mais recentemente difundido, que é conhecido como *Multi-Club Ownership — MCO*. O primeiro grande exemplo formal de *MCO* foi o investimento em larga escala realizado pelo *Enic PLC*. Em um curto espaço de tempo, eles compraram participação relevante das ações de clubes da Inglaterra, Escócia, Itália, Suíça, República Tcheca e Grécia, mas sem realizar grandes interferências em sua gestão, tendo como foco apenas eventual retorno financeiro proporcionado pela valorização das ações[(5)].

O primeiro caso relevante de influência esportiva de MCO, no entanto, foi o da família Pozzo. Após adquirirem a Udinese, em meados da década de 1980, a família implementou um sistema de scout internacional que buscava identificar e contratar jovens atletas subvalorizados em seus países e trazê-los para a Itália. O sistema deu tão certo que o clube não só se estabilizou na primeira divisão italiana como passou a ter um excedente de atletas. Para resolver esse problema os Pozzo decidiram em 2009 comprar o Granada, então na terceira divisão espanhola e destinar à equipe parte dos jogadores que haviam contratado. Em dois anos a equipe estava na divisão principal da Espanha e, em 2012, eles decidiram expandir o modelo e adquirir o Watford, da Inglaterra, que em pouco tempo também alcançou a Premier League[(6)].

---

(4) NOLL, R. G. (2003). The organization of sports leagues. *Oxford Review of Economic Policy, 19*(4), 530-551.

(5) PASTORE, L. (2018). Third party ownership and multi-club ownership: where football is heading for. *Rivista di Diritto ed Economia dello Sport, 14*(1), 23-58.

(6) *Idem.*

Seguindo esse modelo de sucesso, muitos grupos passaram a ter diversos clubes em suas estruturas, por finalidades diversas. Os dois mais conhecidos e comentados atualmente, *City Football Group* e *Red Bull*, possuem finalidades absolutamente distintas. Enquanto o primeiro possui uma visão do esporte focada no negócio, o segundo tem o futebol (e outras modalidades) como plataforma de marketing. Há outras inúmeras visões de *MCO* como forma de negócio, mas para os fins do presente artigo o ponto de relevância está no fato de configurarem, sem grande discussão, grupos econômicos.

Nesse tipo de grupo econômico, em geral, existe uma empresa que controla as demais. Esse formato é o mais tradicional para os grupos econômicos, não restando muitas dúvidas sobre seu reconhecimento. A seguir podemos observar a estrutura mais comum para tais grupos econômicos.

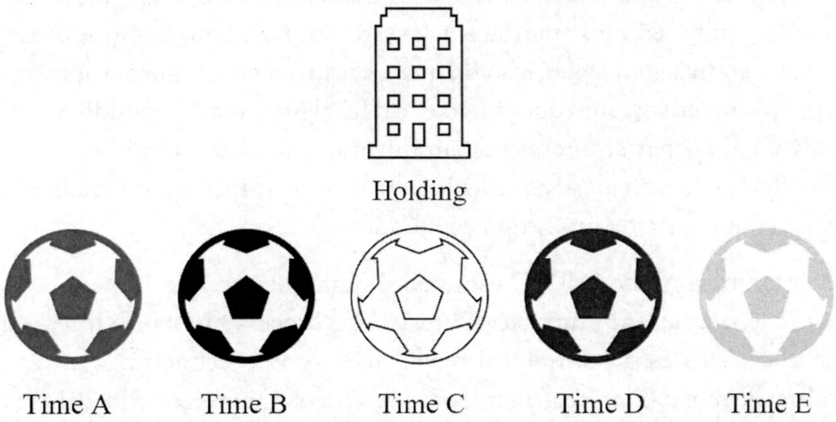


Os dois modelos a seguir são menos claros e geram certa margem de discussão, por envolverem pessoas jurídicas tidas pela maioria das pessoas como concorrentes diretas mas que, na verdade, são competidoras apenas na dimensão esportiva. Em uma estrutura próxima ao que muitos entendem como um modelo coopetitivo(7), mas com maior alinhamento entre os clubes e organizadores de competições.

O primeiro deles, com origem nos esportes americanos, é o modelo de ligas. A origem das estruturas esportivas, mesmo nos Estados Unidos, é social. Estas estruturas não promoviam grandes eventos esportivos ou competições, e tinham sua relevância limitada.(8) Foi após o surgimento da primeira liga profissional, de beisebol, que a visão dos esportes mudou.

As ligas possuem um papel claro: organizar a competição, definir os parâmetros organizacionais e negociar parte das propriedades comerciais. Em geral, as próprias equipes são sócias das ligas. Nos Estados Unidos, é evidente que as ligas atuam de forma

(7) BOUNCKEN, R. B.; GAST, J., Kraus, S.; BOGERS, M. (2015). Coopetition: a systematic review, synthesis, and future research directions. *Review of Managerial Science*, 9, 577-601.

(8) GORN, E. J.; GOLDSTEIN, W. (2004). *A brief history of American sports*. University of Illinois Press.

monopolista[9], algo que ficou bastante evidente após a fusão entre as duas principais ligas de basquete, *ABA* e *NBA*, em 1976. A tendência dessas estruturas é concentrar o mercado, de forma a aumentar seu poder de negociação e limitar os direitos das outras partes envolvidas[10][11].

Nesse caso, é evidente não apenas a existência de interesses comuns e atuação integrada como também a existência de influência significativa, uma vez que as ligas controlam de forma intensa as atividades de gestão das equipes que a integram. Também é inegável que o esporte é hoje uma indústria robusta e de grande dimensão, que atinge bilhões de pessoas e movimenta parcela significativa do PIB global, direta ou indiretamente[12].

Por fim, chegamos ao mais polêmico dos grupos econômicos do esporte, as estruturas federativas. Por muito tempo se tentou afastar o reconhecimento dos grupos econômicos da estrutura federativa com a alegação de que a estrutura era composta apenas por associações sem fins lucrativos, algo que já não é real há alguns anos. Segundo o texto do § 2º do art. 2º da CLT, apenas empresas podem integrar grupos econômicos, o que excluiria a possibilidade das associações sem fins lucrativos e instituições de beneficência serem reconhecidas como parte de um grupo econômicos.

No entanto, segundo o TST, esta não é uma questão que impede o reconhecimento da existência de um grupo econômico. Um processo bastante interessante para observar isso é o processo em que foi reconhecido grupo econômico entre o Comitê Olímpico Brasileiro e o Comitê Organizador dos Jogos Olímpicos Rio 2016[13]. No Recurso de Revista apresentado, a relatora, ministra Maria Cristina Irigoyen Peduzzi, votou no sentido de reconhecer que apenas empresas podem constituir grupos econômicos. No entanto, seu entendimento foi vencido pela divergência, aberta pela Ministra Dora Maria da Costa, que entendeu que, ainda que o § 2º do art. 2º faça referência expressa à formação de grupos econômicos por empresas, é importante que seja feita uma interpretação sistemática da norma. Com base nisso, e no que diz o § 1º do mesmo artigo, entendeu pelo reconhecimento do grupo econômico e pela responsabilidade solidária.

Esta não é a primeira decisão do TST no sentido de reconhecer a existência de grupos econômicos com participação de associações ou outros tipos de entidades sem

---

(9) QUIRK, J. P.; FORT, R. D. (1997). *Pay dirt:* The business of professional team sports. Princeton University Press.

(10) JACOBS, M. S. (1991). Professional sports leagues, antitrust, and the single-entity theory: A defense of the *status quo. Ind. LJ*, 67, 25.

(11) PIRAINO JR., T. A. (1996). The antitrust rationale for the expansion of professional sports leagues. *Ohio St. LJ*, 57, 1677.

(12) HUMPHREYS, B. R.; RUSESKI, J. E. (2009). Estimates of the dimensions of the sports market in the US. *International Journal of Sport Finance*, 4(2), 94.

(13) Brasil. Tribunal Superior do Trabalho. *Recurso de Revista 101607-86.2016.5.01.0052*. Relatora Ministra Maria Cristina Irigoyen Peduzzi, 8ª Turma do TST.

fins lucrativos. Há, por exemplo, decisões no mesmo sentido envolvendo grupos religiosos e assistenciais[14], entre outras. Desta forma, evidente está que a ausência de fins lucrativos não impede o reconhecimento dos grupos econômicos.

A alegação de que as federações e confederações esportivas são entidades meramente regulatórias também não se aplica, uma vez que elas, juntamente com os clubes, são responsáveis pela organização e exploração econômica de competições esportivas. Essa posição ficou evidente quando a União das Federações Europeias de Futebol (UEFA) se posicionou de forma contrária à organização da Superliga idealizada por alguns dos maiores clubes europeus. Outro exemplo internacional é a tentativa da Federação Internacional de Natação (FINA) de impedir a realização das competições organizadas pela Liga Internacional de Natação (ISL).

No Brasil, temos o exemplo do basquete. A Confederação Brasileira de Basquete se opôs, no ano de 2005, à criação da Nossa Liga de Basquete, utilizando uma série de ameaças de punição aos clubes e atletas, o que levou à extinção da liga pouco tempo depois. No ano seguinte, dessa vez com a chancela da confederação nacional, foi criada a Liga Nacional de Basquete, que organiza a principal competição da modalidade até os dias de hoje. Houve também o caso da Liga do Nordeste, que após longa discussão com a Confederação Brasileira de Futebol (CBF), obteve na justiça o direito de se organizar sem que qualquer de seus integrantes fosse punido.

Esses exemplos evidenciam que a função das federações e confederações esportivas não é unicamente regulatória. Quando ameaçadas de perder a exclusividade da exploração da atividade econômica, juntamente com os clubes, há resistência, ameaças e, em muitos casos, necessidade de judicialização. Mesmo em países onde há uma liga criada, caso essa liga não seja independente da federação nacional, é possível afirmar que as duas fazem parte do grupo econômico, como podemos ver nos modelos a seguir. Isso porque, havendo influência significativa, alinhamento de ações para a exploração de atividade econômica e, em muitos casos, subordinação, deve ser reconhecido o grupo econômico.

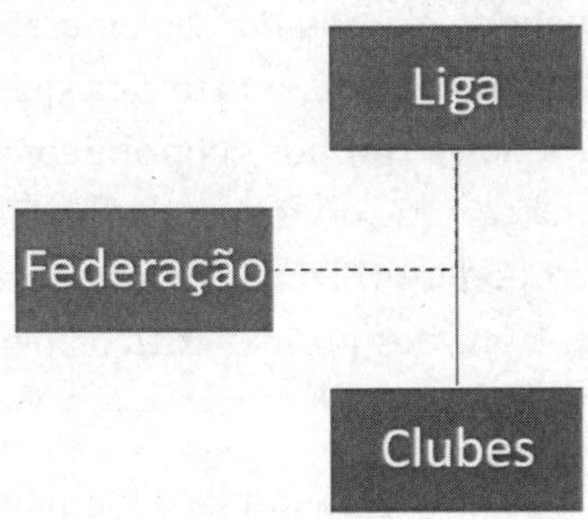


(14) BRASIL. Tribunal Superior do Trabalho. *Recurso de Revista 25830/2002-900-09-00*. Relator Juiz convocado Ronaldo Cavalcante Soares, 3ª Turma do TST.

Como podemos observar, os dois modelos apresentam uma diferença fundamental. No primeiro, a Federação Nacional faz parte do grupo econômico, organizando e gerindo o que chamam de sistema, mas em realidade é um grupo de pessoas jurídicas organizadas para explorar a atividade econômica. Nele há papeis bem definidos, coordenação e subordinação. No segundo modelo a Federação está fora do sistema, atuando exclusivamente como reguladora da modalidade. Nesse modelo, ainda que seja responsável por criar as regras e eventualmente receba valores por essa atuação, a Federação não interfere diretamente em decisões administrativas de organizadores de competições e clubes.

Diferenciar os dois modelos não é tarefa fácil, mas é possível desde que se conheça a relação que as federações possuem com as ligas. Caso a federação tenha uma regulamentação pré-determinada sobre ligas, indicando quais os requisitos que estas deverão cumprir, sem analisar caso a caso ou limitar a criação de ligas, é bastante provável que ela esteja atuando apenas no papel de entidade reguladora do sistema. No entanto, caso as federações analisem e negociem individualmente condições de existência para as ligas, vinculando a isso a chancela ou autorização para operação, temos aí indícios de que a liga será incorporada à estrutura federativa existente, e a entidade continuará a ter ingerência e, consequentemente, a fazer parte do grupo econômico.

O que não se pode negar é que pela própria natureza do negócio, é impossível que existam competições esportivas sem que sejam formados grupos econômicos. Para que uma competição seja realizada é necessário que cada equipe mitigue seus interesses individuais de forma a atingir o melhor resultado possível para todas as equipes participantes. Desde a elaboração do regulamento até a definição de calendário e critérios de viabilização do consumo (especialmente a venda de ingressos para as partidas), tudo perpassa a existência de um grupo econômico. Não fosse isso, o esporte viveria de amistosos e disputas pontuais(15).

## 15.4. Repercussões trabalhistas do reconhecimento dos grupos econômicos

Quando falamos em repercussão justrabalhista do reconhecimento dos grupos econômicos no esporte, a primeira questão que se sobressai é a obrigação solidária dos integrantes desses grupos econômicos com relação às dívidas. Esse de fato é um ponto crítico, uma vez que dívidas trabalhistas produzidas por uma das participantes do grupo econômico podem trazer responsabilidade para todas as outras. Esse, além da competitividade, é um dos pontos críticos para as definições de regras de *Fair Play* financeiro nas competições.

Imaginem, por exemplo, o Palmeiras sendo responsabilizado pelas dívidas trabalhistas do Corinthians, o Fluminense pelas do Flamengo, ou o Grêmio pelas do Internacional.

---

(15) NOLL, R. G. (2003). The organization of sports leagues. *Oxford Review of Economic Policy*, 19(4), 530-551.

Sim, a lei é clara nesse sentido, como já observamos no § 2º do art. 2º da CLT, e quando há reconhecimento de que os empregadores integram grupo econômico emerge a responsabilidade solidária em face dos débitos decorrentes de relação de emprego. E esta responsabilidade entre os integrantes do grupo econômico é ampla, ou seja, atinge a todos de maneira igual(16), independentemente de existir uma ideia de competição que prevalece em razão da própria característica do mercado explorado.

Esse é o caso da solidariedade passiva, no qual "o grupo de empresas não é o empregador único, pois existe responsabilidade comum entre as empresas, além do que a lei preservou a personalidade jurídica de cada uma das empresas coligadas"(17). Há, no entanto, uma questão menos discutida, que é a solidariedade ativa, segundo a qual "cada um dos credores solidários tem direito de exigir do devedor o cumprimento da prestação por inteiro"(18).

O TST já se posicionou sobre a unicidade contratual, e o entendimento é de que não há necessidade de rescisão contratual para que se inicie a prestação de serviço em outra entidade que integre o grupo econômico, como podemos observar a seguir.

> "Transferência de empregado entre empresas do mesmo grupo econômico. A mudança de empregador em razão de transferência aceita de forma tácita pelo empregado para empresa do mesmo grupo econômico, não acarreta, necessariamente, a rescisão do primeiro contrato de trabalho. Trata-se de alteração compreendida no poder diretivo do empregador, cuja ilicitude, a teor do art. 468 da CLT, dependeria da prova do prejuízo e da ausência de consentimento, ainda que tácito. Assim, mantidas as mesmas condições de trabalho e contados os direitos trabalhistas da data de início do primeiro contrato, não se divisa ilicitude na transferência, necessária à caracterização da rescisão contratual. Recurso conhecido e provido."(19)

Essa lógica já é observada há algum tempo nas ligas esportivas americanas que, reconhecendo de pronto sua realidade enquanto grupo econômico se estruturaram de forma a maximizar as possibilidades dessa realidade e limitar prejuízos coletivos. As limitações financeiras são bastante rígidas, com tetos salariais que muitas vezes impedem a contratação de atletas ainda que a equipe tenha condições financeiras de bancar seus salários, e manutenção de um contrato de trabalho único que é mantido, ainda que o atleta passe a prestar serviços para uma outra equipe.

Isso dá estabilidade à estrutura, mas também propicia aos trabalhadores uma série de garantias, como a irredutibilidade salarial pelo prazo de todo o contrato e a certeza de

---

(16) LORENZETTI, A. P. (2003). *A responsabilidade pelos créditos trabalhistas*. São Paulo: LTr Editora.

(17) MARTINS, Sergio Pinto (2019). *Direito do Trabalho*. 35. ed. São Paulo: Saraiva Educação.

(18) *Idem*.

(19) BRASIL. Tribunal Superior do Trabalho. *Recurso de Revista 391.129/1997.8*. Relatora Ministra Maria Cristina Irigoyen Peduzzi, 3ª Turma do TST.

recebimento dos salários pactuados. As condições que envolvem as relações entre clubes e atletas são negociadas periodicamente por meio de acordos coletivos, que definem desde as questões salariais até questões de vestimenta e comportamento.

Esse exemplo deveria ser observado o quanto antes no Brasil, para evitar que o reconhecimento dos grupos econômicos seja feito judicialmente, atingindo os integrantes do grupo sem que estes estejam preparados jurídica e administrativamente. Isso poderia aproximar ainda mais da falência a estrutura esportiva nacional, que já se encontra em um cenário de grande precariedade.

## 15.5. Conclusão

Como exposto ao longo do texto, os grupos econômicos no esporte são uma realidade fática e imutável, pela própria característica da atividade econômica. Isso traz consigo uma série de repercussões, entre elas a responsabilidade solidária trabalhista. Reconhecer isso é fundamental para que as entidades esportivas possam se organizar e estruturar o modelo de negócios de forma a maximizar as potencialidades econômicas do negócio para todas as partes, empregados e empregadores.

O não reconhecimento da realidade por aqueles que compõem o grupo econômico não altera a realidade e coloca em risco clubes, ligas e entidades de administração do esporte, uma vez que cria uma janela de oportunidade para gestores mal-intencionados que, cientes da responsabilidade solidária, assumam responsabilidades superiores à capacidade de pagamento para obtenção de resultados esportivos imediatos, contando que no futuro esse pagamento não será realizado ou que os ônus recairão sobre todos.

Atualmente, segundo o que prevê a legislação trabalhista, quaisquer empregados de clubes esportivos podem chamar à lide todas as equipes e a entidade de administração que compõem o grupo econômico de forma a garantir o pagamento de seus direitos trabalhistas. Resta saber o reconhecimento dessa realidade vai ocorrer antes ou depois de seu reconhecimento pela própria estrutura esportiva.

## Referências

BOUNCKEN, R. B.; GAST, J.; KRAUS, S.; BOGERS, M. (2015). Coopetition: a systematic review, synthesis, and future research directions. *Review of Managerial Science*, 9, 577-601.

BRASIL. Tribunal Superior do Trabalho. *Recurso de Revista 391.129/1997.8*. Relatora Ministra Maria Cristina Irigoyen Peduzzi, 3ª Turma do TST.

______. Tribunal Superior do Trabalho. *Recurso de Revista 25830/2002-900-09-00*. Relator Juiz convocado Ronaldo Cavalcante Soares, 3ª Turma do TST.

______. Tribunal Superior do Trabalho. *Recurso de Revista 101607-86.2016.5.01.0052*. Relatora Ministra Maria Cristina Irigoyen Peduzzi, 8ª Turma do TST.

DELGADO, M. G. (2020). *Curso de Direito do Trabalho:* Obra revista e atualizada. São Paulo: LTr Editora.

GORN, E. J.; GOLDSTEIN, W. (2004). *A brief history of American sports*. University of Illinois Press.

HUMPHREYS, B. R.; RUSESKI, J. E. (2009). Estimates of the dimensions of the sports market in the US. *International Journal of Sport Finance*, 4(2), 94.

JACOBS, M. S. (1991). Professional sports leagues, antitrust, and the single-entity theory: A defense of the *status quo*. *Ind. LJ*, 67, 25.

LORENZETTI, A. P. (2003). *A responsabilidade pelos créditos trabalhistas*. São Paulo: LTr Editora.

MARTINS, Sergio Pinto (2019). *Direito do Trabalho*. 35. ed. São Paulo: Saraiva Educação.

NOLL, R. G. (2003). The organization of sports leagues. *Oxford Review of Economic Policy*, 19(4), 530-551.

PASTORE, L. (2018). Third party ownership and multi-club ownership: where football is heading for. *Rivista di Diritto ed Economia dello Sport*, 14(1), 23-58.

PIRAINO JR., T. A. (1996). The antitrust rationale for the expansion of professional sports leagues. *Ohio St. LJ*, 57, 1677.

QUIRK, J. P.; FORT, R. D. (1997). *Pay dirt:* The business of professional team sports. Princeton University Press.

RUSSOMANO, M. V. (1994) *Comentários à CLT*. 16. ed. v. 1. Rio de Janeiro: Forense.

16

# A Mediação como Solução de Conflitos no Esporte

*Ronaldo Crespilho Sagres*(1)

## 16.1. Introdução

O presente ensaio visa trazer elementos sobre a necessidade das atuais práticas de soluções adequadas para a gestão de conflitos no esporte. A Mediação aplicada ao Esporte vem ganhando efetividade visto os relevantes resultados que traz na solução de conflitos nas mais diversas áreas, o que se faz necessário a sua aplicação no esporte para elevar o nível de profissionalismo e maturidade exigidos por grandes players que querem permanecer e ingressar no mercado esportivo em condições de segurança com as garantias jurídicas eficazes e céleres como a mediação, rotina essa que os ambientes contratuais e corporativos já adotam como cultura.

O artigo discute a necessidade de métodos alternativos de resolução de conflitos no esporte, com foco na mediação. Destaca a cultura de litigância no Brasil e a ineficiência do sistema judicial na resolução de conflitos. Discute os princípios e características da mediação, bem como o quadro legal para a mediação no Brasil. Conclui com uma

---

(1) Mestre em Direito pela Escola Paulista de Direito (EPD) em Soluções Alternativas de Conflitos. Possui Graduação em Direito pelo Centro Universitário das Faculdades Metropolitanas Unidas (1999). Pós-Graduação em Direito e Processo Eleitoral pela Escola Paulista da Magistratura (EPM) em 2015. Pós-Graduação pela Faculdade de Direito Damásio de Jesus (2005). MBA pela Faculdade Getúlio Vargas (2000). Atualmente é Assessor Jurídico na Câmara Municipal de São Paulo. Atuou recentemente como Consultor na Deloitte *Consulting* e KPMG Auditores. Atuou como Professor de diversos cursos no Centro Universitário Santanna, tais como: Direito Digital, Consumidor, Trabalhista e Ética e também na Escola Superior de Advocacia (ESA) por 7 anos. Tem experiência na Coordenação de Cursos Jurídicos. Professor do Curso de Pós-Graduação em Direito Desportivo do Legale Educacional, realizou no ano de 2019 Curso de *Especialización En Mediación* pela *Universidade de Salamanca* na Espanha.

discussão sobre a eficácia da mediação no esporte e a necessidade de profissionais da indústria esportiva adotarem métodos alternativos de resolução de conflitos.

## 16.2. A judicialização do conflito

O conflito é um vocábulo oriundo do latim *"conflictu"*[2] e significa choque de elementos contrários; discórdia; antagonismo; oposição luta entre dois poderes com interesses antagônicos; guerra, altercação, barulho, desordem ou tumulto.

A essência do conflito é a oposição, a divergência de opiniões e pleitos que, necessariamente, numa primeira leitura são incompatíveis einconciliáveis.

O conflito pode ser originário de uma pretensão resistida. Essa resistência aparentemente tem força de um ato negativo, oposto e de confronte, entretanto, as reações e sentimentos provocados por um conflito podem ser delineadas com a perspectiva de um ato positivo.

Observa-se o conflito diante do aspecto positivo da sua inevitabilidade, para proporcionar relações autocompositivas. Esclarece nesse entendimento Fabiana Marion Spengler:

> Na tentativa de uma explicação mais esmiuçada para a palavra conflito, tem-se que consiste em um enfrentamento entre dois seres ou grupos da mesma espécie que manifestam, uns a respeito dos outros, uma intenção hostil, geralmente com relação a um direito. Para manter esse direito, afirmá-lo ou restabelecê-lo, muitas das vezes lançam mão da violência, o que pode trazer como resultado o aniquilamento de um dos conflitantes.[3]

A disputa de interesses, historicamente é colocada de forma antagônica com partes opostas em situação de choque e da postura que impõe um ganhador e um perdedor.

Ocorre que há de se observar a oportunidade genuína no núcleo de um conflito, para que as partes envolvidas possam transformar o conflito em solução de construção de responsabilidade para todos.

Diante disso necessário se faz o estabelecimento e o grau de conhecimento das formas alternativas ou formas adequadas de solução de conflitos com as indicações de mecanismos de autocomposição e heterocomposição.

---

(2) Associado ao verbo configere, que se refere a constringir, formado pelo prefixo con-, que inclui a idéia de reunião, e fligëre, que indica um golpe ou choque, de tal maneira que uma colisão é anunciada pela oposição de posições.

(3) SPENGLER, Fabiana Marion. *Da Jurisdição à Mediação:* por uma outra cultura no tratamento de conflitos. 2 ed. Ijuí: UNIJUI, 2016. p.108.

A Sociedade brasileira de um modo geral, bem como o povo latino está inserido na cultura do litígio, do ganhar ou perder.

O grau de litigiosidade brasileiro é relevante onde muitas vezes a paz social e a pacificação de seus conflitos ou litígios fica deveras distante e relegada a uma prestação jurisdicional morosa e assoberbada. Ao acessar o Judiciário para a solução de suas demandas litigiosas, este se mostra ineficiente, custoso e pouco efetivo em suas respostas. E assim a outorga ao judiciário para dirimir conflitos desenfreadamente, alimentam as relações litigantes, retroalimentando o sistema da judicialização e afastando o efetivo acesso à justiça com diálogo e pacificação social.

Esse cenário também é potencializado , quando observado o que acontece nos bancos acadêmicos onde nos cursos de direito a questão contenciosa é incutida em seus alunos na figura do advogado corajoso, "bringuento", excessivamente combativo que esbraveja nas audiências e transfere o conflito de seu cliente para uma relação nem sempre amistosa com a outra parte, e prefere litigar por anos ao estabelecimento de um acordo, transação, conciliação ou negociação da lide.

A decisão adjudicatória deve ser substituída pela cultura do diálogo e da comunicação, até mesmo para a sobrevivência das relações humanas, pois instrumentos legais foram conquistados a longo da história da civilização a serviço de uma sociedade que deve agir com responsabilidade e autonomia para o seu exercício.

O Conflito faz parte da existência humana, mas em uma sociedade cujo judiciário não responde prontamente as soluções dos mesmo este se apresenta como um elemento a mais e acelerador das disputas já existentes e não como prestador jurisdicional que objetiva e auxilia a consensualização. Em alguns casos esta demora na prestação jurisdicional provoca o pensamento muitas vezes da busca por fazer justiça pelas próprias mãos onde vemos com isso a sociedade regredir aos tempos da autotutela onde o Estado-Juiz tinha baixo grau de maturidade e inexistência de sua atuação.

Outro aspecto relevante é o nível de intolerância que vive a sociedade brasileira, a boa-fé e as relações de confiança estão longe de serem exercidas na sua integralidade. Diante do alto grau de litigiosidade, as pessoas encontram grande dificuldade em escutar o outro, em lidar com as opiniões contrarias as suas, em praticar a empatia antes do julgamento, priorizando na grande maioria das vezes levar a disputas nos tribunais

Os dados do Conselho Nacional de Justiça (CNJ), demonstram o volume de processos no Judiciário, razão pela qual se faz necessário a implantação de políticas públicas e até mesmo o estudo das raízes e origens da Conflitologia para assim tentar minimizar as demandas jurídicas e buscar a solução do conflito na sua origem.

Diante dos relatórios realizados pelo CNJ desde 2004 sobre o título "Justiça em Números"[4], divulga a realidade dos tribunais brasileiros, fica evidente o volume desumano destinado ao Judiciário e seus Magistrados, bem como servidores e profissionais do direito tem de lidar diariamente e atuar por conta do grau de litigiosidade imenso de recursos e medidas legais propostas.

O Conselho Nacional de Justiça (CNJ) informou que aproximadamente 78,7 milhões de processos estão em tramitação em todo o país e aguardam uma definição. Os dados fazem parte da pesquisa Justiça em Números, divulgada anualmente para orientar o trabalho de juízes e servidores da Justiça. Os números são referentes ao ano base de 2018.

A pesquisa também revelou que o ramo da Justiça que mais faz acordos de conciliação é a Trabalhista. Em todo o país, 25% dos casos foram resolvidos por meio de um acordo entre o trabalhador e o empregador.

De acordo com os dados, foram distribuídos aproximadamente 6,4 milhões de processos na Justiça Estadual e julgados 5,8 milhões; na esfera federal, 1.304.086 distribuídos e julgados 1.302.764 processos. Na Justiça Eleitoral, por exemplo, em 1º e 2º graus, os tribunais já cumpriram a meta em 73,51% em julgamento de processos do período até 31.12.2017; enquanto a Estadual, em 1º grau, chegou a 87,24%, mas, nos processos de 2º grau, já registra 109,53%.

O relatório também demonstra que os processos sem solução definitiva aguardam desfecho há, em média, 4 anos e 10 meses.

Em 2018, 4,4 milhões de sentenças homologatórias de acordos foram proferidas pela Justiça, sendo 3,7 milhões de sentenças na fase processual e 700 mil na fase pré-processual, ou seja, foram conciliados 12% de todos os processos julgados na Justiça brasileira.

No que concerne aos métodos adequados de solução de conflitos, os resultados são incentivadores para as demais esferas do judiciário, o segmento que mais promoveu conciliações no decorrer de 2018 foi a Justiça do Trabalho, que solucionou 24% de seus casos por meio de acordo. Considerando somente a fase de conhecimento de 1º grau, a de maiores chances de se efetivar um acordo, a resolução dos conflitos por meio da conciliação neste segmento atinge 39,1% dos processos julgados.

## 16.3. A mediação no cerne dos meios extrajudiciais de solução de conflitos

Os meios extrajudiciais de solução de conflitos no ordenamento brasileiro consistem na Arbitragem, na Conciliação e na Mediação.

(4) Disponível em: https://www.cnj.jus.br/pesquisas-judiciarias/justica-em-numeros/. Acesso em: maio 2020.

De forma resumida, observa-se o quadro abaixo entre os institutos da conciliação, mediação e arbitragem.

| Conciliação | Mediação | Arbitragem |
|---|---|---|
| Mecanismo de autocomposição do conflito. | Mecanismo de autocomposição do conflito. | Mecanismo de Heterocomposição do conflito. |
| O terceiro, conciliador não decide o conflito, mas auxilia na construção da solução. | O terceiro, mediador não decide o conflito, mas atua como facilitador na comunicação entre as partes, para cheguem ao acordo. | O terceiro, árbitro é quem decide o conflito. |
| O conciliador atua usualmente nos casos em que não houver vínculo anterior entre as partes. | O mediador atua preferencialmente nos casos em que houver vínculo anterior entre as partes | O árbitro, decide sobre o conflito com terceiro imparcial. |
| Pode propor soluções para as partes | Não propõe soluções para as partes | Decide sobre o conflito. |

A mediação, objeto desse artigo é um método extrajudicial de resolução de conflitos, em que uma terceira pessoa, o **mediador**, escolhido pelas partes envolvidas no conflito, atua como facilitador da interação e do diálogo entre as partes, restabelecendo a comunicação.

Seguindo esse entendimento, leciona De Plácido e Silva, pode-se dizer que:

> Do latim mediatio (intervenção, intercessão), é o vocábulo empregado, na terminologia jurídica, para indicar todo ato de intervenção de uma pessoa em negócio ou contrato que se realiza entre outras.
>
> (...)
>
> A mediação resulta na aproximação dos interessados para que realizem o negócio ou façam o contrato.
>
> Nesta circunstância, o dever do intermediário é o de aproximar os interessados, para que dessa aproximação resulte a realização do negócio.[5]

A Mediação assim como as demais formas de solução adequada ou como alguns doutrinadores preferem alternativas, visa restabelecer o diálogo entre as partes objetivando a solução de seu litígio ou contenda.

---

(5) SILVA, João Alves. Teoria de Conflitos e Direito: em busca de novos paradigmas. *Pensar — Revista de Ciências Jurídicas*, Fortaleza, v. 13, n. 2, p. 216-222, jul./dez. 2008.

Na mediação só o fato de se restabelecer a interlocução entre as partes como objetivo inicial que se propõe o terceiro (mediador) faz com que muitas vezes as partes cheguem a um entendimento as vezes de forma rápida ou até mesmo quando naquele momento isso não ocorre não impede que futuramente esse êxito ocorra.

Ensina o Professor Dr. Luiz Fernando do Vale de Almeida Guilherme:

> A Mediação é um meio auto compositivo de resolução de conflitos que, por intermédio da atuação de um terceiro imparcial (mediador), alheio à disputa e também às partes, busca-se a facilitação do diálogo e a melhor compreensão dos anseios de cada parte, estimulando-as a encontrar soluções com benefícios e a satisfação mútua e que sejam sustentáveis no tempo.(6)

A atuação do mediador, não está associada a de um juiz ou julgador, e sim de um profissional habilitado com técnicas e conhecimento para lidar com o conflito e a comunicação de forma neutral e isenta de tomar posições a favor ou contra os mediandos.

O mediador capacitado, deve manter a sua atuação durante uma sessão de mediação focado em recuperar a comunicação do relacionamento entre as partes, paralelamente ao exercício interno de autoconhecimento, para atuar com imparcialidade e orientar a descoberta dos interesses reais dos envolvidos.

O perfil do mediador, por sua vez, faz referência às características intrínsecas como a aptidão para auxiliar e estimular a cooperação e o ganha- ganha, a facilidade de ouvir, realizar a escuta ativa e facilitar o diálogo, aberto para a interdisciplinaridade, humilde para não intervir ou decidir, criativo para auxiliar as pessoas no encontro dos pontos convergentes na condução de uma solução satisfatória.

Arremata o Professor Dr. Luiz Fernando do Vale de Almeida Guilherme a Mediação, outro meio extrajudicial de solução de conflitos está calcada na efetivação da arte da linguagem para fazer ganhar a vida ou recriar o elo entre pessoas. Consiste na intervenção de um terceiro, neutro, buscando a intermediação da relação conflituosa. Assim o mediador operacionaliza a comunicação. Antes de mais nada, ajuda no resgate do diálogo até uma solução.(7)

Cumpre ressaltar que o instituto da mediação está baseado nos seguintes princípios conforme a Lei n. 13.140/15 em seu art. 2º a mediação será orientada pelos seguintes princípios:

> I – imparcialidade do mediador;
>
> II – isonomia entre as partes;

---

(6) GUILHERME, Luiz Fernando do Vale de Almeida. *Manual dos MESCs:* Meios Extrajudiciais de Solução de Conflitos. Barueri-SP: Manole, 2016.

(7) *Idem.*

III – oralidade;

IV – informalidade;

V – autonomia da vontade das partes;

VI – busca do consenso;

VII – confidencialidade;

VIII – boa-fé.

Importante articular os princípios elencados na Lei de Mediação com os dispostos na Resolução n. 125 do Conselho Nacional de Justiça que dispõe sobre a Política Judiciária Nacional de tratamento adequado dos conflitos de interesses do Poder Judiciário e dá outras providências no anexo III no art. 1º "São princípios fundamentais que regem a atuação de conciliadores e mediadores judiciais: confidencialidade, decisão informada, competência, imparcialidade, independência e autonomia, respeito à ordem pública e às leis vigentes, empoderamento e validação".

Dos princípios e garantias da conciliação e mediação judiciais:

I – Confidencialidade — dever de manter sigilo sobre todas as informações obtidas na sessão, salvo autorização expressa das partes, violação à ordem pública ou às leis vigentes, não podendo ser testemunha do caso, nem atuar como advogado dos envolvidos, em qualquer hipótese;

II – Decisão informada — dever de manter o jurisdicionado plenamente informado quanto aos seus direitos e ao contexto fático no qual está inserido;

III – Competência — dever de possuir qualificação que o habilite à atuação judicial, com capacitação na forma desta Resolução, observada a reciclagem periódica obrigatória para formação continuada;

IV – Imparcialidade — dever de agir com ausência de favoritismo, preferência ou preconceito, assegurando que valores e conceitos pessoais não interfiram no resultado do trabalho, compreendendo a realidade dos envolvidos no conflito e jamais aceitando qualquer espécie de favor ou presente;

V – Independência e autonomia — dever de atuar com liberdade, sem sofrer qualquer pressão interna ou externa, sendo permitido recusar, suspender ou interromper a sessão se ausentes as condições necessárias para seu bom desenvolvimento, tampouco havendo dever de redigir acordo ilegal ou inexequível;

VI – Respeito à ordem pública e às leis vigentes — dever de velar para que eventual acordo entre os envolvidos não viole a ordem pública, nem contrarie as leis vigentes;

VII – Empoderamento — dever de estimular os interessados a aprenderem a melhor resolverem seus conflitos futuros em função da experiência de justiça vivenciada na autocomposição;

VIII – Validação — dever de estimular os interessados perceberem-se reciprocamente como serem humanos merecedores de atenção e respeito.

Os respectivos princípios das bases normativas conferem o entendimento jurídico e prático da mediação.

A confidencialidade, a decisão informada e autonomia de vontade, reveste o procedimento com o efetivo empoderamento das partes, onde os envolvidos diante de uma controvérsia, deixam de ser atores coadjuvantes para assumirem o protagonismo dos seus problemas.

## 16.4. A arbitragem e mediação no conflito esportivo

No esporte o conflito pode surgir tanto no ambiente do exercício da atividade desportiva quanto como resultado das atividades extracampos resultados de contratos e acordos celebrados e nome do atleta. Em razão do dinamismo que a atividade esportiva a solução deste conflito necessita de respostas rápidas e muitas vezes necessária também a preservação das partes envolvidas tendo em vista o alto grau de exposição quando temos pessoas considerados ídolos e até celebridades e contratos que envolvem a utilização de marcas muitas vezes globais e transnacionais.

Nas disputas esportivas os conflitos são resolvidos nos Tribunais de Justiça Desportiva já os conflitos externos mas que guardam relação com o Desporto há um grande mercado para adoção das cláusulas de mediação e arbitragem podemos ressaltar o caso da W-Torre onde foi utilizada a Mediação e posteriormente a Arbitragem[8].

Nesse caso, ainda que na mediação não se tenha atingido o acordo, as partes optaram pela arbitragem , onde se discutirá o direito de superfície cedido pela W-Torre para a construção do estádio e a exploração das cadeiras em dias de grandes eventos no Alianz Parque.

Na era da espetacularização e da mercantilização do esporte, durante o alguns anos a figura do *bad boy* era ovacionada por seus torcedores. Dentro dos campos desportivos percebia-se que em alguns momentos mais parecia a uma arena de touros onde um dos adversários deveria ser sacrificado em detrimento da vitória alheia. Nesta época o jogador Edmundo ex-seleção brasileira e ídolo do Sociedade Esportiva Palmeiras chegou a ter o apelido de "animal", batizado pelo famoso narrador esportivo Osmar Santos.

(8) Disponível em: http://globoesporte.globo.com/futebol/times/palmeiras/noticia/2013/11/palmeiras-indica-advogado-para-mediacao-com-wtorre-por-arena.html. Acesso em: maio 2020.

Este perfil de atleta foi substituindo com ações consideradas positivas do *fair play* ou chamado espirito esportivo onde os jogadores atualmente e por conta de suas exposições em redes sociais visam uma imagem mais leal de suas ações dentro do que chamamos do politicamente correto até mesmo pelo impacto e exigência de suas marcas e patrocinadores que exigem de seus comportamento um padrão menos agressivo em suas performances.

A prática esportiva na sua maioria principalmente naquela onde há o contato físico há certamente grande possiblidade do conflito aflorar dentro da modalidade que migra para sua escalada quando não advertida.

Confere lembrar também a famosa "Lei de Gerson", que se originou com uma propaganda de cigarros em meados de 1976 pelo então jogador de futebol meio-armador Gérson de Oliveira Nunes, a propaganda trazia um entrevistador que questiona o jogador intitulado como o "cérebro do time campeão do mundo da copa de 1970" , na qual ele é questionado por que fumava a tal marca de cigarro, e o jogador respondia:

> "Por que pagar mais caro se o Vila me dá tudo aquilo que eu quero de um bom cigarro? **Gosto de levar vantagem em tudo, certo? Leve vantagem você também**, leve Vila Rica."[(9)]( grifos nossos)

Em pouco tempo o esportista e jogador de futebol Gérson passou a ser estigmatizado pela propaganda pouco ética, aliada a expressão " Lei de Gerson".

A famosa ideia de levar vantagem em tudo associada a prática do esporte e aliada a uma propaganda para estimular o consumo de cigarros, não tem mais cabimento aos modelos éticos e sustentáveis para os momentos atuais.

A "Lei de Gerson" instigava a sensação de ganhar a qualquer curso, de lavar vantagem, de representar aquele que somente assume o podium do vencedor/ganhador e do "esperto", já não tem mais aderência.

Portanto, nos moldes da sociedade atual passado algumas décadas, o conceito de ganhador e perdedor nas competições deve ser preservado, mas a relação aos conflitos derivados das relações esportivas bem como a postura ética dos esportistas devem ser sustentáveis e amplamente mediáveis.

Vale esclarecer que na área de concentração do esporte há o conflito disciplinar que são julgados nos Tribunais de justiça Desportiva, jurisdição adequada para esta competência, como por exemplo as que envolvam a utilização de substancias proibidas para aumento de sua performance do atleta com casos de dopagem, violação de regras disciplinares, infrações de regras específicas sobre o esporte praticado.

---

(9) Disponível em: https://pt.wikipedia.org/wiki/Lei_de_G%C3%A9rson. Acesso em: maio 2020.

O nominado TAS[10] (*Tribunal Arbitral Du Sport*) foi criado para afastar a competência da Justiça Comum as disputas internacionais relacionadas ao esporte, preservando a celeridade, eficiência, economia e flexibilidade para a solução de litígios desportivos.

Criado em 1984 o Tribunal Arbitral do Esporte presta serviços a comunidade esportiva internacional e atende os casos relacionados aos esportes olímpicos, não olímpicos ou de demandas com caráter comercial no âmbito que envolve todo o contexto com vínculo com o esporte.

O TAS ou CAS (*Court of Arbitragtion for Sport*), possui aproximandamente 300 (trezentos) árbitros e 58 (cinquenta e oito) mediadores de vários países, e cerca de 300 (trezentos) casos são registrados por ano.

A mediação também pode ser instaurada no TAS, a parte que desejar iniciar um processo de mediação, encaminha d uma solicitação por escrito ao Escritório do Tribunal do TAS. Na sequencia, um mediador é nomeado pelas partes dentre a lista de mediadores do TAS ou, na ausência de nomeação pelas partes, o Presidente do TAS poderá indicar após consulta com as partes.

A mediação é um procedimento não vinculativo e informal, baseado em um acordo de mediação no qual cada parte se compromete a tentar, de boa fé, negociar com a outra parte e com a assistência de um mediador do TAS, com o objetivo de resolver um problema relacionado ao esporte. disputa.

O procedimento de mediação é conduzido da maneira autocompositiva pelas partes. O mediador promove a solução dos problemas em disputa seguindo o regulamento da TAS. Para conseguir isso, ele proporá soluções. No entanto, o mediador não pode impor uma solução da disputa a nenhuma das partes. Se for bem-sucedida, a mediação é encerrada pela assinatura de um acordo pelas partes.

Em observação aos artigos do regulamento para mediação no TAS/CAS, entende-se a composição do procedimento e prevalência da principiologia da mediação.

Entretanto existem outros conflitos que devem ser apreciados por outras jurisdições como o caso da Justiça do Trabalho e entre outros que envolvem demandas de outras jurisdições em esfera criminal ou civil.

Existem inúmeros conflitos no esporte que podem ser submetidos a mediação, tais como conflitos entre membros de uma confederação, entre patrocinadores, promotores de eventos, donos de clubes ou times, treinadores, atletas, conflitos sobre aplicação de regras nas competições, entre tantos outros.

---

(10) Disponível em: https://www.tas-cas.org/en/index.html. Acesso em: maio 2020.

Nessa trilha, também vale elucidar sobre o uso de cláusula compromissória em Estatutos e Regulamentos de competições, com por exemplo da Confederação Brasileira de Basketball.

A cláusula de mediação e arbitragem prevista no art. 107 do Estatuto da CBB(11) para que todos os conflitos, disputas e controvérsias oriundos ou relacionados às suas atividades sejam resolvidas por mediador único, nos termos do Regulamento de Mediação Centro Brasileiro de Mediação e Arbitragem ("CBMA"), cabendo a este Centro a administração da mediação, e caso as controvérsias não sejam dirimidas por mediação no prazo de 30(trinta) dias contados da assinatura do Termo de Mediação, deverão ser solucionadas por arbitragem, em conformidade com o Regulamento de Arbitragem Esportiva do CBMA, ficando o CBMA responsável pela administração do procedimento com árbitros da lista de Arbitragem Esportiva.

Portanto, incialmente a arbitragem já está consolidada para solução de conflitos esportivos e a mediação segue com sua efetividade na medida em que este instituto se populariza e traduz confiança, rapidez e sigilo na composição de controvérsias no cenário esportivo.

## 16.5. Considerações finais

A Mediação Esportiva vem crescendo no cenário jurídico brasileiro, tendo em vista a necessidade de rapidez nas respostas legais de solução de conflitos.

A indústria do esporte e também o crescimento do mercado de entretenimento o que também inclui as práticas de modalidades desportivas exige um grau de maturidade e profissionalismo que certamente trará ganhos no chamado extracampo e que refletirá no grau de investimentos dentro das modalidades do esporte certamente havendo um ganho real de investimentos em um mercado que demanda agilidade na solução de suas disputas e os vultuosos aportes financeiros neste mercado certamente serão maiores quando houver segurança jurídica e presteza célere nas respostas que um o judiciário moroso não faz.

O acordo recorrente da mediação regularmente produz soluções que recuperam a comunicação e as relações entre as partes, através de um procedimento criativo, flexível, sigiloso, célere e econômico com o protagonismo das partes.

Nessa linha, a mediação nos esportes pode ser aplicável em quase toda sua totalidade, referindo-se às controvérsias que surgem da prática da gestão do esporte em todo seu ecossistema, poderá envolver todos os assuntos relacionados à disciplina esportiva, cujo exercício corresponderá aos órgãos competentes das federações esportivas, nos casos de comissões de ações ou omissões que constituam infrações às regras do jogo ou competição ou regras gerais de esportes.

---

(11) Disponível em: http://www.cbb.com.br/. Acesso em: maio 2020.

Ademais, como uma das características principais da mediação, a confidencialidade, estendida ao mediador esportivo, é condição indispensável para que o procedimento seja realizado em condições adequadas, criando espaços seguros e confortáveis que auxiliam na solução de conflitos.

Entende-se que deve prevalecer na mediação esportiva a boa-fé, lealdade e respeito mútuo, embora os conflitos envolvam situações com altas tensões derivadas dos conflitos esportivos que envolvem interesses econômicos expressivos que possam estar em jogo, as partes sempre devem agir respeitando os princípios acima. Não seria lógico que, enquanto o procedimento de mediação esportiva estivesse sendo desenvolvido, qualquer uma das partes recorreria simultaneamente aos órgãos federais, arbitrais ou judiciais para obter uma resolução favorável aos seus interesses quanto ao mérito da disputa.

Assim as alternativas e a adoção do sistema Multiportas, em especial a mediação é um avanço para um futuro que já se mostra tardio dado o volume de investimentos gigantesco na indústria do esporte como modalidade e como entretenimento para milhares de espectadores que adquirem seus produtos e consomem suas exibições.

## Referências

BLACKSHAW, Ian S. *Mediating Sports Disputes:* National and International Perspectives, 2002.

DINAMARCO, Cândido Rangel. *Instituições de Direito Processual Civil.* São Paulo: Malheiros, 2002.

LEWIS, Adam; TAYLOR Jonathan. *Sport:* Law and Practice. 2. ed. Wilts: Ed. Butterworths Lexis Nexis, 2003.

GUILHERME, Luiz Fernando do Vale de Almeida. *Manual de Arbitragem e Mediação Conciliação e Negociação.* 4 ed. São Paulo: Saraiva, 2018.

______. *Manual dos MESCs:* Meios Extrajudiciais de Solução de Conflitos. Barueri-SP: Manole, 2016.

SPENGLER, Fabiana Marion. *Da Jurisdição à Mediação:* por uma outra cultura no tratamento de conflitos. 2. ed. Ijuí: UNIJUI, 2016.

SILVA, João Alves. Teoria de Conflitos e Direito: em busca de novos paradigmas. *Pensar — Revista de Ciências Jurídicas*, Fortaleza, v. 13, n. 2, p. 216-222, jul./dez. 2008.

SAGRES, Ronaldo Crespilho. *Mediação Como Mecanismo Para Solução de Conflitos Desportivos do Futebol.* 1. ed. (6 julho 2022). Editora D'Plácido.

# 17

# Arbitragem no Direito Desportivo

*Maria Cristina Zainaghi*[1]

## 17.1. Introdução

Desde a Emenda Constitucional de n. 45/2004, a preocupação com a duração razoável do processo passou a ser mais forte, pois a mesma foi inserta entre os direitos fundamentais, com sua inclusão no inciso LXXVIII, que incluiu o princípio da razoável duração do processo como princípio fundamental.

No afã de se obter uma decisão mais rápida, passou-se a dar maior destaque aos meios alternativos de solução de conflitos, ou seja, passou-se a ensejar que, cada vez mais, a mediação, a conciliação e a arbitragem, fossem utilizadas na busca das soluções dos conflitos.

Neste diapasão, o Código de Processo Civil, foi redigido com a previsão da audiência de conciliação ou de mediação como primeiro ato processual na demanda. Assim o art. 334 do Código de Processo Civil, passou a prever que o despacho inicial do juiz seria de designar audiência de conciliação ou mediação, com presença obrigatória, vez que o não comparecimento seria considerado ato atentatória a dignidade da justiça punível com multa de até dois por cento da vantagem econômica pretendida ou do valor da causa (§ 8º do art. 334 do CPC).

Assim vemos que se busca inserir meios alternativos de solução de conflito em todos os ramos do direito e, neste trabalho buscaremos analisar sua utilização como meio de solução de conflitos na justiça desportiva.

---

(1) Doutora em Direito pela PUCSP. Mestre em Direito pela Universidade Mackenzie. Advogada. Professora Universitária. Membro da Academia de Ciências, Letras e Artes de São Paulo (ACLASP). Autora de livros e artigos jurídicos.

O direito desportivo que como sabemos, por disposição constitucional (art. 217, § 1º), deve primeiramente decidir suas questões na justiça própria e somente após esgotarem as instâncias específicas é que, poderá se valer do Poder Judiciário.

Verificaremos se os meios alternativos podem substituir a própria Justiça Despostiva.

Para o desenvolvimento desse trabalho será utilizado o método hipotético-dedutivo, juntamente com a revisão bibliográfica para se alcançar o resultado pretendido.

## 17.2. Arbitragem

A arbitragem é um mecanismo privado de solução de conflitos, por meio do qual um terceiro, previamente escolhido pelas partes, impõe sua decisão. Decisão essa que deverá ser atendida pelas partes (Cf. CARMONA, 2000, p. 31).

Possuí natureza heterocompositiva, na exata medida em que não se constitui em um método amigável. Depende de um terceiro que impõe sua decisão sobre as partes. Ele exerce a função de árbitro por escolha das partes, competindo a ele solucionar o conflito. Não há nesse processo qualquer interferência por parte do Poder Judiciário.

A função do árbitro nomeado pelas partes é conduzir o processo arbitral de maneira semelhante ao processo judicial. Um dos traços característicos da arbitragem consiste no fato de que as partes podem livremente escolher as regras que serão aplicadas para a solução da controvérsia.

Cumpre registrar que as partes podem inclusive eleger legislação estrangeira, fontes que não sejam propriamente ordenamento jurídico, normas gerais de direito, usos e costumes, dentre outras fontes. Todavia, as fontes elencadas, não podem colidir com os bons costumes ou a ordem pública, consoante o disposto no art. 2º da Lei de Arbitragem.

Cumpre-nos destacar que a arbitragem é independente do Poder Judiciário, como aliás a Justiça Desportiva também o é. Portanto a arbitragem, como a conciliação e mediação ainda que, devam ser cumpridas pelo Judiciário, trata-se de uma resolução de conflito privado, mas cuja decisão, como já dito, tem força vinculante e pode ser equiparada a uma decisão proferida por um juiz de direito. Neste sentido assevera Carolina Iwancow Ferreira:

> [...] constitui um meio extrajudicial de solução de conflitos, no qual, mediante prévia convenção, as pessoas (físicas ou jurídicas) poderão submeter questões litigiosas surgidas ou que possam surgir à decisão de um único árbitro ou de um tribunal arbitral, em conformidade com o direito (2015, p. 63).

Ora temos assim que a arbitragem prevista contratualmente, estabelece uma competência absoluta da Justiça Arbitral, que somente repercutirá no Poder Judiciário se a mesma tiver que se cumprida, pois nesta hipótese estamos tratando de um título judicial(2).

Essa inclusão juntamente com o estabelecimento da competência relativa da Justiça Arbitral(3), sempre que houver clausula compromissória(4) .

Cabe consignar que as partes para recorrerem ao Poder Judiciário, deverão fazê-lo para alegar a nulidade ou extinção do compromisso, ou seja, apenas para a revisão das questões formais. Isso desde que não haja clausula compromissória, que impossibilita as partes a recusarem o procedimento arbitral. A obediência à cláusula compromissória é obrigatória e tem por consequência a impossibilidade das partes se utilizarem da jurisdição ordinária.

A sentença arbitral, como já dito, é equiparada a uma sentença judicial, consoante o disposto no art. 31, da Lei de Arbitragem que enfatiza que a sentença arbitral produzirá entre as partes os mesmos efeitos da sentença proferida pelo órgão do Poder Judiciário e, sendo condenatória, constituirá título executivo judicial.

O Poder Judiciário tem considerado a decisão proferida na arbitragem, com os mesmos efeitos de uma sentença, na exata medida em que é elencada entre os títulos executivos judiciais. Portanto, passível de cumprimento de sentença.

---

(2) Art. 515. São títulos executivos judiciais, cujo cumprimento dar-se-á de acordo com os artigos previstos neste Título: I – as decisões proferidas no processo civil que reconheçam a exigibilidade de obrigação de pagar quantia, de fazer, de não fazer ou de entregar coisa; II – a decisão homologatória de autocomposição judicial; III – a decisão homologatória de autocomposição extrajudicial de qualquer natureza; IV – o formal e a certidão de partilha, exclusivamente em relação ao inventariante, aos herdeiros e aos sucessores a título singular ou universal; V – o crédito de auxiliar da justiça, quando as custas, emolumentos ou honorários tiverem sido aprovados por decisão judicial; VI – a sentença penal condenatória transitada em julgado; *VII – a sentença arbitral;* VIII – a sentença estrangeira homologada pelo Superior Tribunal de Justiça; IX – a decisão interlocutória estrangeira, após a concessão do exequatur à carta rogatória pelo Superior Tribunal de Justiça

(3) *Art. 337. Incumbe ao réu, antes de discutir o mérito, alegar:*I – inexistência ou nulidade da citação; II – incompetência absoluta e relativa; III – incorreção do valor da causa; IV – inépcia da petição inicial; V – perempção; VI – litispendência; VII – coisa julgada; VIII – conexão; IX – incapacidade da parte, defeito de representação ou falta de autorização; *X – convenção de arbitragem;* XI – ausência de legitimidade ou de interesse processual; XII – falta de caução ou de outra prestação que a lei exige como preliminar;

XIII – indevida concessão do benefício de gratuidade de justiça.

§ 1º Verifica-se a litispendência ou a coisa julgada quando se reproduz ação anteriormente ajuizada.

§ 2º Uma ação é idêntica a outra quando possui as mesmas partes, a mesma causa de pedir e o mesmo pedido.

§ 3º Há litispendência quando se repete ação que está em curso.

§ 4º Há coisa julgada quando se repete ação que já foi decidida por decisão transitada em julgado.

*§ 5º Excetuadas a convenção de arbitragem e a incompetência relativa, o juiz conhecerá de ofício das matérias enumeradas neste artigo.*

*§ 6º A ausência de alegação da existência de convenção de arbitragem, na forma prevista neste Capítulo, implica aceitação da jurisdição estatal e renúncia ao juízo arbitral.*

(4) cláusula compromissória é o instrumento pelo qual as partes, de comum acordo, se comprometem a submeter à arbitragem todos os litígios que possam decorrer do contrato.

Contudo, essa interpretação conferida pelo Poder Judiciário ao instituto da arbitragem, merece algumas ressalvas, como por exemplo a falta de poder de efetivo do árbitro para garantir o direito questionado em sede arbitral.

Historicamente é importante frisar que no Brasil a arbitragem compulsória foi prevista no Código Comercial de 1850, que dispunha sobre arbitragem compulsória para dirimir determinadas disputas, entre sócios de sociedades comerciais. Os Códigos de Processo Civil de 1939 e o de 1973 também disciplinaram o procedimento arbitral, bem como o compromisso arbitral estava previsto nos arts. 1.037 e 1.046 do Código Civil de 1916.

A previsão da carta arbitral se encontra expressamente prevista no Código de Processo Civil e na Lei n. 13.129, de 26 de maio de 2015, que veio inserir alterações na Lei n. 9.307, de 23 de setembro de 1996, e na Lei n. 6.404, de 15 de dezembro de 1976, buscando ampliar o âmbito de aplicação da arbitragem e dispondo sobre a escolha dos árbitros quando as partes recorrem a órgão arbitral.

Estabeleceu ainda a interrupção da prescrição pela instituição da arbitragem, a concessão de tutelas cautelares e de urgência nos casos de arbitragem, a carta arbitral e a sentença arbitral, bem como revogou dispositivos da Lei no 9.307, de 23 de setembro de 1996.

Desde 2016 tem-se, inclusive, estabelecido a cooperação entre o juízo arbitral e o Poder Judiciário.

## 17.3. Cooperação

Para garantirmos a efetividade do Juízo Arbitral, tem-se, como regra, do cumprimento das regras estabelecidas para a cooperação, inserta no Código de Processo Civil, visa garantir as práticas ordenadas em sede arbitral.

O Código de Processo Civil, inovou ao dedicar a "Cooperação Nacional", o Capítulo II do Título III ("Da competência interna").

Em seus arts. 67 até o 69[(5)] o legislador estabeleceu que os órgãos do Poder Judiciário têm dever de recíproca cooperação.

---

(5) Art. 67. Aos órgãos do Poder Judiciário, estadual ou federal, especializado ou comum, em todas as instâncias e graus de jurisdição, inclusive aos tribunais superiores, incumbe o dever de recíproca cooperação, por meio de seus magistrados e servidores.

Art. 68. Os juízos poderão formular entre si pedido de cooperação para prática de qualquer ato processual.

Art. 69. O pedido de cooperação jurisdicional deve ser prontamente atendido, prescinde de forma específica e pode ser executado como:

I – auxílio direto;

II – reunião ou apensamento de processos;

III – prestação de informações;

IV – atos concertados entre os juízes cooperantes.

Como ensina Elpídio Donizetti:

> Não há dúvida que o novo CPC prestigia o princípio da cooperação, ao passo que, além de estabelecê-lo como norma a ser observada pelas partes, também o torna importante na atuação daqueles que compõem o órgão jurisdicional. Os atos que devem ser praticados ao longo do processo precisam ser viabilizados de forma a proporcionar uma tutela efetiva e adequada ao caso concreto. De nada adianta a legislação prever formas de se garantir eficiência nos atos processuais se os juízes, por exemplo, não cooperarem entre si para a rápida solução do litígio (Donizetti: 2017. p. 210).

Assim a cooperação se dará não somente entre os membros do Poder Judiciário, mas pode-se dizer que, na realidade a cooperação inserida no Código de Processo Civil, estabelece o dever também das partes e do próprio juiz de cooperar com o Poder Judiciário. Daí, verifica-se a cooperação como uma parte integrante do princípio do contraditório. Nesse sentido:

> O modelo de processo estabelecido pelo CPC de 2015, bem compreendido e em plena harmonia com o "modelo constitucional" é inequivocamente de um "processo cooperativo" em que todos os sujeitos processuais (as partes, eventuais terceiros intervenientes, os auxiliares da justiça e o próprio magistrado) cooperem ou colaborem entre si com vistas a uma finalidade comum: a prestação da tutela jurisdicional (Scarpinella Bueno: 2017).

Verifica-se que a cooperação inserta no Código de Processo Civil é vista de forma ampla inclusive exigindo uma participação das partes, testemunhas e demais colaboradores do processo.

## 17.4. Carta Arbitral

Carta Arbitral é instrumento por meio do qual o órgão do Poder Judiciário pode cumprir determinação contida em ato objeto de pedido de cooperação judiciária formulado por juízo arbitral.

Assim sendo verificar-se-á que a Carta Arbitral é uma inovação recente, instituída a partir das alterações introduzidas pelo novo Código de Processo Civil.

---

§ 1º As cartas de ordem, precatória e arbitral seguirão o regime previsto neste Código.

§ 2º Os atos concertados entre os juízes cooperantes poderão consistir, além de outros, no estabelecimento de procedimento para:

I – a prática de citação, intimação ou notificação de ato;

### 17.4.1. Aspectos legislativos

O Código de Processo Civil de 1973 não abrangia a possibilidade da Carta Arbitral, tão pouco a Lei de Arbitragem datada de 23 de setembro de 1996.

Assim, como dito anteriormente, por ter o Código de Processo Civil tratado o processo como um ato negocial, portanto, passível de negociação entre as partes e, também com a previsão expressa de cooperação entre as partes e entre os órgãos jurisdicionais, tem-se a inserção em seu bojo de artigos que preveem claramente a cooperação entre os órgãos do Poder Judiciário, como também entre os juízes do Estado e os juízes da arbitragem.

O art. 237 do Código de Processo Civil em seu inciso IV expressamente prevê a expedição de carta arbitral. Diz ele:

> Será expedida carta: I – de ordem, pelo tribunal, na hipótese do § 2o do art. 236; II – rogatória, para que órgão jurisdicional estrangeiro pratique ato de cooperação jurídica internacional, relativo a processo em curso perante órgão jurisdicional brasileiro; I II – precatória, para que órgão jurisdicional brasileiro pratique ou determine o cumprimento, na área de sua competência territorial, de ato relativo a pedido de cooperação judiciária formulado por órgão jurisdicional de competência territorial diversa; *IV – arbitral, para que órgão do Poder Judiciário pratique ou determine o cumprimento, na área de sua competência territorial, de ato objeto de pedido de cooperação judiciária formulado por juízo arbitral, inclusive os que importem efetivação de tutela provisória.*
>
> Parágrafo único. Se o ato relativo a processo em curso na justiça federal ou em tribunal superior houver de ser praticado em local onde não haja vara federal, a carta poderá ser dirigida ao juízo estadual da respectiva comarca.

No Código de Processo Civil também há referência expressa à carta arbitral em seu art. 189[(6)], inciso IV, ao prever que mesmo o cumprimento de carta arbitral, se dará em segredo de justiça, se o segredo foi previsto em sede de juízo arbitral.

No art. 260[(7)] também do Código de Processo Civil se estabeleceu a formação da carta arbitral obedecendo as mesmas disposições das cartas rogatórias, de ordem ou precatória.

---

(6) Art. 189. Os atos processuais são públicos, todavia tramitam em segredo de justiça os processos: I – em que o exija o interesse público ou social; II – que versem sobre casamento, separação de corpos, divórcio, separação, união estável, filiação, alimentos e guarda de crianças e adolescentes; III – em que constem dados protegidos pelo direito constitucional à intimidade; *V – que versem sobre arbitragem, inclusive sobre cumprimento de carta arbitral, desde que a confidencialidade estipulada na arbitragem seja comprovada perante o juízo.*

(7) Art. 260. São requisitos das cartas de ordem, precatória e rogatória: I – a indicação dos juízes de origem e de cumprimento do ato; II – o inteiro teor da petição, do despacho judicial e do instrumento do mandato conferido ao advogado; III – a menção do ato processual que lhe constitui o objeto; IV – o encerramento com a assinatura do juiz. § 1º O juiz mandará trasladar para a carta quaisquer outras peças, bem como instruí-la com

Enquanto no art. 267(8) se estabeleceu as causas admitidas para que a carta arbitral não seja cumprida, sendo certo que neste caso o juiz deverá motivar a decisão.

Os arts. 260, 261 e 2626 do Código de Processo Civil, não mencionam expressamente a carta arbitral, mas certamente deverá ser respeitada quando se fizer uso desta modalidade de meio de cooperação.

Afora as previsões insertas no Código de Processo Civil sobre a carta arbitral, ela passou também a ser expressamente mencionada, no art. 22 C7 da Lei n. 13.129, datada de 26 de maio de 2015, que alterou a Lei n. 9.307, de 23 de setembro de 1996, ou seja, a Lei de Arbitragem.

Note-se que a inserção feita na Lei de Arbitragem, ainda que em data posterior ao Código de Processo Civil, entrou em vigência no prazo de sessenta dias.

Desta feita é correto afirmar que a cooperação entre um juiz arbitral e um juiz estatal passou a ser admitida e prevista já em julho de 2016.

## 17.5. Arbitragem no Direito Desportivo

Feita toda essa análise da arbitragem e da carta arbitral, surge a pergunta norteadora do presente estudo, ou seja, os meios alternativos de solução de conflito, será possível no direito desportivo?

Antes de adentrarmos diretamente a resposta, necessário se faz uma breve análise do enquadramento da justiça desportiva.

### *17.5.1. Organização judiciária*

Como já vimos, ainda que, no ensino jurídico não se dê destaque aos meios alternativos de solução de conflito e, que no geral, a sociedade brasileira é altamente beligerante, a conciliação, mediação e arbitragem passou a ser cada vez mais incentivada no âmbito social, pois assim se desafoga o judiciário.

Não é muito diferente no tocante a Justiça Desportiva. Vejamos:

O art. 92 da Constituição da Republica Federativa do Brasil estabelece à composição dos órgãos da justiça, qual seja:

> Art. 92. São órgãos do Poder Judiciário:
>
> I – o Supremo Tribunal Federal;

---

mapa, desenho ou gráfico, sempre que esses documentos devam ser examinados, na diligência, pelas partes, pelos peritos ou pelas testemunhas. § 2º Quando o objeto da carta for exame pericial sobre documento, este será remetido em original, ficando nos autos reprodução fotográfica. § 3º A carta arbitral atenderá, no que couber, aos requisitos a que se refere o *caput* e será instruída com a convenção de arbitragem e com as provas da nomeação do árbitro e de sua aceitação da função.

(8) Art. 267. O juiz recusará cumprimento a carta precatória ou arbitral, devolvendo-a com decisão motivada quando: I – a carta não estiver revestida dos requisitos legais; II – faltar ao juiz competência em razão da matéria ou da hierarquia; III – o juiz tiver dúvida acerca de sua autenticidade.

I-A – o Conselho Nacional de Justiça;

II – o Superior Tribunal de Justiça;

II-A – o Tribunal Superior do Trabalho;

III – os Tribunais Regionais Federais e Juízes Federais;

IV – os Tribunais e Juízes do Trabalho;

V – os Tribunais e Juízes Eleitorais;

VI – os Tribunais e Juízes Militares;

VII – os Tribunais e Juízes dos Estados e do Distrito Federal e Territórios.

§ 1º O Supremo Tribunal Federal, o Conselho Nacional de Justiça e os Tribunais Superiores têm sede na Capital Federal.

§ 2º O Supremo Tribunal Federal e os Tribunais Superiores têm jurisdição em todo o território nacional.

Vemos, pois, que a justiça desportiva não faz parte do Poder Judiciário, mas ainda assim tem previsão constitucional, como vemos no texto do art. 217[9], onde há uma clara exclusão inicial do poder judiciário, com previsão da criação de uma justiça desportiva.

Ademais, previu o texto legal que as decisões deveriam ser concluídas no prazo de sessenta dias.

Estruturalmente a Justiça Desportiva tem o órgão superior que é o STJD (Superior Tribunal de Justiça Desportiva) que julgará os recursos advindos dos Tribunais de Justiça Desportiva dos Estados, bem como julgara os recursos advindos das Comissões Disciplinares Nacionais.

Os Tribunais de Justiça Desportiva julgam os recursos interpostos advindos das decisões proferidas pelas Comissões Disciplinares dos Estados

Em síntese:

No tocante ao ordenamento legislativo atual, podemos dizer que, na atualidade a Lei n. 9.615, datada de 24 de março de 1998 (Lei Pelé), juntamente com a Lei n. 10.671,

(9) Art. 217. É dever do Estado fomentar práticas desportivas formais e não-formais, como direito de cada um, observados: I – a autonomia das entidades desportivas dirigentes e associações, quanto a sua organização e funcionamento; II – a destinação de recursos públicos para a promoção prioritária do desporto educacional e, em casos específicos, para a do desporto de alto rendimento; III – o tratamento diferenciado para o desporto profissional e o não- profissional; IV – a proteção e o incentivo às manifestações desportivas de criação nacional.

*§ 1º O Poder Judiciário só admitirá ações relativas à disciplina e às competições desportivas após esgotarem-se as instâncias da justiça desportiva, regulada em lei. (destaque nosso)*

§ 2º A justiça desportiva terá o prazo máximo de sessenta dias, contados da instauração do processo, para proferir decisão final.

§ 3º O Poder Público incentivará o lazer, como forma de promoção social.

datada de 15 de maio de 2003, ditam regras quanto ao direito desportivo, enquanto que o Código Brasileiro de Justiça Desportiva (CBJD), regulamentou o direito desportivo, inclusive tendo modernizado as regras de desporto, desde sua alteração em 10 de dezembro de 2009.

Cabe aqui repetir que, a normatização exclusivamente desportiva, terá como competência inicial, mas não exclusiva, da Justiça Desportiva, todavia as questões civis e penais advinda do Estatuto do Torcedor, serão de competência do Poder Judiciário, especificamente a Justiça Comum[(10)].

Outro ponto que merece destaque foi a inserção no art. CNE n. 29/2009 que:

> Sugeriu-se a criação de uma nova figura, a transação disciplinar desportiva (art. 80-A), que, sob inspiração de outros institutos (como a transação penal, o termo de ajustamento de conduta ou os termos de compromisso em processo administrativo), permite à Procuradoria e ao infrator, mediante supervisão de um auditor do Tribunal Pleno, a celebração de acordo a respeito da pena a ser cumprida, antes ou após a propositura da denúncia. A transação disciplinar desportiva será apenas admitida perante certas infrações disciplinares, notadamente aquelas cometidas durante a disputa de partidas e as praticadas pelos árbitros (In: https://www.cbat.org.br/stjd/CBJD.pdf. p. 22).

Vemos esse artigo como uma tendência a admissão dos meios alterativos no desporto.

### 17.5.2. Meios alternativos

Como todos sabemos o cumprimento do princípio constitucional da razoável duração do processo (inciso LXXVIII do art. 5º da CRFB) em todos os ramos e áreas do direito é difícil de ser obedecido.

(10) A titulo de exemplificação, ementa da decisão proferido no Tribunal de Justiça de São Paulo.

Apelação. Responsabilidade civil extracontratual. Ação de indenização por danos materiais e morais. Acidente fatal ocorrido com torcedor durante partida de futebol em estádio do clube corréu. Improcedência. Inconformismo dos autores. Causa que versa sobre indenização por responsabilidade civil decorrente de ato ilícito extracontratual. Acidente ocorrido com torcedor em estádio de futebol. Responsabilidade civil que se rege não só pelas normas gerais do Código Civil e do Código de Defesa do Consumidor, mas também por norma específica – Lei n. 10.671/2003 (Estatuto do Torcedor). Matéria que não se encontra arrolada nas competências desta Terceira Subseção de Direito Privado, sendo afeta àquelas de competência da C. Primeira Subseção de Direito Privado. Art. 5º, inc. I, alínea I.29, da Resolução TJSP n. 623/2013. Precedentes. RECURSO NÃO CONHECIDO, COM DETERMINAÇÃO DE REDISTRIBUIÇÃO PARA UMA DAS CÂMARAS COMPONENTES DA C. PRIMEIRA SUBSEÇÃO DE DIREITO PRIVADO. (TJSP; Apelação Cível 1004501-13.2017.8.26.0445; relator: Rodolfo Pellizari; Órgão Julgador: 31ª Câmara de Direito Privado; Foro de Pindamonhangaba – 3ª Vara Cível; Data do Julgamento: 11.11.2021; Data de Registro: 11.11.2021)

Podemos dizer que não é diferente nos tribunais de direito desportivo, assim, também nessa seara temos buscado aplicar os meios alternativos, ou seja, mediação, conciliação e arbitragem.

Neste espectro o direito desportivo, apesar de suas especificidades, não abandonou a ideia de ter um terceiro, alheio as partes, que busque auxiliar na solução do conflito.

Não é diferente no direito desportivo, com a criação do Tribunal Arbitral do Esporte. Tem-se incentivado a utilização da arbitragem ou mediação.

O Tribunal Arbitral do Esporte, ou TAS, advindo da terminologia francesa Tribunal Arbitral du Sport. Seu surgimento data de 1984, tendo como criador o Comitê Olímpico Internacional (COI), buscando assim indicar um novo foro especifico para a solução dos conflitos desportivos, como por exemplo, casos de *doping*; patrocínio, dentre outros.

A FIFA tem incentivado a busca da mediação para casos onde o resultado é incerto, face a "situações confusas", cujo o resultado é imprevisível.

Na busca de agilidade a Assembleia Portuguesa criou em 2013 o TAD — Tribunal Arbitral do Desporto.

> Trata-se de uma entidade jurisdicional independente dos órgãos da administração pública do desporto e dos organismos que integram o sistema desportivo, dispondo de autonomia administrativa e financeira. Exerce a sua jurisdição em todo o território nacional, gozando de jurisdição plena em matéria de facto e de Direito nos julgamentos das impugnações e recursos que lhe são submetidos nos termos da Lei do TAD aprovada pela Lei n. 74/2013, de 6 de setembro, com a redação dada pela Lei n. 33/2014, de 16 de junho.
>
> O TAD afirma-se como instrumento de promoção da *pax* desportiva. Nesta missão, para além das boas decisões que a competência dos Árbitros assegura, é permanente a preocupação pela inviolabilidade dos princípios da autonomia do TAD, da independência e imparcialidade de quem é chamado a julgar.
>
> Mas é também preocupação a salvaguarda do valor fundamental da transparência. É esse o principal objetivo da página pública do TAD, espaço a que qualquer interessado pode aceder, obtendo aqui informação fidedigna e atualizada sobre o Tribunal e sobre a sua atividade. Sem mediações, disponível, pois, para livre consulta e escrutínio (José Mário Ferreira de Almeida — Presidente do TAD).

Interessante observar como o direito desportivo português está buscando na arbitragem uma forma mais célere de solucionar os conflitos desportivos. Lá verificamos temas como dopagem; indenização por finalização de contrato de trabalho; regulamentação de multa por atraso no pagamento, entre outras.

Numa analise do *site* do Tribunal Arbitral de Desporto Português, no traz a ideia de que para nosso direito desportivo essa poderia ser uma forma de agilizar diversas demandas pendentes de solução. Assim deveria ser uma experiência a ser copiada, principalmente por termos, com certeza, um número bem maior de demandas do que Portugal.

Neste sentido Alexandre Miguel Mestre assevera:

> "Mas mesmo que se não entenda que a CAP foi extinta, isto é, mesmo que se considere que a CAP ainda pode operar, a verdade é que todas as suas competências em matéria juslaboral desportiva foram, sem exceção, transferidas, por lei, para o TAD. Por conseguinte, creio que improcede o entendimento, por mais minimalista que seja, de que ainda cabe à CAP, para estritos efeitos de cessação de vinculo desportivo, apreciar da validade da resolução do contrato de trabalho desportivo operada por um jogador — mesmo que essa apreciação se confine à regularidade formal da comunicação da resolução contratual às entidades competentes.
>
> É, portanto, o TAD a sede própria enquanto mecanismo alternativo de resolução de litígios juslaborais desportivos em Portugal."

## 17.6. Considerações finais

Buscamos com essa pesquisa observar o quanto as sociedades, não somente a nossa, vem buscando solucionar os conflitos com meios alternativos, de forma a descongestionar o judiciário.

Nesse sentido buscamos analisar primeiramente os meios alternativos de solução de conflitos, bem como demonstrar as diferenças entre a arbitragem, a mediação e a conciliação.

Posteriormente vimos o quão importante foi a inserção da cooperação no direito brasileiro inclusive com a extensão dela entre o Poder Judiciário e o Juízo Arbitral.

Vimos que na Justiça Desportiva estamos buscando dar ênfase aos métodos alternativos, onde encontramos a utilização da mediação proposta pela Fifa em situações cuja a solução seja imprevisível, assim teríamos como o mediador tentar deixar as partes menos insatisfeitas com o resultado final do litígio.

O COI busca trazer para a mediação questões mais diversas como os referentes a doping; patrocínio, questões contratuais, dentre outras.

Portugal, nos parece estar na vanguarda com o TAD, onde vimos ainda que brevemente que a arbitragem está sendo muito utilizada e, solucionando demandas de diversas naturezas.

Para nós ainda não temos uma ampla utilização de meios alternativos no desporto, mas estamos caminhando à medida que já admitimos a institutos como a transação penal, o termo de ajustamento de conduta ou os termos de compromisso em processo administrativo, nas hipóteses de infração penal.

Entretanto, cabe-nos, consignar uma certa preocupação com a utilização da mediação, em hipóteses contratuais, pois nestes casos, temos a possibilidade de um contratante poderoso e um contratado hipossuficiente, hipótese em que teríamos um descumprimento do principio da isonomia, se o mediador não for totalmente imparcial.

## Referências

ALCALÁ-ZAMORA Y CASTILLO. Niceto. *Estudios diversos de derecho procesal.* Librería Bosch: Barcelona/Espanha: 1985.

BACELLAR, Roberto Portugal. *Mediação e Arbitragem.* São Paulo: Saraiva, 2012.

BUENO, C. S. *Manual de direito processual civil.* 3. ed. São Paulo: Editora Saraiva, 2017.

BÜLOW, Oscar Von. *Teoria das exceções e dos pressupostos processuais.* LZN Editora: Campinas: 2003.

CAHALI, Francisco José. Curso de arbitragem. Revista dos Tribunais: São Paulo, 2011.

______; RODOVALHO, T.; FREIRE, A. Arbitragem. São Paulo: Saraiva, 2016.

CARMONA, Carlos Alberto. *Arbitragem e Processo* — um comentário à Lei n. 9.307/96. 3. ed. Atlas: São Paulo, 2009.

CAPELLETI, Mauro. Tutela dos interesses difusos. In: *Ajuris* 33/169: 1984.

______. Acesso à justiça. Fabris Editora: Porto Alegre: 2002.

CHIOVENDA, Giuseppe. *Instituições de direito processual civil.* Vol. II. Saraiva: São Paulo, 1943.

DONIZETTI, Elpídio. *Curso didático de Direito Processual Civil.* 21. ed. Atlas: São Paulo, 2017.

______. *Novo Código de Processo Civil comentado.* Atlas: São Paulo, 2015.

FERREIRA, Carolina Iwancon. *Arbitragem Internacional e sua Aplicação no Direito Brasileiro.* 2. ed. Editora D'Placito: Belo Horizonte, 2015.

GOLDSCHMIDT. James. *Direito Processual Civil.* Tomo I. 1. ed. Bookseller Editora e Distribuidora: Campinas, 2003.

LIEBMAN, Enrico Tullio. *Estudos sobre o processo civil brasileiro* Saraiva: São Paulo, 1947.

______. *Manual de Direito Processual Civil.* Vol. I. 3. ed. Malheiros Editora: São Paulo, 2005.

MANUS, Pedro Paulo Teixeira. A arbitragem nas relações do trabalho desportivo. In: *Relações de trabalho no desporto* — estudo em homenagem ao Prof. Domingos Sávio Zainaghi. p. 210/214.

MARINONI, Luiz Guilherme; ARENHART, Sérgio Cruz; MITIDIERO, Daniel. *Curso de Processo Civil.* Vol. 1. 2. ed. Revista dos Tribunais: São Paulo, 2016.

MEDINA, José Miguel Garcia. *Novo Código de Processo Civil Comentado.* 3. ed. Revista dos Tribunais: São Paulo, 2015.

MESTRE. Alexandre Miguel. Resoluções alternativa de litígios juslaborais desportivo em Portugal: podem o tribunal arbitral de desporto e a comissão arbitral paritária coabitar. In: *Relações de trabalho no desporto* — estudo em homenagem ao Prof. Domingos Sávio Zainaghi. p. 215/220.

MIRANDA, Pontes de. *Comentários ao Código de Processo Civil.* Tomo XV. Forense: Rio de Janeiro, 1977.

______. *Comentários ao Código de Processo Civil.* Tomo I. Forense: Rio de Janeiro, 1973.

NERY JR., Nelson. *Princípios do processo na Constituição Federal.* 12. ed. Revista dos Tribunais: São Paulo, 2015.

SAGRES, Ronaldo Crespilho. *Mediação como mecanismo de solução de conflitos desportivos no futebol.* Editora D'Placido: São Paulo, 2022.

SCHÖNKE. Adolfo. *Derecho procesal civil.* Bosch, Casa Editorial: Barcelona, 1950.

THEODORO JR.; Humberto. *Curso de direito processual civil.* vol. I. 58. ed. Forense: Rio de Janeiro, 2017.

______. *Curso de direito processual civil.* vol. III. 51. ed. Forense: Rio de Janeiro, 2018.

TUCCI, José Rogério Cruz e. *Tempo e processo.* Revista dos Tribunais: São Paulo, 1997.

______; Rogerio Lauria. *Devido processo legal e tutela jurisdicional.* Revista dos Tribunais: São Paulo, 1993.

WAMBIER, Luiz Rodrigues; TALAMINI, Eduardo. *Curso avançado de processo civil* — Teoria geral do processo. Vol. 1. 16. ed. Revista dos Tribunais: São Paulo, 2016.

WATANABE, Kazuo. Tutela antecipada e tutela específica das obrigações de fazer e não Barcelona: Teixeira, Sálvio de Figueiredo. *Reforma do Código de Processo Civil.* São Paulo: Saraiva, 1996.

ZAINAGHI, Luís Guilherme Krenek. Formas de solução de conflitos no direito desportivo. In: *Sedes Sapientia.* Vol. VI. Coordenação: Cláudia Villagra S. Marques. Editora Claris: São Paulo, 2018.

## *Sites consultado*

https://www.tribunalarbitraldesporto.pt/. Acesso em: 3 maio 2023, 19h00.

https://www.cbat.org.br/stjd/CBJD.pdf. Acesso em: 3 maio, 20h00.